乐山简史

LESHAN JIANSHI

中共乐山市委党史和地方志研究室 编

图书在版编目（ＣＩＰ）数据

乐山简史 / 中共乐山市委党史和地方志研究室编. -- 北京：团结出版社，2022.12（2023.4 重印）
ISBN 978-7-5126-9903-8

Ⅰ．①乐… Ⅱ．①中… Ⅲ．①乐山市－地方史 Ⅳ．① K297.13

中国版本图书馆 CIP 数据核字(2022)第 229486 号

乐山简史

责任编辑：	段侯彧
出　　版：	团结出版社
	（北京市东城区东皇城根南街 84 号　邮编：100006）
电　　话：	(010) 65228880　65244790
网　　址：	http://www.tjpress.com
E – mail：	zb65244790@vip.163.com
经　　销：	全国新华书店
印　　装：	三河市东方印刷有限公司
开　　本：	165mm×235mm　　16 开
印　　张：	22
字　　数：	261 千字
版　　次：	2022 年 12 月第 1 版
印　　次：	2023 年 4 月第 2 次印刷
书　　号：	ISBN 978-7-5126-9903-8
定　　价：	60.00 元

（版权所属・盗版必究）

编委会

名誉主任：马　波　陈光浩

主　　任：赖　俊

编　　委：薛彦地　税俊峰　邓力群　万有平
　　　　　周德平　罗润萍　贺凌云

编辑部

主　　编：薛彦地

执行主编：干鸣丰　赵志强

编　　辑：税俊峰　邓力群　万有平　周德平
　　　　　胡万和　罗润萍　贺凌云　于全青

编　　务：石秀梅　申友权　朱晏辉

智者乐水，仁者乐山。乐山从远古走来，生生不息、绵延永续，历史悠久、文化璀璨，一脉相承的优秀历史文化是乐山人的精神动力和力量源泉。记录好乐山历史，讲述好乐山故事，传承好优秀文化，是一项利长远的基础性工作。

为认识乐山、宣传乐山、热爱乐山，在市委、市政府的领导下，市委党史和地方志研究室组织编写了《乐山简史》。该书以时为序，以史为据，以建制沿革、经济发展、社会事业为骨架，突出重大事件、改革发展、特色文化、地方名士等，分古代乐山、近代乐山、当代乐山三篇十二章，客观简要地记叙了乐山的发展历程。第一篇古代乐山，记叙了从新石器时代到鸦片战争前的清朝期间的乐山历史；第二篇近代乐山，记叙了从1840年鸦片战争到1949年新中国成立期间的乐山历史；第三篇当代乐山，记叙了新中国成立到全面建成小康社会期间的乐山历史。

《乐山简史》编纂过程中，我们坚持以习近平新时代中国特色社会主义思想为指导，坚持唯物史观，坚持实事求是，按照"广征、核准、精编、严审"的要求，力争客观准确地反映乐山波澜壮阔的发展历程。希望《乐山简史》能够帮助广大读者了解乐山，成为展示乐山的一扇窗，给大家带来一些启迪。

历史是最好的教科书。我们将认真贯彻落实党的二十大精神和习近平总书记关于"重视历史、研究历史、借鉴历史"的重要论述，以史为鉴，开创未来，更好发挥"存史、育人、资政"作用，用历史智慧助力乐山发展，让历史之光照亮美好未来，为全面建设社会主义现代化乐山贡献史志力量！

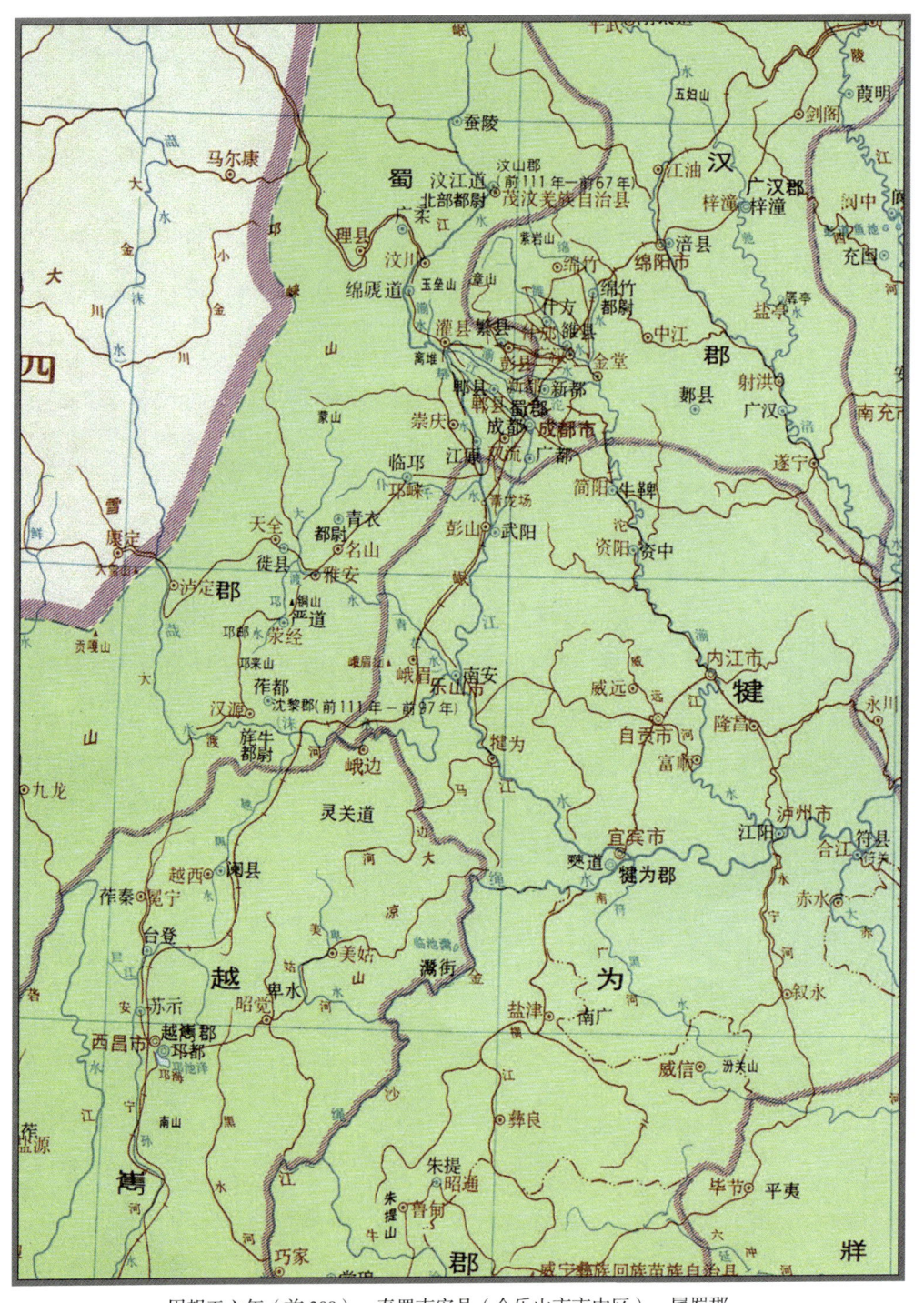

周赧王六年（前309），秦置南安县（今乐山市市中区），属蜀郡。
西汉建元六年（前135），南安县由蜀郡改属犍为郡。（引自《中国历史地图集》）

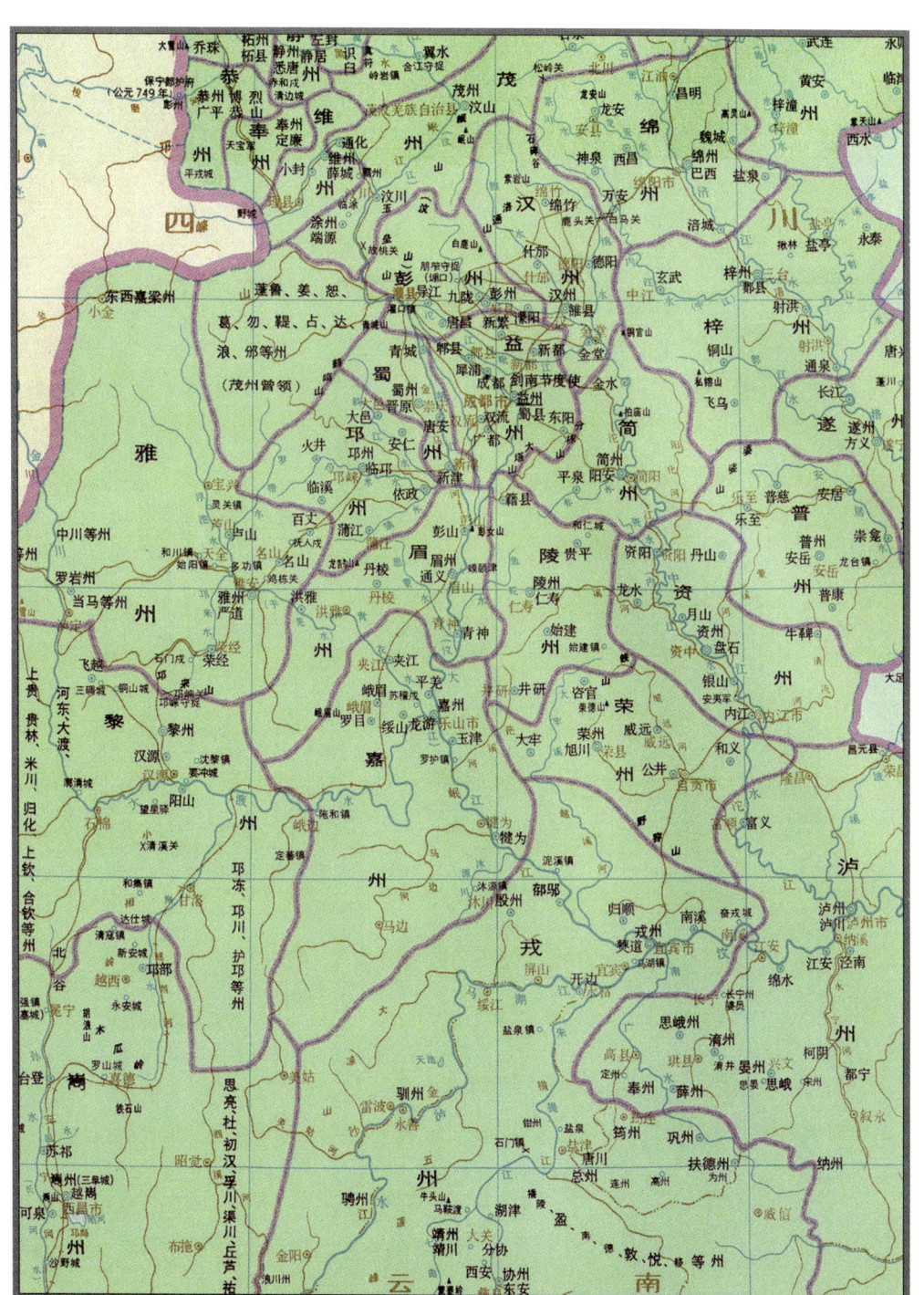

北周大成元年（579），置嘉州，治平羌郡（今乐山市市中区）。（引自《中国历史地图集》）

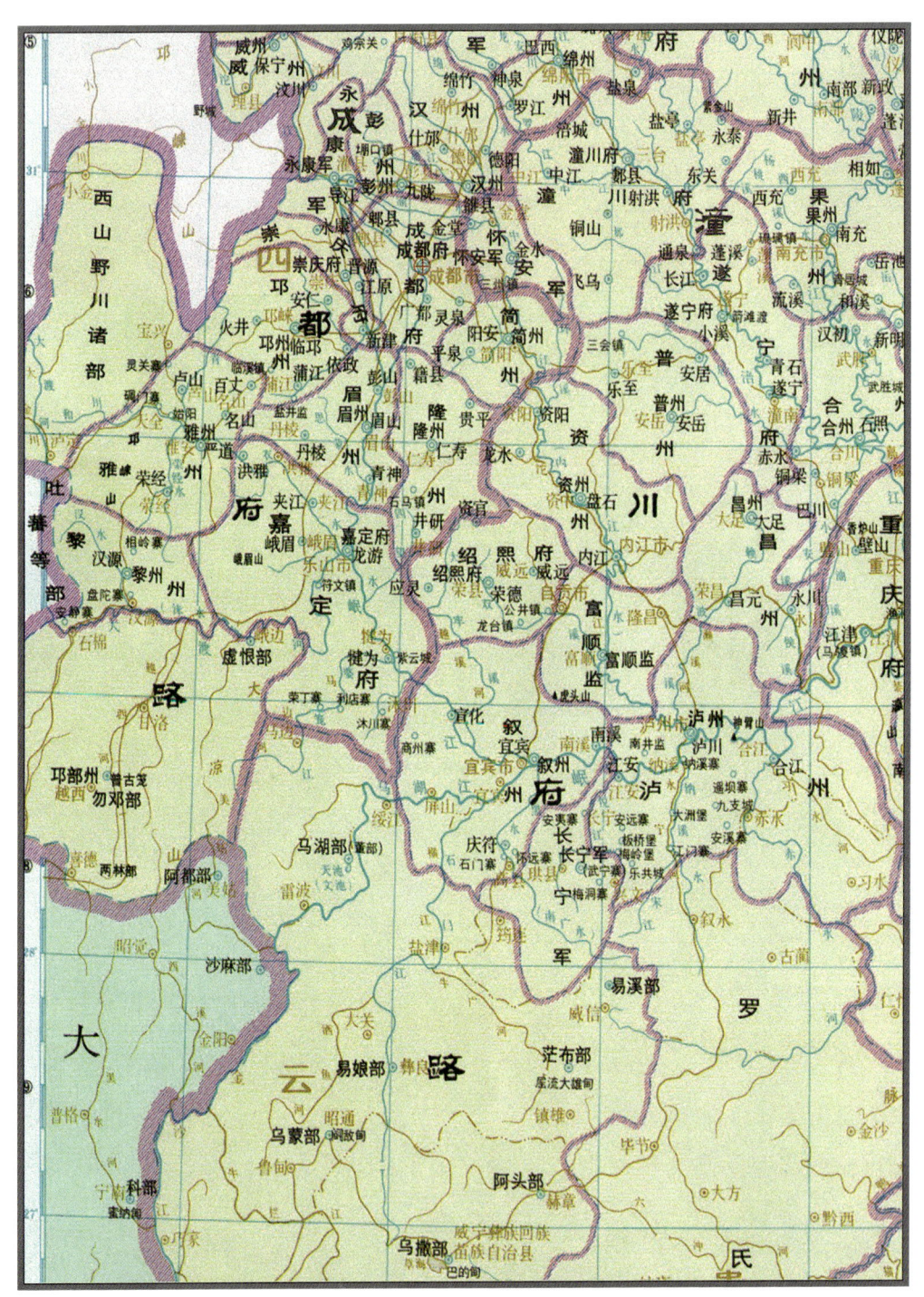

南宋庆元元年（1195），嘉州升为嘉定府，治龙游（今乐山市市中区），属成都府路。
（引自《中国历史地图集》）

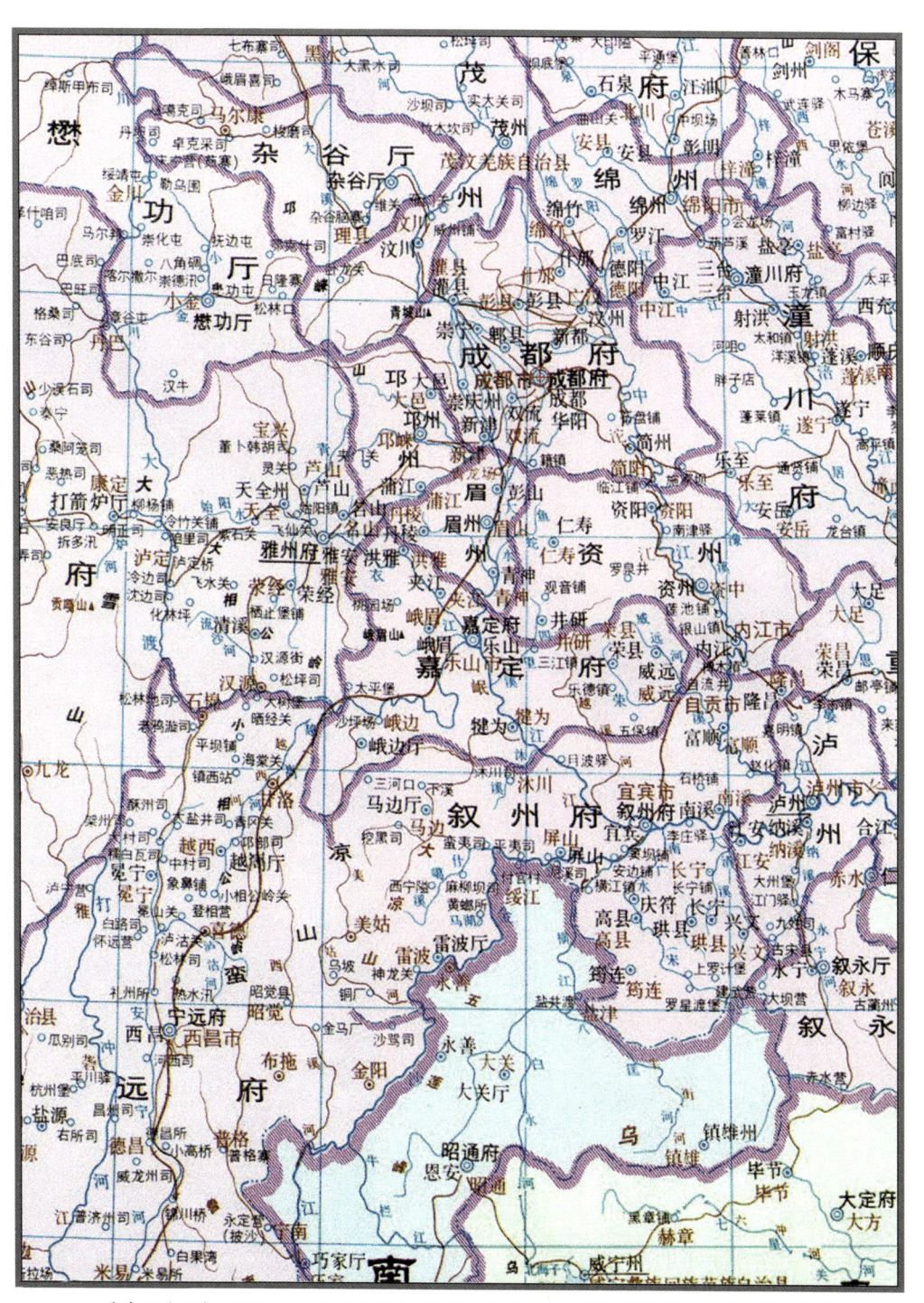

清雍正十二年（1734），升嘉定州为嘉定府，设乐山县，府、县同治嘉定城，属建昌道。
（引自《中国历史地图集》）

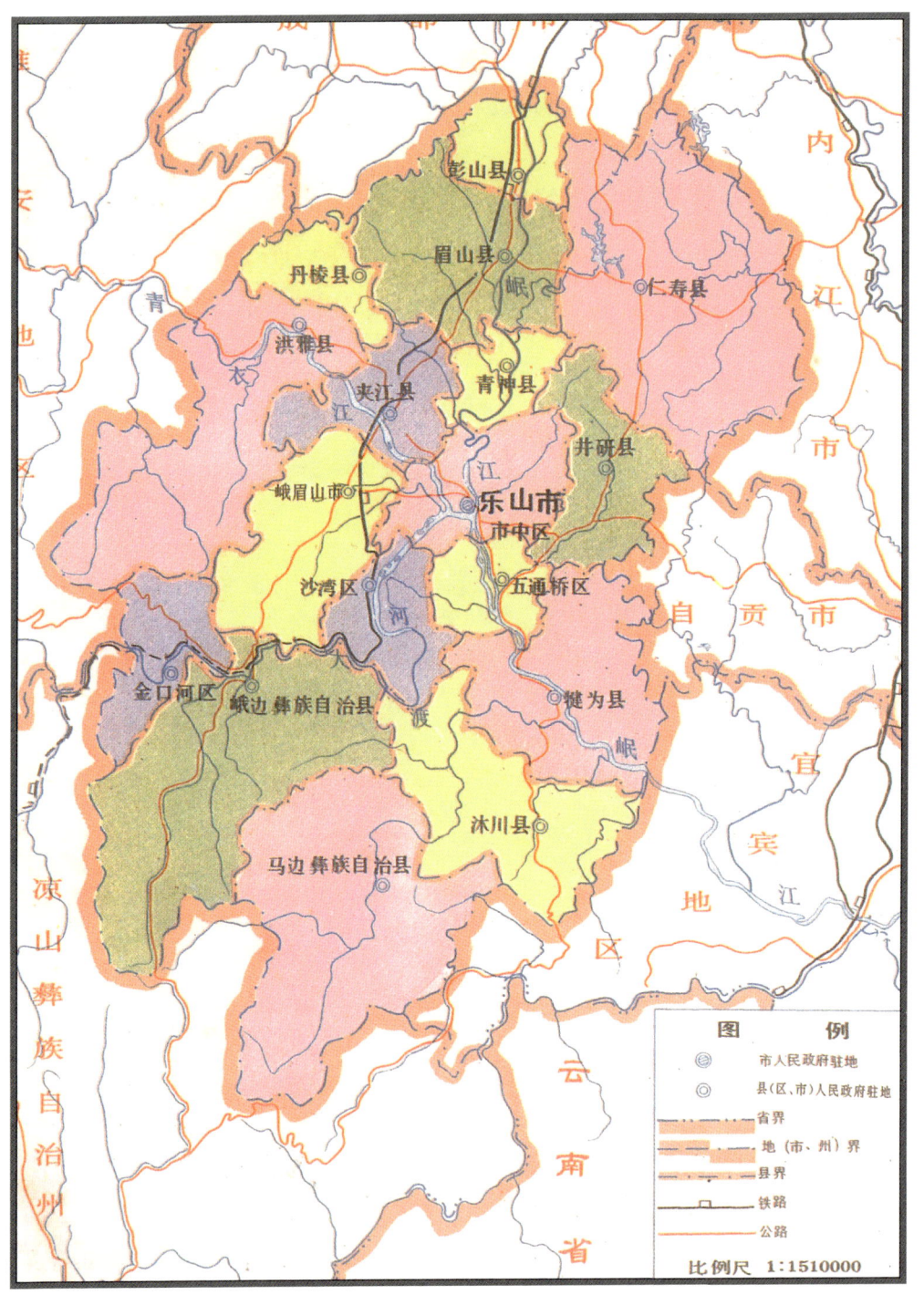

1997年乐山、眉山分设之前乐山市行政区划图

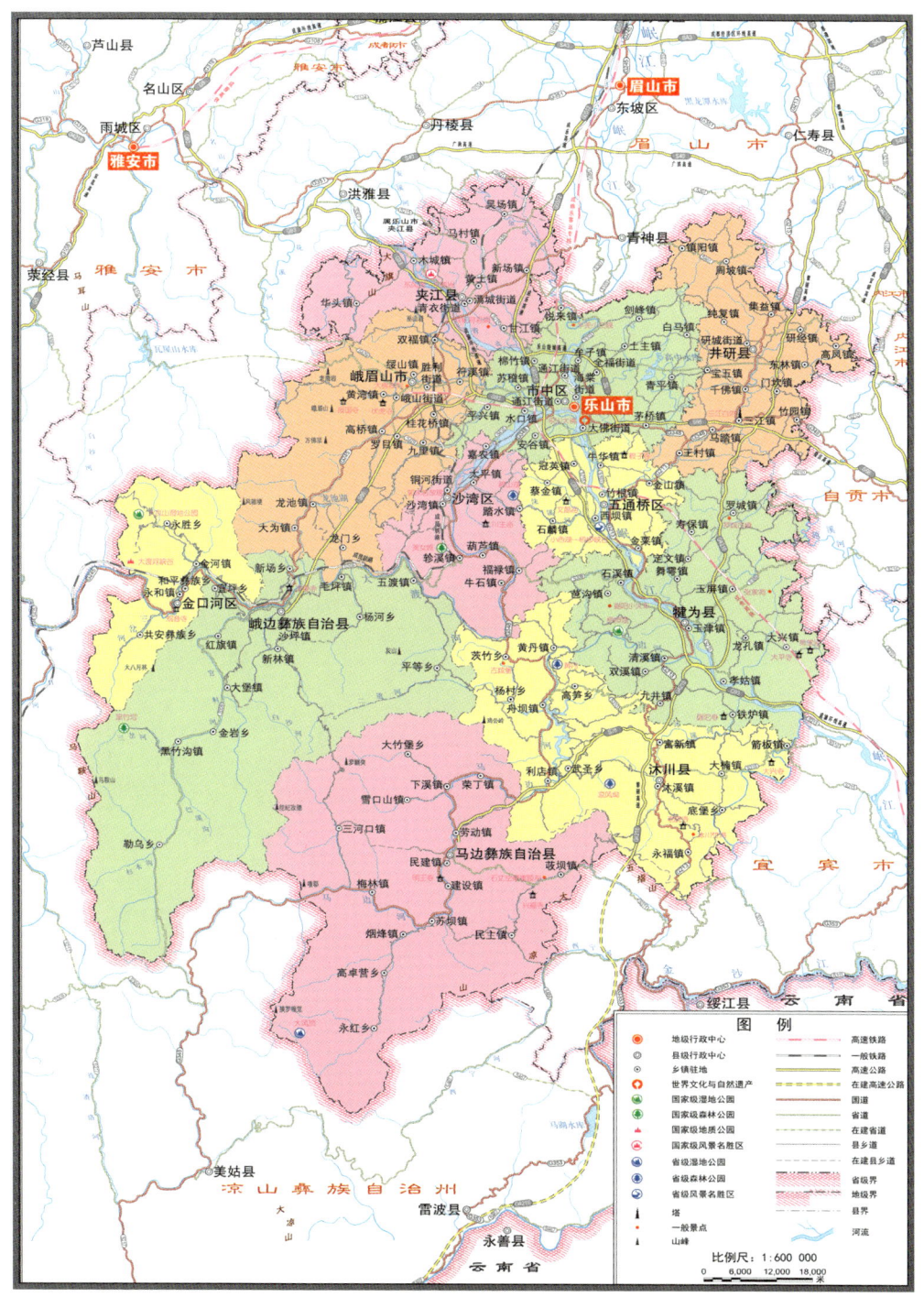

2022年乐山市行政区划图　审图号：川S（2022）10022号

世界文化和自然遗产——乐山大佛

世界文化和自然遗产——峨眉山

世界灌溉工程遗产——东风堰

目录

第一篇　古代乐山

第一章　先秦时期 …… 2
第一节　早期文明遗迹 …… 2
第二节　古蜀"开明故治" …… 4

第二章　秦汉魏晋南北朝时期 …… 6
第一节　建制与人口 …… 6
一、行政建制 …… 6
二、人口状况 …… 8
第二节　经济发展 …… 9
一、农业 …… 9
二、盐铁铜业 …… 10
三、交通 …… 12
四、城市建设 …… 13

第三节　社会文化 …… 14
　　一、士大夫之郡 …… 14
　　二、汉代崖墓 …… 15
　　三、宗教 …… 17

第三章　隋唐五代两宋时期 …… 19

第一节　建制与人口 …… 19
　　一、两级行政体系的形成 …… 19
　　二、军事建制与重要战事 …… 22
　　三、人口状况 …… 24

第二节　经济初步繁荣 …… 25
　　一、农业 …… 25
　　二、造船业 …… 27
　　三、制盐业与铜铁业 …… 28
　　四、纺织、酿酒与制陶业 …… 29
　　五、交通贸易 …… 30
　　六、城市建设 …… 32

第三节　社会文化 …… 36
　　一、教育发展 …… 36
　　二、宗教 …… 37
　　三、乡贤名士 …… 43

第四章　元明时期 …… 46

第一节　建制与人口 …… 46
　　一、行政建制 …… 46

二、军事建制与重要战事 …………………………………… 48

　　三、人口状况 …………………………………………………… 49

第二节　经济发展 …………………………………………………… 50

　　一、农业 ………………………………………………………… 50

　　二、手工业 ……………………………………………………… 52

　　三、交通商贸业 ………………………………………………… 54

　　四、城市建设 …………………………………………………… 55

第三节　社会文化 …………………………………………………… 58

　　一、州（府）县学与书院 ……………………………………… 58

　　二、宗教 ………………………………………………………… 60

　　三、地方名士 …………………………………………………… 62

第五章　清朝时期（鸦片战争前） …………………………… 66

第一节　建制与人口 ………………………………………………… 66

　　一、行政建制 …………………………………………………… 66

　　二、军事建制 …………………………………………………… 67

　　三、人口状况 …………………………………………………… 68

第二节　经济发展 …………………………………………………… 68

　　一、农业 ………………………………………………………… 68

　　二、手工业 ……………………………………………………… 70

　　三、交通商贸 …………………………………………………… 72

第三节　城市与场镇 ………………………………………………… 74

　　一、城市建设 …………………………………………………… 74

　　二、场镇建设 …………………………………………………… 76

第四节 社会文化 …………………………………… 79
  一、府县学与书院 ………………………………… 79
  二、文庙 …………………………………………… 80
  三、宗教 …………………………………………… 82
  四、民间组织 ……………………………………… 84
  五、地方名士 ……………………………………… 86

第二篇 近代乐山

第六章 近代政治与战事 …………………………… 90

第一节 建制与人口 ………………………………… 90
  一、行政建制 ……………………………………… 90
  二、军事建制 ……………………………………… 91
  三、人口状况 ……………………………………… 92

第二节 晚清民众斗争与倒清起义 ………………… 93
  一、犍乐盐厂罢工斗争 …………………………… 93
  二、李、蓝义军在乐山 …………………………… 94
  三、马边反清起义 ………………………………… 94
  四、嘉定教案 ……………………………………… 95
  五、嘉定起义 ……………………………………… 95
  六、乐山保路同志军起义 ………………………… 96

第三节 民国初期乐山战事 ………………………… 97
  一、川滇军乐山之战 ……………………………… 97

二、杨森攻占乐山 ………………………………… 98

　　三、老君台、岷江之战 …………………………… 98

第四节　抗日救亡 ……………………………………… 99

　　一、日机轰炸乐山 ………………………………… 99

　　二、民众抗日贡献 ………………………………… 101

　　三、工业企业内迁 ………………………………… 104

　　四、高校和科研机构内迁 ………………………… 106

　　五、故宫文物南迁 ………………………………… 108

第五节　中共地方组织和武装斗争 …………………… 109

　　一、中共乐山地方组织创立和早期发展 ………… 109

　　二、西山农民武装暴动 …………………………… 110

　　三、峨眉武装起义 ………………………………… 111

　　四、沐川农民武装暴动 …………………………… 111

　　五、川西南军区游击队 …………………………… 112

第七章　近代经济发展 ………………………………… 114

　第一节　近代工业兴起 ……………………………… 114

　　一、丝绸业 ………………………………………… 114

　　二、化学与电力工业 ……………………………… 115

　　三、造纸与印刷业 ………………………………… 117

　　四、食品加工业 …………………………………… 118

　　五、矿冶业 ………………………………………… 121

　　六、其他制造业 …………………………………… 122

　第二节　交通与商贸 ………………………………… 124

一、交通邮电 ………………………………………… 124
　　　二、商业贸易 ………………………………………… 128
　　　三、金融业 …………………………………………… 131
　　第三节　城镇建设与管理 ………………………………… 134
　　　一、城市建设 ………………………………………… 134
　　　二、市政管理 ………………………………………… 137

第八章　近代社会文化 ……………………………………… 139
　　第一节　近代教育与复性书院 …………………………… 139
　　　一、普通教育 ………………………………………… 139
　　　二、职业技术教育 …………………………………… 141
　　　三、复性书院 ………………………………………… 142
　　第二节　宗教 ……………………………………………… 143
　　　一、佛教和道教 ……………………………………… 143
　　　二、天主教、基督教和伊斯兰教 …………………… 145
　　第三节　新兴文化与社会事务 …………………………… 146
　　　一、新兴文化 ………………………………………… 146
　　　二、救灾救济与消防 ………………………………… 148
　　　三、卫生防疫 ………………………………………… 149
　　第四节　近代名士 ………………………………………… 151

第三篇　当代乐山

第九章　社会主义革命时期 ………………………………… 156

第一节　人民政权的建立与巩固 …………………… 156
　　一、全境解放 ………………………………………… 156
　　二、人民政权的建立 ………………………………… 157
　　三、人民政权的巩固 ………………………………… 160
第二节　社会改革与改造 …………………………… 162
　　一、民主改革运动 …………………………………… 162
　　二、彝族地区民主改革 ……………………………… 164
　　三、社会主义三大改造 ……………………………… 165
第三节　经济和社会事业发展 ……………………… 168
　　一、国民经济 ………………………………………… 168
　　二、生产技术 ………………………………………… 169
　　三、教育事业 ………………………………………… 170
　　四、文化事业 ………………………………………… 173
　　五、人口与卫生事业 ………………………………… 176

第十章　社会主义建设的探索和曲折发展 ………… 178
第一节　社会主义道路的艰辛探索 ………………… 178
　　一、整风"反右"运动 ……………………………… 178
　　二、"大跃进"和人民公社化运动 ………………… 179
　　三、"反右倾"运动 ………………………………… 181
　　四、甄别平反 ………………………………………… 182
　　五、社会主义教育运动 ……………………………… 183
　　六、"文化大革命" ………………………………… 184
　　七、知识青年上山下乡运动 ………………………… 187

第二节　国民经济的曲折发展 ········· 188

 一、农业经济 ················· 188

 二、工业经济 ················· 190

 三、交通运输和商贸 ············· 190

 四、"三线"建设在乐山 ··········· 192

第三节　社会事业发展 ············· 195

 一、教育事业 ················· 195

 二、科技事业 ················· 197

 三、文体事业 ················· 198

 四、人口与卫生事业 ············· 201

第十一章　改革开放和社会主义现代化建设 ··· 204

第一节　行政建制与拨乱反正 ········· 204

 一、行政建制调整 ··············· 204

 二、拨乱反正 ················· 205

 三、经济调整 ················· 206

第二节　改革开放 ··············· 208

 一、农村经济体制改革 ············ 208

 二、城市经济体制改革 ············ 211

 三、民主政治建设 ··············· 213

 四、对外开放 ················· 216

第三节　经济现代化建设 ············ 218

 一、农业经济 ················· 218

 二、工业经济 ················· 223

三、旅游业 …………………………………… 227

　　四、交通商贸业 ……………………………… 230

　　五、城镇和新村建设 ………………………… 232

第四节　社会事业发展 …………………………… 236

　　一、教育事业 ………………………………… 236

　　二、科技事业 ………………………………… 238

　　三、文化体育事业 …………………………… 240

　　四、人口卫生与社保事业 …………………… 246

　　五、宗教 ……………………………………… 248

第十二章　中国特色社会主义进入新时代 …… 251

第一节　经济建设 ………………………………… 251

　　一、农业发展 ………………………………… 251

　　二、工业发展 ………………………………… 253

　　三、服务业发展 ……………………………… 255

　　四、旅游业发展 ……………………………… 257

　　五、交通运输业发展 ………………………… 260

　　六、城市和乡村建设 ………………………… 262

　　七、全方位开放 ……………………………… 264

第二节　政治建设 ………………………………… 265

　　一、人民民主 ………………………………… 265

　　二、依法治市 ………………………………… 266

　　三、统一战线和民族宗教 …………………… 267

　　四、党的自身建设 …………………………… 268

第三节 文化建设 …… 270
一、精神文明建设 …… 270
二、教育事业 …… 271
三、科技事业 …… 272
四、文化事业 …… 272

第四节 社会建设 …… 274
一、人口发展 …… 274
二、卫生健康 …… 274
三、体育事业 …… 276
四、社会保障 …… 277
五、脱贫攻坚与乡村振兴 …… 278

第五节 生态文明建设 …… 280
一、污染治理 …… 280
二、生态保护 …… 281
三、生态文明创建 …… 283

第六节 当代杰出人物 …… 283

结束语 谱写全面建设社会主义现代化乐山新篇章 …… 292
大事纪略 …… 296
后　记 …… 325

第一篇 / GU DAI LE SHAN
古代乐山

第一章 先秦时期

乐山先民居住历史可上溯到距今约1万年的新石器时代。战国时期，乐山与古蜀国文明有着许多联系，留下了"巴蜀符号""开明故治"等珍贵的文化元素。

第一节 早期文明遗迹

新石器时代 四川盆地有人类活动的历史可以追溯到200万年以前。从考古遗存和遗迹来看，四川进入新石器时代大约在1万年以前。迄今为止，在全川范围内已先后发现200处以上新石器时代遗址的文化遗物，如磨光石器、陶器、家畜遗骸等。20世纪60年代以来，在峨边、峨眉、夹江、乐山—五通桥、犍为平原及边际丘陵，先后出土了若干新石器时代人类活动遗留的器物，有石磙、双肩石斧、磨光石斧、穿孔石斧、刮削器、多孔石刀、石锄、石簇和陶器、陶纺轮等。

峨眉出土的双肩石斧（峨眉山博物馆藏品）

经鉴定，为距今约5000年的新石器时代遗物。由此表明，新石器时代青衣江、岷江和大渡河中下游沿岸已有先民的生产足迹。

青铜时代 1972年，峨眉县符溪公社发现战国晚期7座土坑墓群，发掘出土陶、瓷器、石器、青铜器等40余件随葬器物。1977年10月，犍为县金井公社万年二队和五联公社五一大队发掘了10余座土坑墓群，出土130多件文物，有陶器和铜器，其中陶器约占四分之三以上，保存较好，有釜、罐、盂、豆、碗、钵、壶等器形；铜制容器有圜底、辫索环耳的釜、甑、鍪等。1978年，在峨边县收集到出土于共安公社和永乐公社土坑墓的9件巴蜀式铜剑和1件铜矛。从器物形制特征看，专家认为，以上出土器物较早的为战国晚期，较晚的在秦、汉之交。

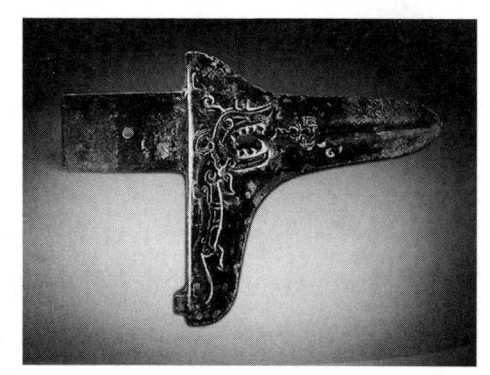

峨眉符溪出土的虎纹铜戈

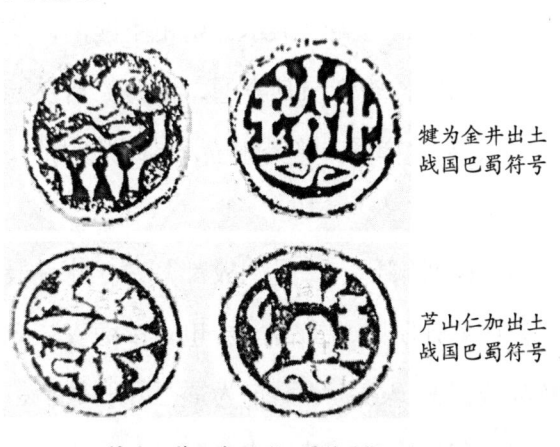

犍为金井出土战国巴蜀符号

芦山仁加出土战国巴蜀符号

犍为、芦山战国"巴蜀符号"比较

乐山青铜文化遗存有古蜀文明的烙印，其中最明显的标识是"巴蜀符号"，又称巴蜀图语或巴蜀图形文字。是在四川省出土的战国至西汉初的文物上发现的一些图形符号，是探索古蜀文化的宝贵资料。巴蜀符号主要刻记在铜兵器、铜乐器、铜玺印等器物上。犍为土坑墓中的兵器上也多有"巴蜀符号",与青衣江上游芦山县仁加乡曹家山出土的圆形印符号非常相似。

第二节　古蜀"开明故治"

　　北魏郦道元《水经注·江水》记载:"江水自武阳东至彭亡聚……又东南迳南安县……县治青衣江会,衿带二水矣,即蜀王开明故治也。"这是关于乐山早期聚落的最早记载。前人对于古蜀国的历史有所记载,近于传说,大多失传。东晋史学家常璩《华阳国志》记载,巴、蜀开国的历史"久远隐没,实多疏略"。

　　西汉蜀郡人扬雄《蜀王本纪》记载:"望帝积百余岁,荆有一人名鳖灵,其尸亡去,荆人求之不得,鳖灵尸随江水上至郫,遂活,与望帝相见。望帝以鳖灵为相。时玉山出水,若尧之洪水,望帝不能治,使鳖灵决玉山,民得安处。鳖灵治水去后,望帝与其妻通,惭愧,自以德薄,不如鳖灵,乃委国授之而去,如尧之禅舜。鳖灵即位,号曰开明帝。帝生卢保,亦号开明。"

　　"开明故治"的具体含义,有两种解释。一是"故都"说。此说最早见于明代曹学佺《蜀中广记》:"开明氏,蜀古国号也,都南安,今之嘉定州。"清代赵熙《离堆佛楼记》记载:"嘉定为蜀王开明故治,时无成都也,秦属蜀郡,汉初南安犹然,时无犍为也。"治,即治所,是中国古代对地方政权（政府）驻地的称谓。如《蜀王本纪》称："蜀王据有巴蜀之地，本治广都樊乡。"二是"故居"说。此说认为，"开明故治"是后人对其最初定居发迹地的称谓，是开明氏作为部落首领时的居住地，准确的叫"鳖子故居"。有学者认为，乐山作为"开明故治"是开明氏入据川西平原的第一站。也有学者认为，故治是建国前鳖灵居住的城邑。《水经注》称为故治，是为了跟建立开明王朝后的都城新都、成都区分开来。

"开明故治"的空间范围。古代文献仅记载了"青衣江会""襟带二江"这一大致范围，迄今没有发现地面遗址。

第二章　秦汉魏晋南北朝时期

秦统一全国后，乐山出现了最早的县级建制政权，南安县存续时间约800年，被誉为"犍之琼瑰"，有着先进的农业生产技术，发达的盐铁官营手工业。境内数以万计的汉代崖墓遗存，居四川之首，一定程度体现了当时的建筑、艺术水平和宗教、民俗文化。

第一节　建制与人口

一、行政建制

秦南安　《汉书·地理志》记载："巴、蜀、广汉本南夷，秦并以为郡。"自秦惠文王更元九年（前316）灭巴蜀后，逐步开拓扩展，设置郡县，至秦末年已设巴、蜀、汉中三郡共41县。今乐山在秦代就设有南安县，属蜀郡。民国《乐山县志》记载："蜀守李冰凿平溷崖，通正水路。南安之名昉于此矣，于时吾邑乃有主名，其隶蜀郡亦可知已。"

根据《四川历代政区图》推测，秦南安县域范围大致包括，今市中区、五通桥、沙湾、峨眉、峨边、金口河、夹江、犍为、洪雅、荣县、青神、丹棱等地。

汉南安　汉武帝建元六年（前135），划巴、蜀二郡部分地区加上新辟夜郎等地，置犍为郡。南安县改属犍为郡，一直沿袭至三国、两晋时期。

根据《四川历代政区图》推测，汉南安县域范围大致包括，南至今犍为、沐川和马边中北部，西至今洪雅、峨边、峨眉，东至今荣县、威远，北至夹江、青神北界山。

侨置南安　《蜀鉴》引李膺《益州记》记载，东晋成汉时期，建宁王李寿将原居住在牂牁地区（今贵州省西部）的僚人引入蜀地以充实户口，僚人大规模迁入今四川盆地及其周缘的山区，南安县地成为僚人较为集中的地区之一。李势继位后，由于失去对僚人的控制，诸僚四处侵掠，造成原居汉族百姓相率逃徙。汉南安原籍人多外迁，县地多荒芜，南安县逐渐名存实亡。

《四川通志·古迹》记载，南齐永元三年（501），在今荣县西五十里，别置南安郡和南安县。《太平寰宇记》记载："荣州，萧齐于此置南安郡。隋废。今有赖牟镇。旧传即古南安县址也。"南安郡县的侨置与废止，标志着治今乐山的南安县的消失。南梁天监年间（502—519），南安县地之僚人被招抚，汉人陆续返境与僚人杂居。北周保定元年（561），在原汉南安县地又重新设置了平羌郡和平羌县。

今井研县，秦汉时期属武阳县。西汉建元年间（前140—前135），因今县南有盐井，其盐质研净称为"研井"，设井研镇。成汉时期县地被僚人占据。西魏大统元年（535）置蒲亭县（或作蒲县），属怀仁郡。

今马边县，秦时分属南安、僰道两县，汉代分属犍为、越巂两郡，地处南安、僰道、卑水（今美姑县境）三县接合部。蜀汉时，马边县境设置新道县，归越嶲郡遥领。魏晋南北朝时，马边名为僰道、南安二县地，实际上"没为夷僚"，僚人所据之处为各不相属的部落政权。

二、人口状况

秦时南安的人口未见具体记载。民国《乐山县志》记载，秦文王至始皇二十六年设有南安令。据秦制，万户以上曰令，万户以下曰长。若以"一夫挟五口"即一户五口为标准计算，可大致推断当时南安人口数量在5万人以上。

汉代，随着经济的恢复和发展，人口也不断增加。据《汉书》《后汉书》记载，西汉初期，南安县人口约9000人，到公元前149年，约为2.1万人；到公元前2年，约有7.6万人。东汉时人口继续增加，公元140年，约有13万人。《华阳国志》记载："南安县……有四姓：能、宣、谢、审。"高祖刘邦时，宣虎因军功受封南安侯，食邑900户，封国在今夹江县境内。这是西汉在四川分封的五个侯国之一。宣虎家族依靠皇权逐渐成为地方大族。

汉阙 汉代有一种特殊建筑形制——阙，主要作用是表示尊贵，成为王、侯、贵族、官僚、富贵人家宫室前装饰性、标志性的建筑。夹江县甘露乡（今甘江镇）双碑村现存一对汉代墓阙，称为"杨公阙"。墓主为益州郡太守杨宗（德仲）。

夹江杨公阙

2006年，杨公阙被列为全国重点文物保护单位。乐山城郊出土的汉代崖墓中有大量门阙形制，既有较多的单阙，也存在一座墓内设两处或三处门阙的现象，反映出当时统治阶层等级比较明显。

陶俑 乐山大量汉代崖墓遗存下来的陶俑，有农夫俑、舞女俑、吹箫俑、鼓手俑、琴师俑、观赏俑、武士俑、庖厨俑、部曲俑、提罐俑、养马俑等等，反映出当时南安县城下层民众的生活状况。

舞女陶俑

第二节　经济发展

一、农业

汉代农业进步的重要标志是铁制农具的广泛使用。乐山汉代崖墓中多次出土有铁钩镰和曲柄锄画像，均为当时先进的农业生产工具。郭沫若《中国史稿》"东汉经济的恢复和发展"一节记载："那时候，新型的全铁制家具也逐渐增多。如在四川乐山崖墓石刻画像中看到的一种曲柄锄，是去除杂草更为方便的中耕农具……这些都是西汉时候不曾发现过的，因此，有力地说明了东汉农业

峨眉双福出土的石田塘模型

技术比西汉有了一定的提高。"

《华阳国志》记载,南安"多陂池",即山坡上布满了池塘以供灌溉。反映出南安水利灌溉较为发达。农户使用水利设施溉田,要按地亩面积收取水税。《后汉书·和帝纪》记载,永元五年(93)"令郡县……其官有陂池,令得采取,勿收假税二岁"。

岷江流域是汉代四川主要产茶地区之一,《华阳国志》有"南安、武阳出名茶"的记载。南安还有许多名特土产,如柑桔、板栗等。西汉王褒《僮约》有"南安拾栗采桔"记载。唐代徐坚《初学记》引《广志》:"黄柑,一核。有成都平蒂柑,大如升,色苍黄。犍为南安县出黄柑。"晋代南安还设有"柑桔官社"。

二、盐铁铜业

官营盐业 乐山井盐业历史悠久,距今已有2000多年的历史。秦孝文王元年(前250)南安"打盐井,供民食"。按照汉代官制,凡郡县出盐多者置盐官,主盐税。出铁多者置铁官,主鼓铸。有工多者置工官,主工税物。负责管理专业性的官办作坊。据《汉书》所载统计,西汉中期巴蜀地区有井盐产地14处。盐官设于蜀郡临邛、犍为郡南安、巴郡朐忍、益州郡连然。铁官设于临邛、南安和武阳。可见,南安官营盐铁业在当时西南地区的重要地位和作用。

制盐技术上采用直接挖掘的凿井方法。采卤是用绳系木桶入井提卤,或在井口设置辘轳系上木桶汲卤。《史记·平准书》记载:"愿募民自给费,因官器作煮盐,官与牢盆……敢私铸铁器煮盐者,釱左趾,没入其器物。"给盐户发"牢盆",并以盆为单位,按盆收购,付给报酬。敢于私自铸造铁质牢盆煮盐的人，要在其左足上戴上铁钳，并没收其器物。

邓通铸铜钱 南安有富集的铜铁矿藏，矿冶业开发较早。铁官不仅负责冶铁，也要管理铜矿，即所谓"冶铁铜场并统之"。冶铜方面，汉代最著名的当数邓通铸造铜钱。《史记·平准书》记载："邓通，大夫也，以铸钱财过王者。故吴、邓氏钱布天下，而铸钱之禁生焉。"《史记·佞幸列传》记载：邓通，蜀郡南安人也，以濯船为黄头郎。孝文帝梦欲上天，不能，有一黄头郎从后推之上天，顾见其衣裻带后穿。觉而之渐台，以梦中阴目求推者郎，即见邓通，其衣后穿，梦中所见也。召问其名姓，姓邓氏，名通，文帝说焉，尊幸之日异。通亦愿谨，不好外交，虽赐洗沐，不欲出。于是文帝赏赐通巨万以十数，官至上大夫。文帝时时如邓通家游戏。然邓通无他能，不能有所荐士，独自谨其身以媚上而已。上使善相者相通，曰"当贫饿死"。文帝曰："能富通者在我也，何谓贫乎？"于是赐邓通蜀严道铜山，得自铸钱，"邓氏钱"布天下。其富如此。《乐山县志》记载，今铜街子坝下有邓通墓。

邓通半两钱

诸葛亮铁山冶铁 唐李吉甫《元和郡县志·剑南道下》记载："陵州始建县（今井研县东北）东南七十里有铁山出铁，诸葛亮取为兵器。其铁刚利，堪充贡焉。"铁山在今犍为县罗城镇境内。清代同治《嘉定府志》记载："产铁，诸葛武侯取为刀剑。""铁山从仁寿来，横亘井、犍、荣、威间数百里，产铁。诸葛武侯取铸兵器。"1958年，罗城铁山铁厂厂长陈寄峰率工人挖出两块石碑，上刻"诸葛武侯岩前取铁""昔武侯炼铁于此"碑文。蜀汉建兴三年（225）"三月，（诸葛）亮南征四郡。秋，南中平，军资所出，国以富饶。"此次南征，诸葛亮率蜀汉大军分三路南下，均取岷江水道分别经安上（今屏山县新市镇）、僰道（今宜宾）、江阳（今泸州），指向越巂县、牂牁、益州三郡。南安（今乐山）境内千军万马乘船南下，盛况空前。

东晋义熙十年（414），分南安县设冶官县，其县名以"冶铁官"而名。因金石井（今罗城镇）产铁，且位于铁山山脉末端，距南安县治较近，附近又有越溪河等便捷水运条件，故设县治于此。其辖地包括今荣县全境及犍为东部地区，属犍为郡。今铁山山脉，仍有与冶铁有关的地名近20处。

三、交通

秦汉时期内外交通不断扩大和发展。巴蜀地区交通多依赖于长江水系的水路和山间谷地，诸如岷江、涪江、嘉陵江、青衣江、大渡河等水路，从成都西出江原（今崇州）、临邛（今邛崃），南出南安、严道（今荥经），北出什邡，东出广汉的陆路，以及从江州北至汉中，南至涪陵（今彭水）的陆路，四通八达。

岷江要津　南安处于岷江要津，承担着南部交通孔道水陆枢纽的作用。《华阳国志》记载，相传李冰在南安青衣江、岷江合流处，平整岷江河中险滩"盐溉滩"，凿平凌云山向江中突出部位"溷崖"，以"通正水道"，利于行驶舟船。南安北面的鱼涪津，是岷江上的一个重要渡口。清顾祖禹《读史方舆纪要》记载，东汉建武十二年（36）春，吴汉率军讨伐公孙述，与蜀军争夺南安鱼涪津，大败蜀将魏党、公孙永，接着又攻取南安，兵围武阳。公孙述派其女婿史兴率军往救，被全部歼灭。晋代，益州刺史赵廞自称大将军，益州牧、犍为太守陈揔率军至此鏖战。

五尺道 汉武帝元光五年（前130），曾下令征发巴蜀民众数万，拜唐蒙为中郎将，历时18年，筑通了西南夷的五尺道。五尺道以南安北境熊耳山或熊耳峡为起点，经僰道而通达夜郎。《汉书》记载："唐蒙通夜郎，自南安开五尺道。"明代曹学佺《蜀中名胜记》引《郡国志》云，"龙游县有二石阙，即汉武帝使唐蒙下夜郎置。"民国《乐山县志》记载："今县临大江岸埂山岭相连，经益州郡，有道广四五尺，深或百丈，斩凿之迹尚存。"

秦代也曾有五尺道，《史记·西南夷列传》所载"秦时常頞略通五尺道"之事。路线从成都经筰国、邛国，南渡大渡河，沿越嶲河谷，逾相公岭，经西昌、会理、渡金沙江，南抵云南大姚，再通往大理。唐蒙开岷江五尺道后，此道更名为清溪道（西夷道）。

四、城市建设

秦朝全国形成都城、郡城、县城三级城市等级。汉初，刘邦下令"天下县邑城"，即在全国范围内对县级以上政权治所和相当于县级的封地修城筑池。有关南安县城池的记载，最早见于《后汉书·郡国志》。蜀郡11城，属国都尉4城；广汉11城，属国3城；犍为9城，属国2城；巴郡14城；越嶲14城。其中犍为9城：武阳、资中、牛鞞、南安、僰道、江阳、符节、南广、汉安。

南安时期的城市布局、城垣及官府、官邸等建筑，尚无资料记述。

但在今乐山麻浩、乌尤寺、瓦厂坝、高笋塘等汉代崖墓中，均有陶制楼房出土。陶楼房形制结构多样，从楼层看，有平房、有二层楼房；从房基看，有干栏式、平台式；从屋顶式样看，有庑殿顶、悬山顶、卷棚顶；从构架看，有抬梁式、穿斗式等。其中以麻浩崖墓和高笋塘崖墓出土的陶楼房为典型代表。从营建技术上看，斗拱是最常见的建筑构件，抬梁式和穿斗式两种主要木结构已经形成。斗拱式木架建筑结构和施工技术的进步，推动高层楼房建筑的出现。

麻浩崖墓出土汉代陶房

第三节　社会文化

一、士大夫之郡

犍为郡被誉为"士多仁孝、女性贞专"的"士大夫之郡"。"忠孝仁信节义"的家族观念十分突出，地方名士多有"忠壮""正直""义士""孝士""忠正"的称号。《华阳国志》《三国志》中记载有10多位南安名士，被誉为"犍之琼瑰"。其中较为著名的有：

费贻（生卒年不详），字奉君，公孙述叛乱时，"漆身为厉，佯狂避世"，当公孙述被平息后，才为合浦太守。被称戴为"隐遯"。民间有歌谣赞道：

"节义至仁费奉君,不仕乱世,不避恶名。脩身于蜀,纪名亦足。"

费诗(生卒年不详),字公举,刘备入川攻打绵竹时,时任县令费诗举城起义。刘备领益州牧后,先后担任督军从事、牂牁太守,后来任益州前部司马。蒋琬秉政,以费诗为谏议大夫。

伍梁(生卒年不详),字德山,以儒学节操称。诸葛亮治蜀时,伍梁先后担任功曹、五官中郎将。被称为"德山耽学,道以光时"。

费立(生卒年不详),字建熙,晋时称西州名士,与陈寿齐名。因学义冲邈,玄静沈嘿,担任监察孝廉、王国中尉,因正色匡谏,刚直不阿,黜为成都令。后任梁益宁三州都督,兼尚书,并加员外散骑常侍,封关内侯。

费缉(生卒年不详),字文平,清检有治干,历任历城令、涪陵太守,后迁谯内史。

曹敬姬(生卒年不详),号为女学士,以"节称义道"著称于世。17岁出嫁为周纪之妻,19岁夫亡,有一遗生子元余。为了给有病的母亲冲喜,父母欲将其许配给孙宾。敬姬知道后投水自殒,后奇迹般苏醒,送依周纪弟居,苦心训导儿子元余。年九十卒。

二、汉代崖墓

全国第三次文物普查显示,四川汉代崖墓主要分布在三台—中江地区、成都—彭山地区和乐山地区,其中以乐山为最。汉代崖墓大都在滨临江河两岸的山岩上开凿而成,尤其在小河溪水与大江交汇处分布最为密集,其地势背山面水,前景开阔。这种墓葬出现在汉代至南北朝约五百年间,盛行于东汉时期,通称为东汉崖墓或汉代崖墓。是在石崖壁面以90度角向内开凿成墓室的一种特殊墓葬,其基本结构一般包括墓道、墓门、甬道、前室、中室、后室、前堂、侧厅、耳室和侧室等部分。

墓室内外还常有利用山岩凿就而与墓穴融为一体的附属设施，如灶台案龛、壁龛、排水沟、龛形石棺（椁）、原岩石棺、棺台和房形石柜等。

乐山崖墓分布很广，在岷江、青衣江、大渡河沿岸和浅山谷的崖壁上，数以万计。数量之多、规模之大、石刻之丰富居四川之首。20世纪初，法国学者色伽兰对四川崖墓进行了一次调查，在其著作《中国西部考古记》中记载："大凡崖墓发展程度最高之区（嘉定附近），亦即阙体较大、饰刻最多之地。"认为乐山崖墓是四川崖墓发展最成熟的地区，石刻最多，石阙最宏大。20世纪60年代初，乐山文化部门对乐山崖墓进行了调查，已知崖墓约万座。1980年公布的四川省文物保护单位中，崖墓群共6处，其中4处就在乐山城区一带，即麻浩、柿子湾、肖坝、白崖山。

麻浩崖墓享堂

1937年，首次发现麻浩崖墓，崖墓约有330座，规模宏大，结构复杂，墓壁石刻画像文字精美丰富，是乐山崖墓群中最集中、最有代表性的墓葬群。出土的大批文物，在考古、建筑、绘画、雕塑、制陶等方面都具有较高的研究价值。1988年，麻浩崖墓经国务院公布为全国重点文物保护单位。大规模的崖墓群及其精美器物，反映出南安经济的发达和文化的繁荣。

南北朝时期，大量僚人入蜀借墓而居，崖墓葬式逐渐在蜀地消失。

三、宗教

道教　东汉顺帝时期，张道陵在鹤鸣山创立早期道教——五斗米教，著有《峨眉山神异记》3卷等道书。五斗米教教区称为"治"，据传早期有上、中、下品二十四治及四品别治，后来张鲁创设八品游治。另，合二十八星宿有天下名山二十八治。八品游治依次为峨眉治、青城治、太华治、黄金治、兹母治、河逢治、平都治、青阳治，峨眉列为首位。天下名山二十八治中，犍为郡南安县境内有4治，即稠粳山治、北平山治、本竹山治、平呈山治。

晋时道教上清派也将峨眉山视为重要宫府，有不少道士到山寻仙访道。晋人华侨《周君内传》记载，上清派周义山"登峨眉山，入空洞金府，遇甯先生，受《太丹隐书》八禀十诀。"《玄品录》记载，南朝刘宋时道士陆修静"西至峨眉，寻清虚之高躅"。西晋道士乾明在峨眉山创建乾明观，招徒授道。

佛教　汉代自印度传入中国。在麻浩、柿子湾崖墓中发现的3尊坐佛雕刻图，据考证，约在东汉晚期至蜀汉末年。麻浩1号崖墓坐佛像是四川早期佛教遗物发现最早的一例。

佛教何时传入峨眉山，学界主要有东汉说和西晋说两种观点。东汉说源于蒲公追鹿见普贤示现的传说。北宋范镇《初殿》

麻浩崖墓坐佛浮雕

诗云:"前去峨眉最上峰,不知崖嶂几千重。山僧笑说蒲公事,白鹿曾于此发踪。"清代胡世安《译峨籁·宗镜纪》对"蒲公故事"首次完整描述。清代蒋超《峨眉山志》据此提出"蒲公归而建普光殿",又"光相寺在大峨峰顶,相传汉明帝(公元28—75)时建,名普光殿"。此说在历史上影响较大。

西晋说的主要物证是今存于峨眉山报国寺"圣积铜钟"。铜钟于明嘉靖四十三年(1564)由别传禅师铸造,其中《皇图》有"晋祖武帝、司空净禅师"铭文,时间上早于《译峨籁》,据此认为佛教应在西晋初传入峨眉山。

隋代以前,见于史载的峨眉山佛寺主要有中峰寺、黑水寺、普贤寺、延福院、灵岩寺、化成寺等。其中,中峰寺由道观改造而成。清代胡世安《译峨籁·道里记》记载:"中峰寺,今名集云,明果大师道场。"清代蒋超《峨眉山志·寺观》记载,中峰寺"本晋乾明观。时道士惑于三月三日升仙之说,岁为毒蟒所食。有资州明果禅师至,暗伏猎人射杀之。道士感激,改观为寺。"

第三章　隋唐五代两宋时期

自隋至唐宋时期,乐山农业、手工业较快发展,水陆交通较发达,商贸、文化繁荣发展。嘉州古城建设规模扩大,乐山大佛和峨眉山普贤道场闻名全国,被誉为"西南名郡""惟蜀雄都"。

第一节　建制与人口

一、两级行政体系的形成

北周至隋代,乐山行政建制由单级县政权演变为州(府、郡)县两级行政管理体系,并以州(府、郡)治为中心,在周边布局了若干县级治所。唐、五代、宋时期虽有所裁并,但所辖地域范围基本上没有改变隋代格局。

北周保定元年(561),于原南安县地置平羌郡及平羌县。大成元年(579),置嘉州,取"郡土嘉美"之意,治平羌郡。领平羌郡、齐通郡(治今眉山市东坡区太和镇)、青城郡(治今青神县瑞丰镇)、隆山郡(治今彭山凤鸣街道)四郡。

隋开皇三年(583),撤销郡,以州统县。废平羌、齐通、青城三郡入嘉州，隆山郡地入陵州（治今仁寿县）。四年（584），改平羌县为峨眉县，仍于县东 60 里别置平羌县（治今井研县三江镇，隋末移治今市中区牟子镇）。九年（589）又改峨眉县为青衣县，在峨眉山下别置峨眉县。十年（590）改青衣县为龙游县①，县治在州城北东岳庙。同年又割龙游、平羌二县地另置夹江县。大业二年（606），更嘉州为眉州，治龙游。次年，全国改州为郡，眉州更名为眉山郡，领龙游、夹江、峨眉、通义、青神、丹棱、洪雅 8 县。

唐武德元年（618），全国改郡为州，眉山郡复名嘉州。嘉州领龙游、平羌、夹江、峨眉、玉津（治今五通桥冠英镇）、绥山（治今峨眉山市九里镇）、通义、洪雅、丹棱、青神、南安（武德元年置，治今夹江木城镇）、咨官（即晋代冶官）12 县，治龙游县。次年，割通义、洪雅、丹棱、青神、南安 5 县分置眉州，治通义县（今眉山东坡区），嘉州余领 7 县。贞观六年（632），咨官改属荣州，嘉州余领 6 县。麟德二年（665），分峨眉县地置罗目县（治今峨边县沙坪镇，后移治今峨眉山市罗目镇），嘉州领 7 县，辖区范围依旧。高宗上元元年（674），犍为县（治今犍为县孝姑镇境）由戎州改属嘉州，嘉州领 8 县。圣历三年（700），分绥山县东部置乐都县，5 年后废乐都县。玄宗天宝元年（742）天下改州为郡，嘉州改为犍为郡，仍治龙游。乾元元年（758），天下又改郡为州，犍为郡复名嘉州，此后嘉州之名一直沿用至南宋。

五代时期，嘉州辖地无变化。

北宋乾德四年（966），分别省绥山、罗目两县入峨眉，省玉津入犍

---

① 除 1119—1131 年间曾改名嘉祥县外，龙游县名一直使用到明代洪武九年（1376）省县入州，历时 774 年。

为，嘉州领5县：龙游、平羌、夹江、峨眉、犍为。淳化四年（993），洪雅县自眉州来隶，嘉州领6县。熙宁五年（1072），省平羌县入龙游县，嘉州领5县。

南宋庆元二年（1196），宁宗以嘉州为"宁宗潜邸"，升嘉州为嘉定府，治龙游县，领5县。此为乐山称嘉定并置府之始。开禧元年（1205），升嘉定府为嘉庆军。

今峨边彝族自治县、金口河区，隋属眉山郡峨眉县地。唐麟德二年（665）属嘉州罗目县地，上元三年（676）属峨眉县地，仪凤三年（678）属罗目县地至北宋初。北宋乾德四年（966）改属峨眉县地。

今马边彝族自治县，隋唐宋王朝对少数民族实行羁縻州统治，"即其部落列置州县，其大者为都督府，以其首领为都督、刺史，皆得世袭，虽贡赋版籍不上户，然声教所暨，皆边州都督、都护所领"（《新唐书地理志》）。唐朝在小凉山区建立马湖部，辖殷、驯、骋、浪四个羁縻州，马边属于其中的驯、骋两州地。宋代，马边分属马湖部、虚恨部。北宋英宗治平二年（1065），建赖因寨（今县城外）及荣丁寨，马边分属嘉州犍为县、叙州府、大理国虚恨部。

今沐川县，隋开皇三年（583）属戎州犍为县，大业三年（607）属犍为郡犍为县，十一年（615），东、西部分属犍为郡犍为县和眉山郡玉津县。唐武德元年（618），东部属戎州犍为县，西部属嘉州玉津县。后为马湖部族所占。垂拱三年（687）玉津令马元庆击败马湖夷，立纪功碑于沐川。咸通十年（869）南诏进犯西川，占据县境。乾符二年（875）西川节度使高骈击败南诏于沐源川，置沐源镇，以近沐源川而名。为防彝患筑城驻兵。北宋时为羁縻州境。南宋时置沐川、利店、荣丁、赖因、笼鸠、利店北等寨，并驻兵防守，隶嘉州犍为县。

今井研县，隋开皇十一年（591）置井研县，属隆山郡。宋真宗咸平四年（1001），始建县并入井研县。

二、军事建制与重要战事

嘉州 22 镇兵 隋仁寿元年（601），嘉州被僚人占领州城，行军总管段文振率军征讨招抚，平息战乱。唐代为了加强对西南地区统治，在四川设剑南节度使，主管军事、防御外敌。节度使统领的屯驻藩镇属郡关津要地的外镇兵称为镇兵。《新唐书·地理志》记载：嘉州"有犍为、沐源、寺庄、牛径、铜山、曲滩、陁和、平戎、依名、利云、溶川、罗护、柘林、大池、鸡心、龙溪、赖泥、可阳、婆笼、马鞍、始犁、峨眉等二十二镇兵。"《读史方舆纪要》引《唐志》称嘉州有 24 镇兵。据《新唐书·地理志》统计，唐代四川境内设有 48 镇兵。其中嘉州有 22 个，戎州 11 个，翼州 5 个，雅州 4 个，黎州 3 个，维州 2 个，邛州 1 个。嘉州镇兵数占近二分之一。

唐乾元元年（758）三月，剑南节度使卢元裕请升嘉州为中都督府，广德二年（764）罢嘉州中都督府。历史上有名的两位剑南西川节度使韦皋和李德裕都曾在嘉州指挥过军事。贞元十九年（803），韦皋持节都督嘉州军事，嘉州刺史则充本州经略使。太和四年（830），剑南西川节度使李德裕过旧市镇（今水口镇），后人立有"唐李德裕提重兵过此"石刻。唐代在嘉州城西苏山还设有苏稽戍（宋置苏稽镇）。可见当时嘉州战略位置特别显要。

宋代军事建制基本沿袭唐制。《新唐书》记载："嘉州犍为郡，中。"

《宋史》记载："嘉定府，上，军事。"南宋宁宗庆元年间嘉州升嘉定府。开禧年间在嘉定城东设嘉庆关。说明南宋时期乐山的军事地位有所提高。

军用买马场 北宋时期，为抗御北方强敌，军马成为大宗军需品。由于北方长期战乱，西北方马道受阻，马匹购不进来，目光转向南方。《宋史·兵志》记载"凡是战马都只有仰仗山西、四川、广西三个边疆地区。"北宋熙宁八年（1075），成都知府蔡延庆上奏："威、雅、嘉、泸、文、龙州，地接乌蛮、西羌，皆产善马。请委知州、砦（寨）主，以锦采、茶、绢招市。"神宗元丰六年（1083），正式在嘉州中镇砦（今沙坪镇）、雅州灵关等设立买马场。元祐初年（1086）关闭。南宋嘉定六年（1213）十一月，虚恨蛮进犯嘉定府之中镇砦。

三龟九顶城 南宋理宗宝祐二年（1254），蒙古军将领汪德臣率兵攻嘉定城，四川大震。知府俞兴率元用等利用夜幕开关力战解围。理宗叹赏俞兴嘉定城下之战奇伟，赐以金带。度宗咸淳二年（1266），蒙古军再攻嘉定城未果。为整修被破坏的城防工事，加强防御，咸淳七年（1271），朝廷"以钱百万，银五千两，命知嘉定府昝万寿修城浚壕，缮甲兵，备御遏"。

昝万寿在岷江东岸修筑的城防工程分为三龟城和九顶城两部分，后世称"三龟九顶城"。三龟城位于城东三龟山，九顶城位于凌云山。修筑三龟九顶城的工程十分浩大，前后用时近三年才竣工。经过长期经营，岷江东西两城相呼应，两城间有浮桥相连，加上在城区及城郊兴建要塞、炮台等军事设施，嘉定城成为固若金汤的军事重镇，在抗蒙战事中发挥了重要作用。

三龟城炮台遗址

《元史》记载，南宋理宗端平三年（1236）十月，嘉定城第一次被攻陷。次年蒙军又攻略嘉定、峨眉。淳祐元年（1241）冬，蒙军再次攻陷成都，并沿岷江侵扰，直抵泸州。淳祐十二年（1252），宋军与元军又大战于嘉定，元兵围城五旬，帅守俞兴、都统元用等开关力战解围。景定四年（1263）二月，蒙军大举攻嘉定城，马堃出战御之。咸淳七年（1271），赛典赤和郑鼎率兵水陆并进，至嘉定，顺流纵筏，断其浮桥，擒获宋将两人，缴获战舰28艘。三年后，元军再度进攻嘉定。德祐元年（1275）二月，元兵攻嘉定九顶山，都统侯兴战死。六月，昝万寿以嘉定及三龟、九顶、紫云城投降。

三、人口状况

《隋书》记载，隋代眉山郡领8县，户23799。

唐贞观年间（627—649），嘉州领6县，25085户，75391口。天宝年间，嘉州领8县，34289户，99591口。

晚唐至五代、宋，中原战乱不已，四川相对安定。中原衣冠士族和百姓纷纷入蜀定居，视为乐土。据《太平寰宇记》《元丰九域志》《宋史·地理志》资料统计，北宋时期嘉州人口发展较快，宋初太宗时嘉州人口还不及眉州一半，但至崇宁年间（1102—1106）却几乎与眉州等齐（如下表所示）。嘉州所增人口，主要是外地流亡来的客户。据《太平寰宇记》记载，太宗时嘉州主户5671户，客户23270户，客户占总户数的80%，神宗时占比为70%。杂居现象突出。同时，嘉州人口数量处于川南地区前列，远超戎、泸、荣三州。不断增长的人口，是唐宋时期乐山经济发展的重要基础。

北宋时期嘉州等五州人口变化情况表

单位：户

区划	太宗年间户数	元丰三年户数	崇宁年间户数
嘉州	28941	70546	71652
戎州	5263	17019	16428
泸州	4462	35064	44611
荣州	6715	16665	16667
眉州	62923	76129	72809

第二节 经济初步繁荣

一、农业

隋代，实行田租制，授永业（可以继承）田，鼓励耕织。唐初，实行"偃武修文"，以均田中的"十分之二为永业田"。宋代颁行《农田利害条约》，鼓励兴修水利，农业生产发展。

唐宋时期，乐山农业发展较快，随着人口快速增长，粮食种植不断扩大，同时还大量种植麻棉，养殖桑蚕，为丝织业发展提供充足的原料。据《元和郡县志》《新唐书》记载，唐代土贡有小布、麻、绢、绵、紫葛等。《太平寰宇记》记载，宋代土贡有紫葛、巴豆，药材有金毛狗脊、丁公藤。据同治《嘉定府志·赋役志·盐茶》记载，峨眉山等地大量种植茶叶，有峨眉白芽等著名茶品。凌云茶，陆游评价"色似虎丘，味逼武夷"。

宋代龙游、犍为等县建立常平仓，储粮备荒。常平仓制始于汉宣帝五凤四年（前54），耿寿昌建议"请于边郡皆筑仓，谷贱时增价而籴，贵时减价而粜"，主要作用是稳定市场谷物价格。北宋王安石借鉴唐朝青苗钱补充青苗法改进常平仓。常平仓的建立，表明宋代乐山粮食供给系统在逐渐完善，也反映出州县人口数量不断增加。

宋代乐山开始大规模农田水利建设。清同治《嘉定府志》卷13《水利》记载，虽然有秦代李冰在乐山凿离堆之说，但当时仅仅是"郡亦蒙其利，唯水利未兴耳"，汉以后"水利亦弗之详"，至宋代，"张资中（即张方）始大兴水利，洪雅、夹江之间，食报宏矣。"

北宋雍熙元年（984），夹江县分别在城西北17公里青衣江官家滩的左、右岸引水，开凿了新兴堰和牛头堰。新兴堰，后世又称永丰堰、红花堰、锣沱堰、江公堰等。牛头堰，主要灌溉今乐山杨湾、苏稽两地。此两堰渠经历代维修，持续发挥着灌溉农田的作用。

宋代始建的新兴堰堰首

二、造船业

黄龙船 隋初，为了完成渡江攻陈的统一战争，大将杨素利用蜀地木材，在川江上大量建造战船，主要有"五牙船"和"黄龙船"两种。《元和郡县志》"龙游县"条记载："隋将伐陈，理舟舰于此。"在龙游县建造的是一种可载士兵百余人的大船，因船身塑绘有黄龙，称"黄龙船"。《隋书·地理志》"龙游（县）"条记载："平陈日，龙现水，随军而进，十年改名焉。"隋军得龙船之助得以平天下。开皇十年朝廷将建造黄龙船的青衣县更名为龙游县。为龙游县成为造船基地之一奠定了重要基础。

《资治通鉴·唐纪》记载，唐贞观二十二年（648），唐太宗准备再次征伐高丽，"隋末剑南无寇盗属者，辽东之役剑南复不预及，其百姓富庶，宜使之造舟舰"，派右领左右府长史强伟到剑南"发民造船，役及山僚。"强伟率人在嘉州等地"伐木造舟舰，大者或长百尺，其广半之。"由于大肆征发山民服役伐木，当年底引发了"眉、邛、雅三州僚反"之事。

嘉州官船 宋代嘉州造船业得到进一步发展，成为四川造船业中心之一。当时江船的种类增多，有作战使用的战船、漕运官物的漕船、接送官吏的驿船、民间运输货物和旅客的商船、装载马匹的马船、专作渡河工具的渡船和官僚贵族游玩的舫舟，等等。嘉州官营造船业主要打造官船。《宋会要·食货》记载，北宋天禧五年（1021），在全国所订造官船2916艘中，四川仅嘉州一处每年造45艘。同时，嘉州还奉旨打造马船。马船的载重量为500～700料，可以装载20～25匹马。"料"是宋、元、明时期用来表示船舶大小的容积计量单位，宋一料相当于一宋石（一石约120斤）。

三、制盐业与铜铁业

卓筒井 唐宋时期四川井盐发展很快,宋代发明创造了"卓筒井",揭开了钻井史上新篇章。嘉州盐井隶属剑南西川节度使。《新唐书》记载:"邛、眉、嘉有井十三,剑南西川院领之。"宋代祝穆《方舆胜览》记载,嘉定有盐场,犍为书楼山产白盐。史书有"宋时嘉州十五井,岁煮盐五千九百余斤"的记载。

最早记载"卓筒井"钻井技术的是文同和苏东坡。曾在陵州任职的文同记载井研盐业称:"盖自庆历(1041—1048)以来,始因土人凿地植竹为之'卓筒井',以取咸泉,鬻炼盐色。后来其民尽能此法,为者甚众。""卓筒井"技术采用高卓直立的巨竹,将中空去节后,作为井身结构,巨竹首尾相接作为套管,以竹筒加皮质单向阀作为汲卤容器;不需要人下井作业,采用顿钻冲击式钻井取岩盐,钻井工具称为"圜刃"凿,井深可数十丈,井径却只有数寸。"卓筒井"钻井技术是西方近代绳式顿钻法的先河,对后来石油、天然气的开发具有重要意义。

嘉州盐井多为卓筒小井,生产规模虽不大,但数量不少。《天工开物·井盐》记载:"有似此卓筒盐井者颇多,相去尽不远,二、三十里,连溪接谷,灶居鳞次。"乐山、犍为均有盐场,为明清盐业开采中心的转移奠定了基础。

铜铁冶炼 乐山铜铁始于汉,盛于宋。当时峨眉、洪雅、犍为均有铜山。《通考》记载,宋咸平二年(999),嘉州置采场采铜,谓之铜采。唐宋时期,嘉州的夹江、平羌、峨眉、犍为等县都产铁。《新唐书·地理志》中记载峨眉有金矿。

丰远监 宋代四川是一个独立的货币区,所发行的货币,一般在川峡四路行使。最大的特点是专用铁钱。西汉末年公孙述据蜀就曾使用铁钱，五代孟蜀时期，四川铜铁钱兼用。北宋平蜀，仍用铁钱，禁铜钱入四川。宋太祖开宝三年（970），"诏雅州百丈县置监铸铁钱，禁铜钱入川"，先后在益州、眉州、邛州、嘉州、合州、万州、南平军等处置监铸铁钱。《宋史·食货志》记载："铁钱有三监：邛州曰惠民，嘉州曰丰远，兴州（治今陕西略阳）曰济众。"北宋景德元年（1004），嘉州始铸景德大钱，次年，在城北设丰远监主持专司铸钱。

《宋会要·食货》记载，嘉州丰远监每年铸钱约为9万缗（1缗即1贯），计约649吨。由于铁钱需求量大，官营钱监经营腐败，官府经常摊派敛铁炭扰民，北宋嘉祐四年（1059）诏令嘉、邛二州停止铸钱。南宋绍兴二十二年（1152），又恢复嘉州丰远钱监，并铸造小平钱。

由于铁钱体大值小，如所铸小平铁钱，每10贯重65斤。当时"市罗一匹，为钱二万"，即重130斤的铁钱，才能买一匹罗，交易十分不便。许多行商就经常到"交子铺"换票，催生了世界上最早的纸币——交子。纸币发行后，大额贸易逐渐被纸币代替，铁钱铸造量也逐渐减少。蒙古军队入川后，铸造铁钱基本停止，乐山铸铁钱的历史结束。

四、纺织、酿酒与制陶业

水波绫和紫葛　唐宋时期，嘉州城内出现较大规模的纺织业作坊。《唐书·地理志》《元和郡县志》《太平寰宇记》等文献中记载了许多嘉州土产贡品，丝织品有水波绫、乌头绫、绢绵等，麻织品有布麻、紫葛等。反映了当时的技术水平。绫是一种质地细薄丝的高级丝织品，采用提花机织造工艺。白居易《新制绫袄成感而有咏》诗云："水波文袄造新成，绫软绵匀温复轻。"唐代衣着中使用麻织物仅次于丝织品。纺织所用的麻有大麻、苎麻、苘麻、蕉麻、葛麻等品种。紫葛很稀贵,《新唐书·地理志》记载的嘉州土贡,紫葛原料出自夹江县葛藤山。

东岩酒和万景酒 唐宋时期嘉州酿酒业发展很快。嘉州城内生产有"东岩""万景"等名酒。苏轼《送张嘉州》诗云:"颇愿身为汉嘉守,载酒时作凌云游。笑谈万事真何有,一时付与东岩酒。"范成大《别后寄题汉嘉月榭》中提到:"试倾万景湖亭酒,来看半轮江月秋。"并自注:"万景,嘉州酒名。"

《宋史·食货志》记载了北宋熙宁十年(1077)前后的酒务课税情况,从统计上看,在成都府路各州中,嘉州的酒务数量居第十二位,酒税课额居第五位,表明每个酒务的酿造量和贸易额较大,反映出嘉州酿酒业发展水平和餐饮业状况。

彩陶 唐宋时期,陶器生产比较发达,其中以彩陶制品为优。彩陶原料采用瓷灰色缸胎,结构严密,并有釉以青黄二色的彩陶。乐山关庙、苏稽铁坪和西坝庙沱都有唐代古窑址。关庙的隋唐古窑址,1986年公布为省级文物保护单位。

唐代荻坪山窑双耳罐

五、交通贸易

唐宋四川水陆交通发展很快。从嘉州出发有川南通道至成都,川边驿道到屏山,建昌道通西昌驿道,山间鸟道至马边、凉山彝区。

岷江水道 岷江、长江一线是当时最繁荣的水运交通路线。乐山是岷江航道上最大的客货转运口岸。乐山以上岷江段和青衣江径流不大，只能通百吨以下的小船。而岷江、青衣江与大渡河汇流后，可通百吨以上大船。所以古代岷江航运，大多是用小船从成都出发，到嘉州再换大船南行，否则经受不了长江的风浪。陆游《春晚书怀》诗注中说道："入吴者皆自（成都）小东郭登舟。"

金灭北宋以后，在南宋统治的一百多年里，四川一直处于抗金、（蒙）元的前线，同时又是南宋小朝廷的主要财赋聚源地之一，川江运输更加繁忙。南宋前期曾运眉、嘉、叙、泸四州粮米，转内水道嘉陵江（当时称沱江、岷江为外水道），送达川北抗金前线。由于嘉定在水路上的重要地位，南宋开禧元年（1205）升嘉定府为嘉庆军，并在城东岷江东岸设立嘉庆关要塞。

阳山江道 唐朝太和年间，为了加强抚边军事物资和粮饷的转运，剑南西川节度使李德裕自嘉州沿大渡河古道开辟运输线。大渡河在唐代称为阳山江，故此道称为阳山江道。阳山江道分水陆两路，水路溯大渡河而行，终点在汉源。陆路由嘉州城经峨眉县西铜山寨、中镇寨，越大渡河至峨边、甘洛阿兹觉，终于海棠。

集市商贸 便利的交通和农业、手工业的发展，促进了嘉州商业发展。隋开皇三年（583），官府放开食盐买卖，民间多处设店销售。唐代，重要通道的乡镇集市已形成习惯场期，嘉州的苏稽成（今苏稽镇）每逢三、七日赶场，南林镇（今沙湾）二、四、七、十日赶场。重要农副产品已有定期"官市"。据宋《元丰九域志》记载，当时毗邻州县的农村场镇数目，嘉州18，眉州12，荣州14，戎州2，泸州5，其中嘉州居多。一些较发达的乡镇，商贸繁华程度可比县城，如嘉州城西面的苏稽镇和符文镇（今符溪镇），范成大称"两镇市井繁沓，类壮县"。农村商品经济的发展为商业繁荣奠定了必要的条件和基础。

同治《嘉定府志·赋役志·盐茶》记载，北宋熙宁、元丰年间（1068—1085）"茶马大兴，峨眉白芽，当时甚珍之。然李畋、陈希亮，名宦也。皆以捐盐额为州民所颂；王梦易父子乡士大夫也，又以调盐茶便宜事，为世所称，其税入可知已。"

据《宋史·食货志》统计，北宋熙宁十年（1077）四川各州商税额平均值为3.2万贯，高于全国各州平均值2.6万贯。而嘉州商税数额为39884贯，高于全川平均数。商税的征收是建立在商业发展的基础上的，商税的数量很大程度上反映了商业发展程度。嘉州商税数量反映出宋代嘉州商业发展到较高水平。

六、城市建设

嘉州城 始于北周宣帝宇文赟大成元年（579）。《嘉定府志·方舆志》记载："龙游县，治城北锦江滨，近凌云驿。"明代安磐《嘉定州修城记》记载："西北刊山为城，东南滨水而堤，堤即城也。"南宋陆游《出城至吕公亭按视修堤》诗中提到，宣和年间（1119—1125），嘉州刺史吕由诚率领市民于三江门（会江门）一带修筑城堤捍水，"水为之缩"，州人赞誉不止，并称此堤为吕公堤。嘉州城的基本布局应是依高标山（今称老霄顶）沿江而建。河堤临江一侧与城墙结合，防御防洪功能合二为一。南宋范成大《吴船录》记载："城累大石为之，以备涨湍，虽庳而坚。仪门之榜曰犍为郡。"

嘉州城是一座典型的江城，对城墙侵蚀的自然因素，主要来自洪水泛滥，三江之害，尤以大渡河为最。频繁的溢洪，造成河水改道，以至于对城墙的侵蚀日渐加剧。宋代张方《夷佛滩记》记载："近世水道转北，侵啮府城。滩险益狞，舟楫覆溺，岁或百人。为阽国中，几累此山川。"同治《嘉定府志·营建志》记载："宋开禧中重筑"。开禧中期，开始重筑城垣。宋代张方《夷佛滩记》记载，南宋嘉定十五年（1222），驻节嘉定府的提点成都府路刑狱张方，"开新渠以杀三江怒涛""用牲于江，既祝甫退，淫雨骤收，日光散射。""众志咸忻"奋力施工。最后，终于实现"南分青沫之暴，西杀雷坻、盐溉之怒"的目的，"自是舟行无恙"。

丽正门

嘉州城垣设施比较完备，有城墙、城门和城楼等。滨临江河一带，有若干水门，现见于文献记载的有丽正门、会江门。民国《乐山县志》记载，丽正门"有二犀，一在陆，一在水中；或一牡一牝。故称铁牛门"。张瑞《铁犀记》记载："犀制眠形，缩尾而昂首。顶角平，其痕崭然，俗传逾河而南，麦者病之，故铲之云。"

荔枝楼。会江门上有城楼，名曰"荔枝楼"。唐咸通年间（860—873），嘉州刺史薛能《荔枝楼》记载："高槛起边愁，荔枝谁致楼。会须交匠圻，不欲见蛮陬。树痹无春影，天连觉汉流。仲宣如可拟，即此是荆州。"宋代陆游《再赋荔枝楼》中有"不奈城头暮角哀"句。王士祯在荔枝楼作《汉嘉竹枝词》，"侧生一树会江门，水递年年进大藩。寂寞蜀官三十载，夕阳零落荔枝园。"

璧津楼。会江门附近有璧津楼，南宋始建，历代毁建无常。楼名出自《蜀都赋》："东越玉津注江出璧玉。"魏了翁《璧津楼记》称："瞰江跨堞而为楼焉"。明代蔡桢《璧津观涨》记载："独倚高楼望，溶溶雪水来。大

清代重建的璧津楼

江晓夜雨，雄浪吼春雷。鱼网收难下，商船系不开。群鸥久未见，江上忽相猜。"1983年，乐山大佛乌尤管理处在凌云山上重建璧津楼。

《嘉定府志》记载："大约异景开辟，始于唐，盛于宋。"唐宋时期，乐山城内有许多标志性建筑。楼台亭榭主要有都督府、郡斋、丁东院、澄江楼、明月楼、璧津楼、万景楼、月榭等。明代曹学佺《蜀中名胜记》记载"嘉州十五景"：望灵峰、西岭精舍、石梁水、后望、分溪塘、桂竹汀、梭原、茗冈、六度潭、长林阁、望山台、青蒨径、山栀园、石壑院、南州草堂。宋代邓谏从称誉道："天下山水窟有二：曰嘉定、曰桂林。"苏轼诗云："颇愿身为汉嘉守，载酒时作凌云游。"

明月湖。同治《嘉定府志》记载，一在城中，一在江东。城内明月湖在城南府治谯楼左，今海棠公园处，由隋郁姑将军开凿而成。唐代薛逢《夏夜宴明月湖》诗云："夏夜宴南湖，琴觞兴不孤。"宋代王象之《舆地纪胜》记载："郁姑郁姑，将州对洛都。但看千载后，变成明月湖。"

宋代范成大《别后寄题汉嘉月榭》诗曰："隐吏诗情卜筑幽,同年惜别观淹留。试倾万景湖亭酒,来看半轮江月秋。"城东明月湖在凌云山后的大石桥至真武沱之间的石堂溪,《太平寰宇记》记载,石堂溪水,在县东一里,源出溪泉,流入明月湖亭,退入流花桥,会大江。

海棠山。《太平寰宇记》云:"有石碑山,山上遍植海棠,为郡守宴赏之地,一名海棠山。"嘉州海棠久负盛名,唐宋文士誉为"名花""国艳"。唐代《酉阳杂俎》记载:"嘉州海棠色香并胜。"明代《阅馀耕录》记载:"嘉州海棠有香,独异他处。"明代曹学佺《蜀中广记》记载:"海棠有色无香,惟蜀之嘉州者有香。"宋、明时期,乐山有"海棠香国"之称。

白崖三洞。城北竹公溪畔的白崖山,宋代已开辟为风景胜地,有朝霞洞、白云洞、清风洞,合称白崖三洞。

县城 清嘉庆《峨眉县志·城池》记载,唐乾元年间(758—759)峨眉县治迁至峨眉观东,初为土城,周8里,高1丈,城外濠沟环绕。民国《夹江县志·城池》记载,隋开皇十三年(593),分平羌、龙游始置夹江,县治在今县西北8里泾上,其城垣莫考。

白岩山崖墓

唐武德元年(618)始移今址。唐至明初,县城为土城,上覆以瓦。

第三节　社会文化

一、教育发展

县学与州学　中国古代教育制度官学与私学并行。乐山境内最早的官学是隋开皇中期开办的夹江县学，地址在县城东南，延至清代，其址未变。其余属县县学多始于宋。犍为县学始见于北宋大中祥符年间（1008—1016），地址在沉犀之东，后县令左震迁建于县城南。峨眉县学开办于宋庆历元年（1041），地址在县城西南隅。井研县于北宋乾德元年（963）始建学宫，地址无考。

乐山城区在唐代开始有州学。《嘉定府志·学校》记载："学肇于唐"，唐高祖武德二年（619），建学宫于城南大渡河畔，即今育贤门外育贤坝。官学教授学录职官的最早记载为北宋元祐年间的嘉州学长魏光。

学政试院　唐代开始，嘉州设有科举考试的院试考场——学政试院，俗称"考棚"。院试是科举考试中最低一级的考试。院试由学政担任主考官，分两场进行，第一场正试，试以两文一诗；第二场覆试，试以一文一诗。考完发布"长案"，列第一名者为案首。院试取中者正称"生员"，俗称"秀才"，别称"庠生"。凡录之生员送入府州县学，称为"廪生"，后又增加名额称"增生"，再加者为"附生"。其中廪生地位最高。

参加嘉州院试的考生，不仅来自本地，还有周边地区。清代乐山人张瑞在《挹爽轩杂记》中记叙："嘉眉邛雅其先试士共在嘉棚，故唐求一人而二州争之。"嘉州考棚是一个区域性考场，嘉州和毗邻的眉州、邛州、雅州的考生都在此参加科考，有叫唐求的人从该考棚考取功名，结果嘉州和唐求户籍所在州的地方官为政绩而发生争执。

同人书院 书院作为州县学之外的一种重要教育形式。嘉庆《夹江县志》记载，南宋嘉泰年间（1201—1204），夹江县令高定子创办同人书院。这是古代乐山境内开办的第一个书院。

二、宗教

唐宋时期是中国道教和佛教发展的重要时期。初唐太宗、高宗皆推崇道教，武则天推崇佛教。玄宗、武宗亲受法箓，自称道门弟子，会昌五年（845）灭佛兴道，史称"会昌法难"。晚唐至宋，乐山佛教和道教交融发展，主要集中在嘉州城、峨眉县和夹江县。嘉州城区大规模修建摩崖造像，还有若干佛寺道观和社稷宗庙建筑群。峨眉山佛道双兴，并形成了闻名遐迩的普贤道场。

道教 嘉州城内道教宫观建筑群主要集中在西岸城内，以高标山建筑群为主。北周时，有道士吕元璪在高标山创建弘明观，奉飞天神王像。唐时名开元观，宋时名神霄玉清宫。北宋宣和年间（1119—1125），嘉州刺史吕由诚在玉清宫大殿前建有万景楼，范成大赞称为"西南第一楼"。城北有天庆观，西门外扬雄山上有延祥观，城东10里有东观。在凌云山就日峰西麓有治易洞，以北有希夷、落魄、抱朴、指李、踏歌、月岩、飞吟、和鑑8个道窟，名"八仙洞"。城北竹公溪白崖山清风、朝霞洞之间有程公洞，跋文记"程公望寓白崖院注易，苏文公尝携子过之。"

在李唐皇室崇奉道教的背景下，峨眉山道教迅速发展，建有玉皇观、雷神祠等。司马承祯在《天宫地府图》所列仙真所统治的"洞天福地"

中，峨眉山被列为第七小洞天，称："峨眉山，洞周回三百里，名曰虚陵洞天，在嘉州峨眉县，真人唐览治之。"唐开元十四年（726），峨眉道长王仙卿到东都洛阳参加唐玄宗召集的全国道教大德相聚的"神仙之会"。传说隋末唐初药王孙思邈两度到峨眉山，第一次是到山中采药，并与山中道士论道，第二次是到牛心寺后的丹砂洞冶炼"太一神精丹"。吕洞宾先后在二峨山紫芝洞、大峨山千人洞隐修，并有"大峨石"题刻留世。唐代峨眉山道人数量很多，据嘉庆《峨眉县志》记载，唐末有道士在峨山授道台附近修筑静室300余间，招徕道童百余人。唐诗多有酬赠峨眉道士之作，如韦庄《赠峨眉山弹琴李处士》、陆龟蒙《高道士》等。宋代多有峨眉道教胜景纪游诗，如苏轼《题孙思邈真人洞》、范成大《孙真人庵》等。

佛教 嘉州城的佛教建筑群主要集中在岷江东岸的凌云山、乌尤山和东岩山一带，佛寺以凌云寺、乌尤寺为主。唐宋时期，凌云山、乌尤山一带成为官宦雅士游访之地。南宋邵伯温之子邵博游访至此，写下《清音亭记》赞誉嘉州风光："天下山水之观在蜀，蜀之胜曰嘉州，州之胜曰凌云寺，寺南山又其最胜也。"

凌云寺。坐落在凌云山上。凌云山又叫九顶山，山有九峰，即凤集、栖鸾、望云、就日、拥翠、丹霞、兑悦、祝融、灵宝，凌云九峰"峰各有寺"。玄宗开元年间，在栖鸾峰创建凌云寺。晚唐"会昌法难"奉诏毁佛，嘉州按例仅保留凌云寺一寺。北宋明道元年（1032）凌云山重建灵宝塔。南宋凌云寺改名报恩寺。绍兴年间（1131—1162），慧能下第15世清素禅师住持。

乌尤寺。坐落在乌尤山上。乌尤山本名青衣中峰，后来被人叫作乌牛山，南宋黄庭坚改名为乌尤山，取意此山竹树茂盛，墨绿尤甚。盛唐时，慧净上人结茅乌尤山，创建正觉寺。南宋晚期修葺乌尤寺。

城内佛寺有西林寺、能仁院和浮图等。西林寺在城东，与凌云寺隔江对峙。能仁院在城西石像山。高标山右麓有浮图（佛塔），临近城西门楼。浮图为白色，又称白塔，后世白塔街即以此为名。宋代建有九龙山龙泓寺、圣冈山东山寺等。

凌云大佛。依凌云山栖霞峰临江峭壁凿建的弥勒佛石像，唐宋又称凌云大像、嘉州大像，即今乐山大佛。凌云大佛始凿建于盛唐开元初年（713）。据韦皋《嘉州凌云寺大弥勒石像记》记载，来自今贵州的海通法师，在三江汇流处的凌云山漘崖下，看见江水沱口"突怒哮吼，雷霆百里，萦激触崖，荡为廞空，舟随波去，人亦不予"，大动慈悲之心，决心"克其能仁，回彼造物""减杀水势"。同时，借助佛祖法力，镇江压邪，保佑过往船家商旅，弘扬佛法，普度众生。凿建工程十分浩大，海通禅师经过多年募捐，设计打样，奋力营建，但身卒而功半。开元中，朝廷"诏赐麻盐之税，实资修营"。剑南节度使章仇兼琼"持俸钱二十万以济其经费"。贞元五年（789），剑南西川节度使韦皋"有诏郡国伽蓝，修旧起废。遂命工徒，以俸钱五十万佐其费"，继续完成"从莲花座上至于膝"的工程。贞元十九年（803）完工，历时90年。大佛建成时，"跌足成形，莲花出水，如自天降，如从地涌。象设备矣，相好具矣"。佛身通体涂金，光芒四射，并修建楼阁将其保护。两侧为护法天王像龛。《嘉定府志》记载，大像阁"即大佛阁，宋之天宁阁也，在凌云山之南"。在宋明清文献记载中，大像阁有7层、9层、10层、13层等说。韦皋《嘉州凌云寺大弥勒石像记》称头部"顶围十丈，目广二丈"。范成大《吴船录》

南宋长江万里图长卷（局部）中的九顶山天宁阁

记载佛高 360 尺。据现在测量，乐山大佛弥勒坐身高 59.96 米，通高（含莲台）71 米。

明代安磐《嘉定州修城记》记载："三水迅急，皆会州东南，皆能为州城患，而沫为最。夏秋之交常平城"。工程设计者将大佛的足踏基面高于嘉州城街道，如果水位线超过大佛足踏，乐山城必淹无疑。陆游曾谈及"每岁涨水，不能及佛足"。乐山至今还流传有"大佛洗脚，嘉州成河"的民谚。

唐代峨眉山佛教影响逐步扩大。高祖武德六年（623），敕建圣寿西坡寺于峨眉山下。武德九年（626），开建牛心寺于牛心岭下。随后建有古心坪华严寺、山巅光相寺、高桥灵岩寺等。"会昌法难"后，山中各寺遭毁废。晚唐广明二年（881），因避黄巢之乱，唐僖宗在大安国寺僧人僧彻、仙道杜光庭的陪同下"入岷峨"，敕建永明华藏寺。慧通禅师奉诏开建永明华藏寺，重新"弘建普贤、延福、中峰、华严四刹"。从此，峨眉山逐渐发展成为佛教中心。

释志磐《佛祖统记》记载，北宋太平兴国五年（980）二月，宋太宗"敕内侍张仁赞往成都，铸金铜普贤像，高二丈，奉安嘉州峨眉山普贤寺之白水，建大阁以覆之。诏重修峨眉五寺，即白水普贤、黑水华藏、华严、中峰乾明，光相也。"金铜普贤像现存于万年寺。峨眉山大德高僧主要有茂真、继业三藏、怀古、密印、别峰等。茂真首创"人痘接种法"（俗称"种牛痘"），为丞相王旦之子接种预防天花，开世界人工免疫法之先河。

南宋绍兴五年（1135），太尉王陵、朝议大夫王陟捐资重建灵岩寺，并改名护国光林寺。范成大《峨眉山行记》中所见寺庙有：慈福院、普安院、龙神堂、伏虎寺、华严院、两龙堂、中峰院、茂真尊者庵、牛心院、菩萨阁、白水寺、簇店、罗汉店、木皮里（殿）、雷洞坪、新店、光相寺、黑水寺、牛心寺等19处。宋《高僧传》记载，唐大历十一年（776），五台山僧澄观"往峨眉，求见普贤，登险陟高，备观圣像"。道醇《宋朝名画评》记载，成都画家高文进，北宋开宝八年（975）曾奉命为开封皇家寺院大相国寺绘壁画，"自画后门里东西二壁五台文殊、峨眉普贤变相，后门西壁神、大殿后北方天王等"。峨眉山普贤道场影响日增，被誉为全国"四大佛山"之一。

万年寺宋代普贤骑象铜像

夹江千佛崖。唐代夹江县佛教盛行，城西 1 公里云吟山下建有安国禅院，又名毗卢寺；东南 10 公里有定慧寺；西北 2.5 公里青衣江东岸的大观山下，开凿有大规模的摩崖造像群，世称千佛崖。清嘉庆《夹江县志·金石》记载，旧有唐人石刻千佛崖三大字，每字大可容席，楷法端严，悬于十仞之上。摩崖造像中较早石刻出现于唐先天元年（712），最突出的有净土变、毗沙门天王、弥勒佛、观世音、维摩诘变等龛。另外，在今吴场镇白龙村牛仙寺附近，有摩崖造像 254 龛，佛像 3000 余尊，镌刻时间最早为唐贞元年间（785—805），至今大部分保存完好。马村乡石缸银现存唐宋摩崖造像 13 龛，佛像 100 余尊，主要有西方三圣、千手观音、三世佛、圣观音等。南安乡白岩村紫府洞，南宋淳熙二年（1175）张恕实刻《紫府洞题记》："世间福地，仙佛多有之，若平冈洞。"

夹江千佛岩石窟寺

此外，在今市中区平羌三峡大佛和平兴双塘白音洞、犍为县金井千佛岩、沙湾区千佛岩、五通桥区金粟镇南小道士观等地，也有为数众多的唐宋佛教石刻。南宋绍兴中期，在犍为县西 1 里大定山建有资圣寺，开禧中期，建圆通寺于铁蛇山。

三、乡贤名士

赵昱（生卒年不详），早年修道青城山，隋大业年间被炀帝起用，任眉山郡太守，时年26岁。赵昱为官公正廉明，体恤民情，组织大规模治理水运航道，被世人敬仰，有"入水斩蛟除水害"传说。《嘉定府志》记载："唐之初年，每江涨，云雾中见昱骑白马，从数猎者来，水必缩。"唐太宗李世民赐封"神勇大将军"，明皇加封"赤城王"，又封"显应侯"。北宋真宗加封"川主"并"追尊圣号曰清源妙道真君"。

李白（701—762），字太白，号青莲居士，又号"谪仙人"，被后人誉为"诗仙"。《嘉定府志》记载，李白在嘉州"居峨眉最久，与丹邱因、持盈法师善。"留下许多脍炙人口的诗歌，如《峨眉山月歌》：峨眉山月半轮秋，影入平羌江水流。夜发清溪向三峡，思君不见下渝州。《送人之罗浮》：汝去之罗浮，予还憩峨眉。

岑参（715—770），河南南阳人，唐朝著名边塞诗人。唐大历二年至三年（767—768）任嘉州刺史，有《上嘉州青衣山中峰题惠净上人幽居寄兵部杨郎中》《登嘉州凌云寺作》等诗。

柳本尊（823—907），龙游县人，姓柳名居直，信众称为"本尊"。光启二年（886）建道场于弥蒙镇，布道行化于成都四周。五代时自创四川地区瑜伽部密宗，信众甚多。后获"唐瑜伽部主总持王"称号。始建于南宋的大足石刻中的宝顶山摩崖造像群，是该教派的代表性作品，其中有大佛湾21号造像"柳本尊十炼图"。

何㮆（1088—1127），字文缜，宋代仙井监（今井研）人。北宋政和五年（1115）中进士，廷试第一，累官至尚书右仆射兼中书侍郎（宰相）。

靖康元年（1126），面对金军大举南下，力主整军抗金，反对割地求和、西迁洛阳。后随钦宗赵桓被金军扣为人质，"念念通前劫，依依返旧魂。人生会有死，遗恨满乾坤。"绝食而死，时年39岁。

薛绂（生卒年不详），夹江人，一作龙游人，号符溪子。宋淳熙十一年（1184）进士，成都府学教授。宋开禧初，任汉源知县，建玉渊书院，累官秘书郎。与魏了翁讲明易学，了翁叹服。著《则书》10卷。

皇甫坦（生卒年不详），夹江县人，宋代名医。曾在峨眉山遇妙通真人朱桃椎，授以虚坎实离之旨内外二丹之诀。南宋初，被引荐为显仁太后治愈目疾，高宗御书"清净"以名其庵。且命绘皇甫坦像，悬挂宫中。晚年息居青城山。

李舜臣（生卒年不详），字子思，井研县人，南宋乾道二年（1166）进士，先后任邛州安仁县主簿、成都府教授、宗正寺主簿等。李舜臣潜心理学，著述颇丰，朱熹对所作《易本传》崇敬有加。其子李心传、李道传、李性传相袭研治，被称为"一庭相为师友""一家理学，共仰儒学"。李心传官至工部侍郎，著述颇丰，有《建炎以来朝野杂记》甲乙集、《高宗要录》200卷、《十三朝会要》等。李性传官至权参知政事、同知枢密院事。

陆游（1125—1210），字务观，号放翁，山阴（今绍兴）人。南宋乾道九年（1173），代理嘉州知州近一年。淳熙三年（1176）九月，被任命嘉州知州，因臣僚指责而未果。陆游在嘉州期间，曾建月榭，主持在岷江河段建造可行车马的大型浮桥，有《谒凌云大像》《雨中登楼望大像》《八月二十二日嘉州大阅》等诗作百余首，其中《竞秀亭》诗云：平生何足忆，惟有嘉州路。

邵博（约1122—1160），字公济，洛阳人。南宋绍兴八年（1138）进士，知果州（今南充），曾在雅州为官，后寓居犍为而卒。著有《邵氏见闻后录》30卷。其《清音亭记》称："天下山水之观在蜀，蜀之胜曰嘉州。"

范成大（1126—1193），字致能，号石湖居士，吴郡（今苏州）人。淳熙元年（1174）知成都府，任四川制置使。南宋淳熙三年（1176）六月，范成大从岷江水道卸任出川途经嘉州，受理一起私商匿税案件，游历嘉州城和峨眉山多处胜景，记录详尽。其《峨眉游记》成为最早的峨眉山游记。

第四章　元明时期

元代,乐山在城市和军事地位方面有所提高。明代,乐山农业、手工业、交通商贸业恢复发展,并出现大规模城市建设;官学与书院发展迅速;峨眉山佛教受到皇室重视,宗教文化繁荣。

第一节　建制与人口

一、行政建制

元代依宋制为嘉定府,属成都路。宋代苏明允《上吴职方书》记载:"蜀之地大且要,无如益与嘉者。"嘉定府地处川西南边地,嘉定城地控三江,当荆、蜀、渝、泸要道,战略地位显要。

至元十三年(1276)升为嘉定府路,置总管府。嘉定府路领眉、雅、黎、邛4州和龙游、夹江、峨眉、犍为、洪雅5县,路治龙游县城,即路、县同治乐山城。至元二十年(1283),嘉定罢路为府,洪雅并入夹江,雅、黎二州分出,属吐蕃招讨司。嘉定府领录事司,眉、邛2州,龙游、夹江、峨眉、犍为4县。至元二十二年(1285),复置嘉定府路,终元一代未变。

明太祖洪武四年（1371）废路改府，辖区仍与原嘉定府路相同。洪武六年（1373），荣县、威远县划属嘉定府。洪武九年（1376），四川行省改称四川布政司，嘉定府改为嘉定州，直隶四川布政司，省龙游县入州，原县城为州治所，州署设在城区府街府堂内，所辖地域未变。洪武十三年（1380）眉州分出，成化十八年（1482）复分置洪雅县，成化十九年（1483）邛州分出。嘉定州领峨眉、犍为、夹江、洪雅、荣县、威远6县。

明初在省与府州之间设3道，嘉定州属川西道。永乐年间（1403—1424）四川分为川西、川北、上下川东、上川南、下川南5道。嘉靖十三年（1534），下川南道驻节嘉定州，嘉定州城成为道、州两级政权同治之地。隆庆年间（1567—1572），嘉定州为上川南道治地。

今沐川县，元朝至元二十五年（1288），以沐川、利店北、荣丁、赖因等寨还隶马湖路，置沐川长官司，治所沐道（今沐溪镇）。明洪武五年（1372），撤沐川长官司置沐川州，十一年（1378），撤沐川州仍置长官司。

今马边彝族自治县，元朝至明初，隶属于沐川长官司。万历十七年（1589），从沐川长官司中分设安边厅于赖因，隶属马湖府，在大河坝建城（今马边县城），名新乡镇。驻军一营，名为马湖府安边厅，简称马边营，设守备1名。马边地名由此而来。

元世祖至元二十年（1283），井研县并入仁寿县，名来凤乡，至元二十二年复置县，9年后乃废。明洪武六年（1373）复置井研县，4年后又废。洪武十三年（1380）又复置县，隶成都府。

二、军事建制与重要战事

军事建制 元朝,中央设枢密院,地方设统军司、行枢密院。中统四年(1263),设西川行枢密院,管四川军民课税、交钞、打捕鹰房人匠及各投下应管公事,节制官吏诸色人等并军官迁授、征进等事,始设于成都。至元十年(1273),又于重庆别置东川行枢密院。至元十五年(1278),罢西川行枢密院。至元二十一年(1284),复立四川行枢密院于成都。至元二十八年(1291),四川行枢密院曾短期迁至嘉定。统军司归行省节制,掌管各万户军队,设嘉定万户府。

明洪武四年(1371),设嘉定府置大渡河守御千户所,设副将1员,辖百户所10个、总旗20个、小旗100个,共有士兵120人。千户所隶属成都卫,除担负守御外,还兼理垛集军制的实施。成化元年(1465)置巡司1员,负责率练地方武装和维护州境治安,筑靖堡于中镇(今沙坪镇)。《乐山市志·军事》记载,万历十五年(1587),改置嘉定守备、千总各1员,分别设守备、千总署,有民兵176名、机兵39名、操兵180名。

明代在重要关津设巡检司,嘉定州设有金石井巡检司,犍为县设有四望溪口巡检司和石马滩巡检司,峨眉县设中镇巡检司。

元末战事 至正十八年(1358)初,红巾军领袖明玉珍率兵西溯长江进占重庆、泸州、叙南(今宜宾)等地。二月,四川行省右丞完者都会同平章朗革歹、参政赵资,兵屯嘉定凌云山,谋取重庆。明玉珍派部将万胜前往抵挡,围攻嘉定半年未果。明玉珍亲临嘉定坐镇,并派万胜轻兵袭取四川成都,生擒朗革歹及赵资妻子。万胜将赵资妻子带到嘉定城下招降，但赵资用箭将妻子射死。攻破嘉定城后，明玉珍将完者都、朗革歹、赵资等押回重庆杀害，蜀人谓之"三忠"。

明末战事 崇祯十七年（1644），张献忠率军进入四川后，先行沿川中陆路攻占成都，建立大西政权。部将任元祐挥师南下攻掠岷江重镇嘉定城，并将嘉定州更名为平定府。嘉定人参将杨展率南明残部数千人进行反击，隆武二年（1646），攻取嘉定，随后恢复川南诸州邑。永历三年（1649），杨展被降将袁韬、武大定设宴诱杀，大西军趁机攻占嘉定。永历五年（1651），张献忠部将刘文秀自云南入川，从西昌发兵攻掠嘉定，并扩占川南。次年，吴三桂先后攻陷成都、嘉定、叙府等地。刘文秀不久又夺回嘉定，"以嘉定为大镇，而成都为边"，割据自守。以嘉定为焦点的争夺战持续多年，直至清顺治十八年（1661），四川总督李国英率师攻占嘉定州城，废平定府。

三、人口状况

元代嘉定府路人口统计数量缺省。明代进行大规模"移民实川"，从洪武初持续至永乐初，历时约半个世纪。明初嘉定州治所在地龙游县人口锐减，按县一级建制"编户不及20里并裁"的规定，裁龙游县入嘉定州。万历年间嘉定知州钟振《嘉定州官题名记》有"嘉定编户仅十里"的记载。明制以110户为一里，十里计有1100户。《四川通志·户口》记载，明末嘉定州并属7州县，人丁额为31675人。

第二节 经济发展

一、农业

军民屯田 《元史·列传》记载:"至元十八年,蜀初定,帝悯其地久受兵,百姓伤残,择近臣抚安之,以立智理威为嘉定路达鲁花赤。时方以辟田、均赋、弭盗、息讼诸事之课守令,立智理威奉诏甚谨,民安之,使者交荐其能。"元军平定嘉定后,采取了一系列与民休养生息的统治政策,嘉定经济逐渐恢复。《元史·世祖本纪》记载,中统二年(1261)八月,世祖"命刘整招怀夔府、嘉定等处民户"。后又"敕给黎、雅、嘉定新附民田"。天历年间(1328—1330),因大量流民入境,嘉定"莱田耕至殆尽,户口益繁"。

为了开垦荒芜田土,朝廷命令军队和地方政府大量措置军民屯田。至正十一年(1351),在成都"置西蜀四川屯田经略司"。《元史·兵志》记载,四川行省所辖军民屯田有29处。嘉定路民屯地在嘉定路龙游县,屯民初为4户,后增为12户;嘉定万户府军屯地在崇庆州及灌州青城县(今都江堰市),屯军360人,屯田2顷27亩。民屯军屯数量较少,表明元代嘉定地区没有出现大量荒土现象。

陈世松《四川通史》记载,明正德七年(1512),嘉定有耕地4805顷,在四川12个府州中位于第6位,多于保宁、潼川、夔州、眉州、邛州、雅州等地。彭汝实《嘉州水利功成记》记载,嘉靖时期,知州高登大兴水利,规模空前,"环州境无弗利于水矣","农无激引之劳而毕事,高田瘠地，秋则大熟，数倍他时"。至正年间（1341—1370），嘉定府库已有大量积累，其中行用库岁计中统钞6000锭，广积仓岁入米麦2190余石。

堰长制 明代开始实行堰长制。各渠设堰长1人，负责堰渠管理。堰长由五斗田以上粮户轮流担任，粮户多有不识字的，则委派有知识的人代理堰长，行使职权，主持堰务。各分支堰渠也有专人管理。遇重大洪灾，呈报上司解决。各堰管理制度都立碑为记，知照后代执行。堰长制度在清代和民国时期也相沿袭。

明代州城周边新修堰渠主要有：圣水堰。建于成化年间，位于城西今临江镇，用竹篓拦河低坝引临江河水，因灌区内有一寺庙名圣水寺，故名圣水堰。龙岩堰。位于城西南10里，堰长约10里，灌溉农田2000多亩。回龙堰。位于城西26里今安谷镇，引大渡河水，因始建时主灌回龙村，并流经回龙场，故名。遂山堰。位于城西15里，引大龙潭山溪水入堰，堰长约8里，灌溉农田约1300亩。

明代修建的遂山堰

泊滩堰。从安谷镇顺河场上游大渡河引水，经顺河场、泊滩庙入灌区。

蚕桑 明代蚕桑生产发展为多数县的重点副业，州城周边乡镇和夹江县一带"墙下树桑、宅内养蚕，以为常业……养蚕家多者二百簟，少者亦十余簟，每簟可得丝一斤"。

二、手工业

盐业　元初由于战争困扰,四川盐井废坏,以致"四川军民多食解盐"。解盐,即池盐,当时运销四川的解盐主要出产于山西。至元二年(1265),设立兴元四川盐运司,修理盐井后,则"禁解盐不许过界"。《元史·地理志》记载,四川行省境内只有盐场12处,井95眼,零星分布在成都、夔府、重庆、叙南、嘉定、顺庆、广元、潼川、绍庆等路所管州县之山岭之间,没有形成规模。

《明实录》永乐六年(1408)正月记载:"初,四川叙州府南溪县民言:嘉定州犍为县有四盐井可以开煎,命户部遣人往验之,至是还奏如所言。盖岁通得盐一万九千八百斤。"上述4盐井即镇江坝、九井凹、五通桥、油华溪(牛华溪,今牛华镇)4地,其中镇江坝、九井凹产盐最多。明代嘉定州城设有盐政署,所临街道称为盐道街。在产盐区设有盐大使专理盐务,盐大使署驻红岩山下。井研县王村永通盐场设有盐课司。成品盐有多样品种,成饼的称为巴盐,成颗的称为鱼子盐,散在地的称为散盐,雪白的称为白花盐,用瓢舀成饼而最洁净的称瓢盐。城里盐市店铺云集,形成了一条盐市街。

牛华溪盐场

兵器与矿业　元代嘉定官营兵器制造业有较大发展。元代卜兰奚《嘉定路便民情事迹记》记载，至正年间（1341—1370），为了助三省会讨云南木邦路死可伐叛军，嘉定总管塔海"督工制兵器三万六千三百，皆精利，视他郡最"。

明代永乐年间，开始采掘煤炭，满足煮盐业的需求。犍为罗城铁山一带直接开采"草皮炭"、上山煤。这是乐山关于产煤的最早记录。石麟一带形成了"河东产盐，河西产煤"局面。踏水和沫溪也产煤。

明代犍乐盐场曾开采出石油。《本草纲目》记载："正德末年嘉州开盐井偶得油水，可以照夜，其光加倍，沃之以水，由焰弥甚，扑之以灰则灭，此是石油，但出于井尔"。明代任有龄《青衣义桥碑》记载，正德年间，在牛华红岩子一带"产盐复产油泉，代灯烛，光益焰"，被当地人呼为"油花"，油华溪（今牛华镇）名由此而来。杨慎《升庵外集》记述过嘉定州、犍为县"火井"情况："其泉皆油，热之燃，人取为灯烛。正德中方出，古人博物亦未及此也。"宋代杜应芳、胡承诏《补续全蜀艺文志》记载："嘉定、眉州、青神、井研、洪雅、犍为诸县，居人皆用以燃灯，官长夜行，则以竹筒贮而燃之。一筒可行数里，价减常油之半，光明无异。"可见，当时嘉定州所采石油已广泛使用。

嘉定是四川主要产金地。《元史·食货志》记载："产金之所……四川省曰成都、嘉定"。

文闱用纸　乐山造纸业始于唐代，兴盛于明清。明代曹学佺《蜀中名胜记》记载，嘉定州"西十五里俗名尖山，其下皆纸房，楮薄如蝉翼而坚，质可久"。元明时期，夹江县的"连史纸"选用上等嫩竹，分头、中、尖三节杀青蒸煮，精心制作，纸质上乘。明清两代均为"贡纸"，并被钦定为"文闱用纸",专供官府考试大典用。其它品种有青张纸、对方纸、贡川、小纸等。

机匠与机户 明代正德年间嘉定城内已有"专业机匠",纺与织分离。嘉靖年间,嘉定及夹江县城的丝、棉织业出现"殷实机户",成为民机中间包揽人。

三、交通商贸业

元朝建立起以大都为中心的全国驿道网,交通线上设置水陆驿站。明《永乐大典》记载,元代中期,四川共有陆驿站48处,水驿站84处。岷江成都至宜宾段有18处水驿站,其中嘉定路段从眉州至下坝水驿站有9处,即石佛、青神、峰门、平羌、嘉定南门、赵坝、三圣、净江、犍为、下坝等站,舟船有65艘。《图书集成·嘉定州递运考》记载,凌云水驿站有船6艘,平羌水驿站有船4艘。嘉定州成为重要水运枢纽。

明代嘉定境内陆路交通有所发展,形成了以嘉定州为中心的川西南驿道网。明初奉谕提调军民数万,经八个月修复,将清溪故道与"自眉州经峨眉至建昌古驿道"相连接,更名建昌驿道,史称"镇西古道"。《明实录》记载,洪武十三年(1380)曹震守蜀时,上书"请以泸州至建昌驿马移置峨眉新驿,从之"。嘉靖十八年(1539),建昌驿道改道,从相公岭西边,沿越嶲、甘洛、金口河到峨眉县,再由峨眉县进嘉定州城,与汉五尺道相接。从峨眉到嘉定州城40多里,设有文山铺、苏稽铺、双江铺等。嘉定州城成为川西南的陆路交通枢纽,北至成都,南下宜宾,西至雅州(今雅安),西南至建昌(今西昌)。

镇西古道商贸活动频繁。乐山一带的盐、黄丝,夹江的土纸、年画,峨边、金口河的鸡爪黄连、冬虫夏草，西昌的白蜡虫、烟草等，成为古道上常见的商品。大渡河也被彝族同胞称为"丝绸之河"。

元代乐山商贸业发达。据《元史·食货志》记载，天历年间（1328—1330），四川行省商税额数为16676锭4两8钱，而嘉定路则达17408锭3两9钱。据《元典章·吏部》记载，额办课商税3000锭以上的场务所为成都，1000～3000锭的场务所没有，500～1000锭的场务所，只有嘉定和开州（今重庆市开州区）两地。从省内课税场务所的设置来看，反映出嘉定商贸业的重要地位。

据《四川通志·茶法》记载，明嘉靖年间，额定川茶每年5万引，其中2.6万引内销，称为"服引"，2.4万引运销边地，称"边引"。茶船入岷江后，至犍为石马关向巡盐司报关，然后驶至嘉定城，查验称斤，再陆续转入青衣江，运达雅州、黎州。每年运茶季节嘉定泊船在百艘以上，茶船遍及江河，茶运盛极一时。《乐山市志》记载，嘉靖十三年（1534），在嘉定城南设置黑水尾征茶税关卡，当年交易茶引1120张，征税银644两。万历《嘉定州志·物产》记载，产茶以九峰者为佳。

明代嘉定城有米市、盐市、茧市、丝市、白蜡市、木材市等较固定的交易市场，定时集市。周边市镇也有分类市场，如位于城北20公里岷江水道上的汉阳集镇的丝市，与成都簇桥丝市并列为川西南大丝市。汉阳鸡也颇负盛名，有"嘉腐雅鱼汉阳鸡"之美称。

四、城市建设

元代城建无记载。《嘉定府志·营建》记载："明初，州县非冲要不筑城，中季多事，始皆城。"

州城 明嘉定州城在唐、宋基础上建造。建筑工程大体上分为东南城和西北城两部分。东南城多次修筑沿江河堤,是乐山历代城建着力最多的部分。民国《乐山县志》记载"万历六年六月,暴雨,河水泛溢入城,市可行舟。""夏秋之交,常平城"。历任地方官曾多次组织修城。永乐年间,知州段鉴"作排栅以捍江";成化年间,知州魏瀚筑卫城堤,在城南"自璧津楼至西桥止,凿深八九尺,置以木柜,实以石。柜之外,复捍以楗,其密如栉,然后于其上,石以为之堤。堤广一丈有奇,高四仞,长三百九十八丈。堤上树之柳,其外复为楗以护之,既缜且确。凡木石灰铁之用,盖数十万计。其人恒千余。"时人称之"魏公堤"。正德年间,胡缵宗"在嘉定修水城,卫民庐舍","城立而盗不敢近"。知州胡准组织对城堤进行一次大规模重修。明代安磐《嘉定州修城记》对此事有详细记载:"八年仲冬望日始事,推地深八尺,万杵齐下,砌石厚凡八尺,以附于上;编柏为栅,以附于石栅之外,仍卫以土石。自栅而上,东城高凡十有四尺,南城高凡十有六尺,厚则以渐而杀。上置女墙,高凡五尺。延袤凡六千余尺。凡石必方整,合石必以灰。一石不如意者,虽累数十石其上,必易。"

西北城基本上是一次性修筑完成。嘉靖三年(1524)十月,知州李辅组织人力进行修筑,次年六月竣工。明代程启充《嘉定州修城记》记载:"东西相距七百九十三丈,刊木叠石,入地四尺,附山六尺有奇。石取诸他山务坚,而才计以方厚,期久而完,绳墨而追琢之,必精而工。合之灰以杜其漏隙,筑之土以防其分崩,程之式以一其规度。""天下郡县固未有若此城。"

明万历《嘉定州志》记载,东有定波门、觐阳门、三江门,南有崇明门、育贤门、望洋门、来薰门，西有瞻峨门，北有拱辰门、北上门。明晚期，定波门改为福泉门，觐阳门改为涵春门，三江门改为会江门，崇明门改为丽正门，北上门改为迎恩门、俗称高北门，瞻峨门俗称高西门，望洋门俗称水西门。现存嘉州古城垣及城门多系明代遗存。

明代拱辰门遗址

属县城建 夹江县城。明天顺年间，夹江县令郭奇将土筑县城墙体改为砖砌。成化年间，主簿费麟加砌门楼。正德年间，县令杨润补葺，佥事卢翊令易以石，添增雉堞。明末，城郭宫室焚毁殆尽。

峨眉县城。明正德七年（1512），佥事罗翊督峨眉县令赵钺将土城易为石城。正德十一年（1516），知县吴廷壁增修。嘉庆《峨眉县志》记载，嘉靖十九年（1540），知县以江石漫城面，环城内外各辟官道以巡视，复于东之南，西之北增修两门，东为文昌，南为瞻峨，西为武振，北为观澜，东南隅为迎恩，西北隅为拱辰，俱谯楼其上，壮丽坚好，门外濠，东迎恩桥，南化龙桥，北通泰桥，皆圈以石。甲申灰劫，楼尽圮，垣半塌。

犍为县城。据民国《犍为县志》记载，设县以后治所屡经迁徙，县域内先后有冶官、武阳、玉津、应灵等几个县治。今县城始建于明洪武初，主簿陈兴建土城。成化年间，县令钱承德重筑，比旧城高1倍，并覆瓦其上。正德年间，县令李文壁改为砌石城。嘉靖二十六年（1547），县令覆谦掘地3尺重筑为石城，城外三面掘城濠。崇祯十一年（1638），城墙增高3尺增厚2尺，城门由5座增至10座。

井研县城。据光绪《井研县志》记载，明成化初，知县宋鑑、周钧始筑土城。弘治年间，主簿李绍祖以碎石筑城，东有启东门，南有镇南门，西有宁西门，北有拱北门。正德年间，知县张文锦在城西北增修望江门，外环以濠沟，并增楼堞。嘉靖十八年（1539），知县薛钦始改建石城。

第三节　社会文化

一、州（府）县学与书院

庙学三迁　元代，嘉定府路学宫仍位于城西南。明初，同知杨励主持在原址上重修。洪武二十七年（1394），发大水，学宫被毁。知州杨仲钦、学正李敏将学宫迁建于城内方响洞上（今龙头山）。工程还没有完成，又将学宫迁建至城北郊外。明代周洪谟《重修嘉定庙学记》记载："未善，再迁北原"。因大成殿过于狭窄，天顺八年（1464），训导曾智迁于高标山今址。史称"庙学三迁"。

左庙右学　明成化九年（1473），州守魏瀚依"左庙右学"营建规制，主持撤旧重修州学。魏瀚升迁后，继任张楫接着营缮。弘治二年（1489）竣工，历时 16 年。明代魏瀚《嘉定郡学形制图记》记载："形胜规制，截然中度，实足以耸一郡之观瞻，为全蜀之冠冕。"重修后的学宫孔庙建筑群，规模宏大，设施完备，周围墙垣 750 米，高 2.6 米，成为远近闻名的标志性建筑群。

县学 元末，夹江、犍为、井研等地县学多毁于战争或火灾。夹江县学明初重建，景泰二年（1451）重修。犍为县学洪武四年（1371）重建，万历三十九年（1611），知县陈懋功迁建至城南外 1 里处，7 年后复迁城南旧址，至清末未变。洪武十四年（1381），井研知县严孟端新定县学于城西龟山下，但草创未竟，继任知县忽世英建成，正德八年（1513），知县张文锦改建于凤山西面，明末毁，清代多次修葺，学址未改。万历十七年（1589），马湖府安边厅同知汪京在县城内开办学宫。

书院 明代嘉定州各地书院建设十分兴盛，主要有：

嘉定州城 4 所：东坡书院，在城东五里龙泓山，正统十三年（1448）州人刘新创建。三峨书院，在城南书院街（今陕西街），正德年间御史熊相创建。九峰书院，在凌云山，嘉靖十二年（1533）巡按熊爵倡建。九龙书院，在城北，万历初嘉定知州钟振创建。

峨眉县 2 所：峨山书院，在县治东街，正德十四年（1519）知县吴廷璧由东岳行祠改建。峨峰书院，在县治西百步。

夹江县 4 所：平川书院，在城南，正德七年（1512）县令程洸建成，嘉靖元年（1522）改为宿进祠。一崖书院，在城北五里千佛岩上。五兀书院，中宪大夫张庭建于五兀山大观山麓。探源书院，民国《夹江县志·金石》记载："探源书院四字，吏部给事中张凤玌"。

犍为县2所：子云书院，在城南25里子云山，成化年间创建，清代改为水月寺。五龙书院，在城西北隅，嘉靖年间知县徐景元创建，清代改建为文昌宫。

井研县2所：崇正书院，在县治西城龟山上，嘉靖二十一年（1542）知县韩邦如建，清乾隆十八年（1753）改为文昌祠。凤山书院，县治东来凤山麓，隆庆年间教谕谈起凤创建。

沐川书院，始建于明永乐（1403—1434）年间，隆庆二年（1568）府丞吴宗尧重修。马湖书院，万历二十年（1592）建于马湖府安边厅城内。

二、宗教

佛教 宋元之际，嘉定战事持续40年，岷江东岸"因山为城"，凌云山报恩寺（凌云寺）和天宁阁、乌尤寺俱毁于兵燹。峨眉山寺院地处深山，免遭一劫。

元末至正年间（1341—1370），千峰法师结庵凌云山，复兴禅事，"时挟一铜钟以避祟，谓之幽明钟。"洪武八年（1375），惟才和尚主持重建凌云寺，香火甚旺。洪武十六年（1383），设僧、道二正司，掌管嘉定州僧道事务，僧正司设在凌云寺，道正司设在万寿观。景泰年间（1450—1457），乌尤寺僧人重建乌尤寺，其后新建面然殿，供奉面然铜像。成化年间（1465—1487），僧正常真主持扩建凌云寺，成为西南大寺。同期，龙泓寺重建。嘉靖三十一年（1552），凌云寺住持觉无、僧正贞寿主持重修灵宝塔。明末，凌云寺遭袁韬、武大定兵乱纵火，焚毁寺殿及僧舍百余。

明代峨眉山佛教受到皇室高度重视。据《补续高僧传》记载，洪武十一年（1378），朱元璋因"峨眉乃普贤应化之地，久乏唱导之师"，敕遣南京天界寺僧宝昙和尚（1334—1393）前往峨眉山住锡。宝昙和尚圆寂后，朱元璋"遣官谕祭，饭僧三千员，荼毗，会者以万计"。神宗时期，因峨眉山僧别传建寺造林之功，诏其入京，赐以紫衣、金牌、经书及幡幢法物，赐号"洪济禅师"。又因山僧福登募造金殿之功德，赐号"真正佛子"，赐圆觉庵"护国草庵寺"额，赐普贤寺"圣寿万年寺"额等。嘉靖年间普贤寺毁于火灾，万历二十九年（1601）慈圣皇太后诏赐新建，神宗皇帝御书题其额"圣寿万年寺"，这是保存至今的万年寺无梁砖殿。万历三十年（1602），妙峰禅师募化铸造山巅铜殿，次年完工"王额其寺曰永明华藏寺"。铜殿"高二丈五尺，广一丈四尺四寸，深一丈三尺五寸"，重檐雕甍，绣棂琐窗，渗以真金，俗称金殿，金顶因之得名。

洪武、永乐年间，宝昙和尚重建峰顶铁瓦殿、广济修建清音阁，僧弘义、圆道相继重建光林寺（灵岩寺），48重殿宇，僧众千人，成为"西蜀第一大刹"。宣德三年（1428），珏禅师开建普贤寺圆觉殿，僧楚山开建千佛禅院（今洪椿坪）。嘉靖年间，别传禅师募资铸造圣积寺铜钟，铜钟重12.5吨，有"巴蜀钟王"之称；性天和尚重建卧云庵。万历年间，通天大师开建护国草庵寺；无穷大师创建大佛寺，

峨眉山圣积寺铜钟（现位于报国寺内）

募造大悲千手观音像一尊，法身高三丈余，为西蜀铜像之最；僧大用开建新开寺；僧道德开建降龙院；僧德祐重建保宁寺；僧月公开建龙门院等。明嘉定知州袁子让《二山图记》称誉："神州有三大道场，为震旦佛国：一曰峨眉，二曰五台，三曰普陀，则峨眉又神州第一山也！"清初胡世安《译峨籁》中详列出106个佛寺。可见，明代峨眉山佛寺数量达到空前的规模。

道教 明初，张三丰真人曾到峨眉山，与峨眉武僧交流武术，还用"龙蛇体"书写唐宋名诗赠与伏虎寺僧人，僧刻碑立于寺内。正德年间，峨眉飞霞道人游历京师，为武宗皇帝治病有功，赐建飞霞宫，后乞请还归峨眉。万历十三年（1585），御史赫卫阳之子赫瀛游峨眉山时，捐资修建吕仙行祠。这是山中修建最晚的道观。崇祯六年（1633），更名纯阳吕祖殿，俗称纯阳殿。万历四十三年（1615），明光道人兴修会宗堂（今报国寺），祀普贤、广成子、楚狂，主张道佛融合。据统计，明末大峨山和峨眉城郊有道观40余座，二峨山有道观30余座，共计80座左右。

三、地方名士

明代乐山学宫、书院广布各地，促进了儒学发展，涌现出"嘉定四谏"等贤达名士。《明史·彭汝实传》记载："与启充及徐文华、安磐皆同里，时称嘉定四谏。"清人王来遴《新建东岩书院记》称誉："在前明，有魏（魏瀚）袁（袁子让）诸君子以为倡，一时二王（王咏、王毓宗父子）四谏，媲美后先。"

余子俊（1429—1489），字士英，夹江县人。明景泰二年（1451）进士，授户部主事进员外郎，后出任西安知府。继升陕西右参政，后拜副御史，巡抚延绥。成化八年(1472)奉诏续修长城，绵延1770公里。主持修筑榆林城，被誉为"榆林之父"。在西安城西北开分水渠，人称"余公渠"。成化十三年（1477）升兵部尚书。成化二十二年（1486）又奉诏续修长城，疏陈十事、上边防七事。《明史》有传。

宿进（1473—1515），字儒忠，别号一崖，夹江县人。正德三年（1508）中进士，先后任刑部主事、员外郎。任上主张清理狱讼案件，平反冤假错案，改善牢狱卫生。对皇族内部争斗及宦官深恶痛绝，仗义执言、冒死上疏，提出"除六患、立三本"主张，被武宗皇帝杖责五十、递解回原籍。武宗死后，大赦天下，诏赠宿进光禄寺少卿，并敕建专祠，春秋享祀。后人为纪念他，在千佛岩石壁上刻有"一崖书院"四字。

魏瀚（生卒年不详），字孔渊，号尝斋，浙江余姚人。景泰五年（1454）进士。成化九年（1473）任嘉定州知州，在任12年。后累官至都御史。魏瀚在嘉州任职期间，率先"以石砌岸以道"修筑嘉州城东南城堤。重立凌云石佛《大像记》碑，组织整饬学宫、尊经阁、璧津楼和竞秀、清音、涪翁亭等。

安磐（1483—1527），字公石、鸿渐，号松溪。弘治十八年（1505）进士，历任吏、兵二科给事中。嘉靖三年（1524），因"议大礼"率众在左顺门哭谏，受廷杖。嘉靖七年（1528），削职为民回乡，不久去世。万历初追赠太常少卿。

徐文华（？—1527），字用先，号东崖。正德三年（1508）进士，初授大理寺佥事，后升监察御史。正德十一年（1516）被废黜为民回乡。5年后起用，累迁至大理寺少卿。嘉靖三年（1524），参与左顺门哭谏，先后受廷杖、降职刑狱、发配辽阳。嘉靖十六年（1537），遇大赦还乡，行至静海（今属天津市）病故。

程启充（？—1537），字以道、初亭，别号南溪。正德三年（1508）进士，初任陕西三原知县，后任监察御史。嘉靖六年（1527），因直谏朝政弊端，补充军东北，辗转辽阳、蒲河、锦州，曾参与续修《辽东志》。嘉靖十六年（1537），遇赦回乡。

彭汝实（生卒年不详），字子充，号得山、鹤泉。正德十六年（1521）进士，授南京吏科给事中。嘉靖七年（1528），因"议大礼"被免职还乡，结庐于土主乡，山居教授后学。撰有《九华书院记》等，今存乌尤山"中流砥柱"等题刻。

张庭（1491—1559），字子家，别号五兀山人，夹江县人。正德十四年（1519）考中举人，名居魁首。嘉靖二年（1523），进士及第，授户部主事。后改任吏部考功主事，旋升文选员外郎。嘉靖十一年（1532），参与纂修《会典》。后升任吏部文选郎中，主管文职官员的选授、改调、擢升等事宜。历经云南参政、湖南宝庆府同知、浙江佥宪、陕西宪副等职。嘉靖十七年（1538），张庭以政绩卓著，晋阶中宪大夫。后归居故里，时年47岁，回乡后，张庭关心地方文化教育，受到家乡民众的称赞，人们尊称他为张天官。

袁子让（生卒年不详），字仔肩、元静，号七十一峰主人，斋号五先堂，湖广郴州（今湖南郴县）人。明万历二十九年（1601）进士。次年，知嘉定州，任职七年，生活简朴，多惠政。离任时"州士女数万人泣送百里外"，后擢兵部郎中。曾主持重修凌云洗墨池亭和乌尤尔雅台，为注易洞立五碑，修缮九峰书院等。撰有《峨眉凌云二山志》《嘉州志》《香海棠集》《眉山得士录》《全蜀边域考》等。

杨展（1604—1649），字玉梁，嘉定州大佛坝人，明末名将。明崇祯十二年（1639），中武进士第三名，授游击将军。先后授广元守备、川镇中军参将。张献忠建立大西政权后，在犍为起兵反张，攻破平定府（嘉定州）。清顺治三年（1646）夏，在彭山击败由水路南下的张献忠主力，迫使其转移川北，沉银彭山江口。后封广元伯，擢都督同知总兵，提督秦、蜀兵马，加太子少傅，晋升华阳侯。顺治六年（1649），因军队内讧，被部将武大定、袁韬所杀。

第五章　清朝时期（鸦片战争前）

到清朝中期，通过大规模移民入川、兴修农田水利，乐山农业和传统手工业迅速发展，封建经济达到极盛，白蜡、蚕丝远近闻名，盐业名列四川之首。城镇建设更进一步，初步形成以府县城为中心，向周边工商业场镇辐射的城镇格局。文化教育以府县学为主，注重发展书院。伊斯兰教、天主教开始传入乐山。

第一节　建制与人口

一、行政建制

顺治十八年（1661），四川总督李国英率领清兵攻占嘉定城，嘉定从此归入清版图。初，废大西平定府，仍依明制为嘉定州，设上川南道，道州同治乐山城。雍正十二年（1734），升嘉定州为嘉定府，以原龙游县地新置乐山县，府、县治所在同一城内，结束了明洪武九年（1376）以来以州代县、州县合一的局面。"乐山"县名，缘于嘉定府治南有至乐山。

雍正九年（1731），归化乡更名峨边甲，属峨眉县，隶嘉定州。乾隆五十五年（1790），设主簿分驻，驻地平夷堡（今大堡镇），隶属峨眉县。嘉庆十三年（1808），裁主簿，置峨边抚夷厅，后称峨边厅，驻地太平堡（今大堡镇），隶属嘉定府。嘉定府辖乐山、夹江、峨眉、犍为、洪雅、荣县、威远7县和峨边厅。

今井研县，清初隶属成都府，雍正五年（1727）划入资州。

今沐川县，清雍正五年（1727）裁马湖府入叙州府，领沐川长官司；同治七年（1868）沐川长官司入屏山县，隶叙州府。

今马边彝族自治县，清初留马边营裁安边厅同知。雍正五年，马湖府并入叙州府。乾隆二十九年（1764），从屏山分设马边厅，直属叙州府，并从富顺调"督捕理民通判"移驻马边，颁发关防。嘉庆十三年（1808），改派同知主政，厅设9乡17场，以汉族官员主持。在彝族聚居区设9个土百户，由四川省提督衙门发给号纸（委任状），由彝族头人担任土目，皆世袭。

二、军事建制

清代绿营军置汛分兵驻防，嘉定府境内设有嘉定、夹江、峨眉、冷碛、归化、犍为、威远、荣县、洪雅汛，每汛设千总或把总1员，兵士40~60名。康熙六十年（1721）置铺司，用以传递公文和军情。嘉定州所辖各地要道设铺68处，每铺设司兵2~4名，共有司兵200余名。据《乐山市志·军事》记载，乾隆四十九年（1784）置峨边营，由四川提督兼辖。峨边营辖嘉定、归化、峨眉、威远、冷碛、夹江汛，设游击、守备各1员，有马兵49名，步战兵91名，守兵322名。嘉庆十四年（1809），改设峨边厅，增左营守备、把总各1员，驻厅防守，有马兵20名，步战兵60名，守兵120名。峨边营管辖嘉定、归化、峨眉、冷碛、楼木、威远、夹江各汛。

三、人口状况

清初为了恢复和发展生产，组织实施大规模移民入川，这就是历史上有名的"湖广填四川"。据统计，康熙二十四年（1685）四川只有18万丁，到康熙六十一年（1722）则增至57万丁。

明末清初户口锐减，如嘉定州城周原有10乡，康熙初仅编为5乡。据现有资料记载，康熙六年（1667），嘉定州男女计12225口，人丁6078。康熙六十一年（1722），嘉定州土著自首开垦11585户，人丁10405。雍正八年（1728），嘉定州承粮花户50311户。嘉庆二十五年（1820），嘉定府有户438721，原额丁口10405，滋生丁口2065421。

第二节　经济发展

一、农业

兴修水利　清代地方官员大举整修、新建农田水利设施。康熙元年（1662），夹江知县王世魁主持，于县北5里毗卢寺外青衣江竹笼筑坝、开渠，引水灌溉，因寺得名毗卢堰。康熙三年（1664），上川南道张能鳞重修牛特堰，在今夹江县甘江镇接水，百姓感其恩德，更名张公堰。

康熙五年（1666），夹江县令刘际亨在县南引新开河水建堰，名刘公堰。康熙年间，在乐山城西 52 里的鸡公滩修建龙孔堰，灌溉农田 1350 亩。乾隆四十三年（1778），在龙孔堰下游 6 里处新建枧槽堰，后改为永通堰，至今仍灌溉农田。乾隆年间修建的老柏堰，灌溉农田约 3000 亩。

嘉庆十七年（1812），嘉定七县共有上、中、下、平坡、山田、地 14996 顷，征丁条粮 45288 两，其中乐山县有上、中、下田地 2850 顷，征丁条粮 10636 两。嘉定府贮常平仓斗谷 18084 石，乾隆五十一年（1786）加贮谷 2.74 万石，五十五年（1790），加贮谷 25620 石，贮量有减。其中，乐山县贮常平仓斗谷 1689 石，捐监谷 28440 石，乾隆五十一年加贮谷 1200 石，乾隆五十五年加贮谷 5870 石，贮量日益增加。

白蜡 嘉定知府谢肇淛《登嘉阳郡城楼》诗曰："妇女礼蚕男祭蜡"。这就是远近闻名的嘉定白蜡和蚕丝，它们成为除盐茶之外的大宗商品。嘉定白蜡主产于峨眉山系，最早见于隋唐时期。乾隆进士李调元《自嘉定至峨眉道中作》一诗曾描述当时景象："水驿江城日日过，云峰高处见三峨。荻坪山下平如掌，一路人家白蜡多。"清朝末年，白蜡年产量达 320 吨，约占全国总产量的 6.4%。

蚕丝 嘉定蚕丝属县俱出，唯乐山最多。嘉定丝的质量很好，其细者，当地人称为择丝。其粗者曰大夥丝，主要行销云贵地区，远销缅甸诸夷。乾隆年间，乐山知县袁凤孙《嘉州杂咏》诗云："蚕丛非旧日，蚕利独能兼。户解栽桑柘，人工织素缣。征材充贡赋，通贩到滇黔。"黄炎培耳闻目睹有诗曰："黄丝丝，白丝丝，苏稽市上丝如云。"可见丝市生意兴隆，十分繁荣。

二、手工业

盐业 清代乐山地区盐业进入鼎盛时期。《清史稿·食货志》记载，四川盐业"始以潼川府之射洪、蓬溪产盐为旺，嘉定府之犍为、乐山、荣县，叙州府富顺次之。不数年，射洪、蓬溪厂反不如犍、乐、富、荣"。

犍为盐井灶集中于今五通桥四望关的茫溪河两岸，乐山盐厂以牛华溪的沙湾、红岩子、高山盐厂为中心，范围大致东及于河耳坎，南至鲁公桥，北至青衣坝，周围方圆二百多里。据《古今图书集成》《清盐法志》《犍为县志·食货》记载，康熙二十五年（1686），犍为有井280眼，乐山有井107眼；雍正九年（1731），犍为有井672眼，乐山有井614眼；乾隆二十三年（1758），犍为有井783眼，乐山有井370眼，合计1153眼。乾隆五十一年（1786），犍为共增新井1122眼，共设煎锅1617口，产量跃居射蓬蓬溪盐厂之上。极盛时，犍为盐厂每日成盐800引以上。《嘉定府志》记载，"五通桥盐泉大旺，日需煤数十万斤"。

嘉定为成都府、邛、雅之要口，乐山盐主要行销府、南、雅三岸。犍为盐主要行销川南、云南，乾隆、嘉庆时期扩大到贵州、湖北地区。加上王村场、马踏井、三江镇、鲞草滩、金石井等地所产之盐，行销面积约320华里。道光年间，射（洪）厂产量大降，犍为盐厂成为全省第一大厂。

雍正十二年（1734），在嘉定府设通判官，驻马踏井太和场，居中总理嘉定、犍为和周边井研等州县盐务和盐区治安事务。乾隆十八年

牛华盐场

（1753），改驻四望关。地方行政长官有时也兼理盐务，彭遵泗《蜀故·盐政》记述，"附近仁寿及三县（乐、犍、井）散处井灶，再委州县佐杂五员，以资分理。"在牛华溪，设巡检"专司盘验"。乾隆二年（1737年），改巡检为盐大使，并添设王村场大使1员。

兴盛的盐业成为地方经济的龙头产业，带动了与盐业相关的采煤业、手工业、商贸业等发展，并催生了一批新兴集镇。

丝绸业 清代乐山丝绸业十分兴旺。据《乐山市志》记载，光绪年间，嘉定丝织品占全省产量的20%，与成都、南充并称四川丝绸业三大中心。嘉定以所产大绸畅销全国各地。乐山通江《张氏家谱》记载，张氏一族清初从湖广入川，辗转到横梁场（今中心城区通江镇）落籍，从事丝绸业。乾隆嘉庆年间，嘉定出现了知名品牌"邓阳苏绸"和"嘉定大绸"。嘉定大绸初以柞蚕丝为原料，后改用桑蚕丝。采用传统"水织法"，以木机织成。《嘉定府志》记载："有宽至二尺余者，曰贡绸；其不及二尺者，曰土绸。土绸之佳者，俗谓之邓阳绸。"晚清顾印愚《府江棹歌》诗道："映江十万女桑枝，桑女蚕筐正及时。日对澄江剪江练，嘉州争市邓阳丝。"

大绸的主要产区集中在苏稽、水口和城区的柏杨坝一带。以生产规模而言，可分为绸厂和机户，绸厂多集中在城区，机户则遍布各乡，是农村的主要副业。大绸除满足本地消费外，大半远销外地，省内以成都、重庆、自贡、宜宾、泸州、万县等地为主，省外远销西安、昆明、宜昌、汉口、九江、南京、上海等地。

采煤与铜铁矿 明末犍为石麟煤开始大批生产，供盐厂煮盐。康熙年间，采煤区扩大到金粟、塘坝等地。乾隆十年（1745），乐山县开办官办老洞沟铜厂一处，由嘉定府设员专管。乾隆五十五年（1790），改由乐山县就近兼营。铜山镇（又名铜街子）有龙十万开办朝天马铜矿。乾隆四十三年（1778），马边、沐川有人采铜矿。嘉庆年间，峨边金岩溪等地开办过铜矿。

造纸业 清代乐山造纸业继续发展。康熙二十三年（1684），夹江槽户为上交科场卷纸诉讼，经四川布政使司裁定，以雅河（青衣江）为界，河东造纸户认交科场长帘纸及各样大纸，河西造纸户造印纸、川连、贡川小纸。

三、交通商贸

交通运输 明末清初，岷江河道发生变化，成都至嘉定段基本上不能通船，只能通筏。王沄《蜀游纪略》记载："八月下浣，出成都，渡江。岷江至此，其流尚狭，浅历深揭。公策马乱流而济，水仅及马腹。水行者以筏下嘉州焉。""（九月上浣）次嘉定，乃登舟。岷江至嘉州始大，大渡河水来会之，蜀舟皆集焉，一都会也。州治被兵未残，庐舍完整，为仅见之。"吴焘《游蜀后记》记载："舟行至此（乐山城），尽移小船所载并入大船，盖自此以下，无虞浅搁矣。"可见，乐山成为岷江水道的舟船始发站。为保证水运畅通，岷江中下游航道设有许多水驿，并在激

叉鱼滩"蜀江第一"石刻

流险滩地段配置救生船和水手桡夫。《四川通志》记载,乐山县有平羌水驿,大佛崖滩设救生船2艘,水手桡夫12名;犍为县道士滩、罩鸡滩、叉鱼滩、龙泉滩、老鸦滩5处,设救生船3艘,水手桡夫18名。

乐山城距省会4站。清制每驿站90里,每铺递10里。清初废铺递制度,康熙六十年(1721),在各地设塘铺。嘉定府境设有43铺,以府县城为中心,与各塘铺相连里程达2115里。府城近郊有白岩铺、青泉铺、棉竹铺、茶山铺、双江铺、牟子铺等塘铺。

盐煤业、商贸业的兴盛带动交通运输业的发展。据同治《嘉定府志·艺文》记载,煮盐生产最盛时,"三圣站下逮岩坝口,袤延百里,愈掘愈旺",盐煤运输"水运陆负,日活数万人,为利甚博"。

商贸发展 清代乐山商品交易活动繁盛。同治《嘉定府志》记载:"嘉州当巴蜀中区,山水清华,农商繁庶,文物衣冠之盛,远迈往时。""泛三峡之船,烟火万家,与峨舸大舫,掩映金粉城郭,殆亦小蓬莱者矣。"勾画出一幅繁华的城市景象。

乐山物产富集,清代傅崇矩《成都通览·川江游记》记载,嘉定府"在江右,附郭乐山县,雅河、潼河(即铜河)合之,至此舟行更快,行者多在此另换船。有厘局,盐卡。出荔枝,墨鱼,丝帕、湖绉、大绸、豆腐、仿绍酒、瓜子、白蜡、铅、纸。此处船多,价廉,易雇舟子……嘉定米斗甚大,盐亦价廉,桃片亦好"。

盐、茶仍是乐山大宗商贸物资,《嘉定府志》记载:"百余年来,犍为之盐、洪雅之茶,商车贾舶,络绎相寻""峨、眉、荣、威间,前人所云饼茶……愈效其灵"。嘉定盐商势力雄厚。《清史稿》记载,"乾隆四十九年,各处盐井衰歇……致欠课七万,始议与犍商合行,以十二年为限，期满归清积欠，因请续合十二年，及期满自办。"道光年间，四川"三十一州县，因滷衰销滞，商倒岸悬"，"时惟犍、富边商及成都、华阳计商稍殷实，销岸亦畅，馀皆疲滞，而潼商尤甚。乃撤出黔边所行水引，交犍、富两商承办"。

商贸繁荣发展推动经济结构和税收结构的变化。据史料记载，雍正十二年（1734），嘉定府农税4.92万两，手工业税5040两，商税2.83万两。嘉庆十七年（1812），嘉定府征丁条粮银4.53万两，盐税5.17万两，茶税3868两，工商杂税213两。

第三节　城市与场镇

一、城市建设

府城维修　同治《嘉定府志》记载，康熙至乾隆年间，上川南道张能鳞、知州高仰昆和知县胡启楷等先后组织大规模增修城垣工程。增修后城高1.6丈，周围长1299.6丈。

乾隆五十一年（1786）五月，四川连续发生地震，大渡河上游山崩水塞决堤，水涌至嘉定州城，浪头高数丈。"南城崩塌三百余丈，民屋之在城湮者数十家。"丽正门前铁牛也被冲走。当时城中居民大量涌上城墙观水，结果发生墙崩，落江者无数。这次洪灾被老百姓俗称为"水打嘉定府"。事后，廪生李稽典捐银2300两，助修丽正门。

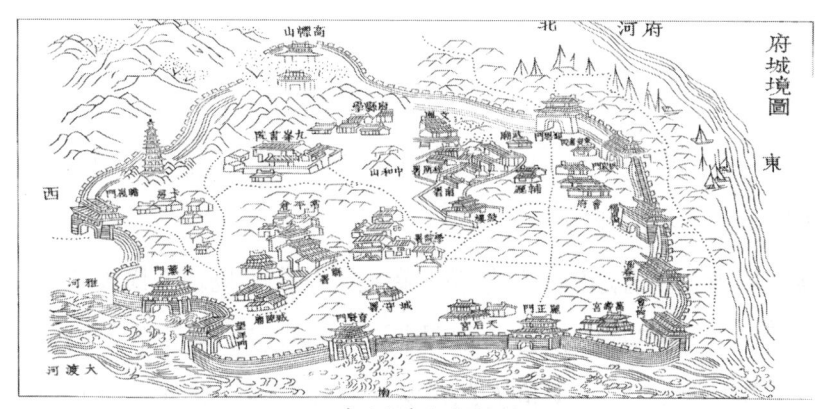
清前期嘉定府城图

嘉庆年间，丽正门、萧公嘴被冲坏数十丈。嘉庆十六年（1811），知府龚云舫组织实施加固维修，城堤由2矶增加至13矶，城堤宽度增至1.8丈，提高了城堤的防洪能力。知府宋鸣琦《壬申嘉定修城记》记载，"水自城下过，为矶所竭，势不得逞，则趋江心而去。每矶皆然，水势大驯。"

县城建设 峨眉县。雍正九年（1731），峨眉知县文曙重建县城东南西北四门及小南门，城墙内外俱石，高阔照旧门立楼栅门外，迎恩、化龙、通泰三石桥俱修治坚固，规模较壮。乾隆三十五年（1770），知县刘璐重修，城门皆更名，东为东阳，南为南薰，西为挹爽，北为拱辰，东南为育贤，西北为迎波。城外马道约丈余，城内街市照旧。道光至宣统年间，因城垣部分坍塌和预防匪患，又多次补修、增修。

犍为县。明末，犍为县城楼被烧毁，康熙年间修补，仍未恢复至旧貌。后经10余次修复，逐渐完好如初。

井研县。顺治初年，井研县旧城毁圮。康熙五年（1666），知县王配京重修，各城门更名为东晞澣，南方中，西纳景，北枢星。后经多次增修，恢复旧城规模。城内有12条街、8条巷。城周内外各5丈为马纛界。

二、场镇建设

自明代中后期至清代中期,乐山以州府县城为中心兴起了大量工商业场镇。以盐、煤开采为主和工业原料、产品贸易为主的场镇脱颖而出,发展成为手工业和商业中心。

盐业场镇 以五通桥、牛华溪、辉山、蔡金等场镇为代表。

五通桥。犍为盐厂的核心区,兴于明,盛于清,是"盐荚聚会之所"。《四川盐政史》记载:"清乾隆间五通桥两岸井灶渐盛,永通(王村)遂衰,故厂即以五通桥著名。其后愈辟愈广,为川省之第一盐场。"俗有"千猪百羊万石米,不及桥(五通桥)滩(竹根滩)一早起",五通桥盐业发达由此可见。

牛华溪。位于乐山城东南 20 里岷江畔,由犍为、乐山两县共管。井灶林立,盐煤汇集,成为商业富庶之地。雍正七年(1729)设有盐务巡检司,乾隆九年(1744)改设盐课大使。牛华溪盐大使刘应蕃《油花溪即事》记载:"人家半藉盐为市,风俗全凭井代耕。地湿不关霉雨润,天晴时见阵云生。"

辉山。原称灰山井,盐业发达,盐井、灶房较多,工农杂居。由于煤渣甚多,堆积如山,故取名灰山井。后因灰字不雅,更名辉山井。

蔡金。有不少盐井和灶房,如双龙井、瓢井、木竹井、白牛井、高山井、坳儿井、魏林井、新海灶、观音井、南坝井、中心井等地名。

煤业场镇 以石麟、踏水、沫溪等场镇为代表。

石麟。煤资源丰富,开办有凤来煤矿,成为煤矿的储销场所,是犍为盐厂的主要能源供给地。最初没有场镇,只叫上田坝和下田坝,后将李家沟、谢洞湾的火烧店迁移至此,逐渐发展成场镇。

踏水。煤矿蕴藏丰富,煤窑遍布,主要供蔡金、新场烧盐用。

沫溪。大多数人以挖煤、挑运煤为生。

商贸场镇　以竹根滩、西溶、金山、金粟、新场、太平等场镇为代表。

竹根滩。系岷江、涌斯江、茫溪河三江汇合冲积而成的平坝滩地，有盐码头、三元宫码头、牛喜壕码头，王爷庙是有名的米、油集市。镇口四望溪是当时"犍为八景"之一。明代设盐务巡检司，清代为督捕盐务通判治所。

西溶。位于岷江西岸的河滩坝，又称西坝场。地势平坦，紧靠岷江，来往船只多到此停靠，煤炭集散于此，形成了繁荣的场镇。当地曾盛产陶器，同治《嘉定府志·犍为山川记》记载，"西溶三山，县西北五十里。曰底，曰中，曰巅，土细而白，居民作陶，咸取足焉。"

金山。位于牛华、五通桥、王村三大盐区的中心地带，是盐民贸易消费集镇。当地有"塞不满的金山，搬不完的敖家"的谚语。

金粟。附近的煤盐在此运往外地，成为煤盐、农副产品及粮食的集散市场。

新场。旧名青泉铺，乾隆三十四年（1769）设。民国《乐山县志》记载："新场子，界居犍乐，清初设，周围盐井甚多。"

太平。民国《乐山县志》记载，太平镇地濒铜河，原名沫东场，即今沫东坝。乾隆丙午时，被大水冲毁后，乃迁于太平寺附近，更名太平镇。"商业煤、盐为大宗，煤运成都、牛华溪，盐运金口河、富林及铜河上游，舟舶往来不绝。"是重要的物资集散地、食盐煤炭交易中心。

农贸场镇　以苏稽、罗汉、沙湾、通江、悦来、关庙、板桥、杨湾、罗城等场镇为代表。

苏稽。位于乐山城西12公里处，自然条件优越，是乐山有名的"鱼米之乡"，蚕桑业、纺织手工业较发达，出产丝、绸、茧巴、丝埂、白布、棉纱、白蜡、牛羊皮等大宗货物。种桑养蚕、缫丝织绸、纺纱织布，成为当地普遍的家庭手工业。

罗汉。以旧有罗汉寺故名，濒临大渡河，有少量浅丘和四个河心中坝，水陆交通方便。大宗商品为布匹、黍米、油酒、柴薪等。

沙湾。前临沫水，背负绥山，是乐山进入小凉山的咽喉，又是重要山货的集散地，工商业较发达。商业以酒为大宗，苞谷酒畅销板桥、青神、眉山等地。

通江。亦名横梁场，位于城北郊岷江之滨，属嘉乐乡三甲。同治《嘉定府志》记载："与牟子场对峙，江岸内有横石如梁，故又名横梁。""大江城北俗名通江，自青神县流入县界，故称此地为通江。"商品以丝、蜡、油、绸为大宗。

悦来。有"平羌三峡"和荔枝湾，犁头峡口盛产江团鱼。可谓"嘉阳风水，芙蓉关江"。商品以丝、蜡、米为大宗。

关庙、板桥。唐宋为驿铺，清代发展为集市，板桥街曾是水码头，盛产江团，上下船只在此停泊。商品以油、酒、炭、柴薪为大宗。

杨湾。原名万顺场，出产米、麦、稷、茧等。上通夹江顺河场、甘江场，下通苏稽，东通棉竹铺，西有山路通峨眉，清朝时改为杨湾场。乐山有名的"跷脚牛肉"出自杨湾场。

罗城。始建于崇祯年间，清为驿站罗城铺，以商贸为主。主街临街房屋檐宽达三四米，由100多根圆木柱支撑，形成"凉厅"

罗城古镇船形街俯瞰图

街道长廊。街道两头窄、中部宽,长度 209 米,最宽处 9.5 米,街中心建一戏楼,形如扬帆之船。因地处山头,有"山顶一只船"美誉。

第四节　社会文化

一、府县学与书院

这一时期,乐山文化教育以府县学为主,注重书院发展。

府县学　清代嘉定官学为府县学合一。雍正十二年(1734),升州学为府学,新设乐山县后府县学共处一地,府学额文武科各取 15 名,县学额文武科各取 16 名,永广学额文武科各取 2 名,加广学额则可随时增减。咸丰三年(1853)以后,府学额增加至 22 名,县学额增为 26 名。有学田三处,分别在嘉乐乡张公桥畔、凌云乡鸿谷桥畔、大渡河南安谷乡,每年收租银 20 两。嘉庆《峨眉县志》记载,峨眉儒学在县城东南育贤街学宫右,有学田二处,每年收谷租 30 石。清初,嘉、眉、邛、雅四州应试生仍在嘉定试院参加院试。后邛、雅、眉三州分出,嘉定试院只负责本府属县应试事宜,直到清末新政废除科举。

书院　康熙年间,上川南道张能鳞将毁于战火的凌云山九峰书院改建于高望山麓,取名高标书院。嘉庆七年(1802),知府宋鸣琦重建九峰书院于宋安乐园故址,今月咡塘火神庙后,成为嘉定府规模最大的书院。乾隆十七年(1752),乐山知县陈为光改建城北龙神祠内的九龙书院。嘉庆十年(1805),知府宋鸣琦、知县王来遴将九龙书院移建于原学政试院后堂，后更名为东岩书院。

乾隆八年（1743），井研知县万咸燕改建凤山书院，更名来凤书院。乾隆十五年（1750），犍为知县杨鸾创建龙池书院，乾隆四十二年（1777），知县张官五重修，学使刘锡嘏更名印清书院。光绪十四年（1888），在五通桥盐厂川主庙创办通材书院。乾隆三十三年（1768），夹江县令刘希周在平川书院旧址上创建鸿江书院。乾隆五十三年（1788），峨眉重建峨山书院。嘉庆十七年（1812），马边厅同知喻曰泗在城南较场坝办书院，咸丰年间，同知蹇子桢将书院迁至城内小东门，更名为龙湖书院。

清末，废科举撤书院。

二、文庙

文庙又称孔庙、学宫，是古代官学建筑群的重要组成部分。乐山境内文庙的建设、迁移与州府学、县学的建设同步。至今保存完好的有嘉定府文庙和犍为文庙。

嘉定府文庙 又称乐山文庙，位于高标山麓。唐武德初，建于嘉州治南。明洪武初，嘉定州同知杨励重修；洪武二十七年（1394）被水淹没，知州杨仲钦、学正李敏迁建于今叮咚街；天顺八年（1464），训导曾智迁建至今址。清顺治康熙年间，上川南道张能鳞用了5年时间进行大规模重修。主要有大成殿、明伦堂、两庑、戟门三台、启圣祠、棂星门大坊，乡贤、名宦二祠，尊经阁及六斋等建筑。嘉庆末年，知府宋鸣琦加以改建。道光年间再次改建。同治《嘉定府志》记载，学宫文庙建筑群计有正殿三间，东西庑各五间，戟门三间，棂星门六柱，"圣域""贤关"二坊，泮池一，居中十亩悉种荷花。现存文庙占地面积约2万平方米，格局基本完整，有泮池、棂星门、圣域、戟门、名宦祠、乡贤祠、东西庑殿、尊经阁、崇文阁、大成殿、崇圣祠等建筑。大成殿建筑雄伟，大殿28根殿柱，直径1米左右，全系珍贵整株金丝楠木。柱础直径1.4米、高1.5米，透雕花纹，生动别致。

1908年的嘉定府文庙

抗日战争时期，文庙为武汉大学校舍，继又作乐山县男中校址。新中国成立后，续为学用。"文化大革命"中，大成殿门槛窗户被毁。1986年，市政府拨专款组织修葺，历时3年竣工。1991年，列入省级文物保护单位。

犍为文庙 宋大中祥符年间在沉犀东，县令左震迁建于县城南。元末毁于兵燹。明洪武四年（1371），县佐陈兴重建。万历三十九年（1611），知县陈懋功迁建至城南外1里处。万历四十六年（1618），再迁建于城下文林街。明末灰烬，存明伦堂。清康熙九年（1670），知县刘靖寰督办重修。乾隆三年（1738），县令宋锦大规模营建，历时6年。乾隆四十五年（1780），修建文庙奎阁。嘉庆、

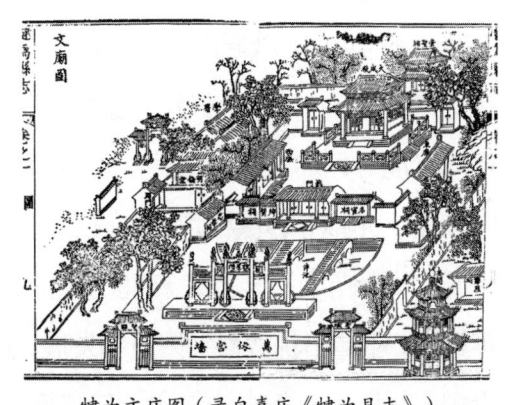

犍为文庙图（录自嘉庆《犍为县志》）

道光、宣统年间，县令程尚濂、杨柄铿、宝震等先后进行改建、修葺。

犍为文庙建筑典雅，三重檐式的牌楼建筑全国唯一，规模宏大，占地 21 亩。建筑群由 10 部分组成：照壁，圣域贤关两门，灵星门，泮池，东西庑，大成门，九台，大成殿，圣启宫，奎星阁。

夹江文庙 始建于隋开皇中，在县治东南。明洪武中重建，嘉靖中知县陈松，万历间杨可贤先后增修，明末毁。清康熙十一年（1772），知县乔振翼重建。乾隆三十一年（1766），知县刘知周重修。夹江文庙有正殿三间，东西庑各四间，戟门、棂星门、泮池各一，东西坊各一，泮池外有"万仞宫墙"坊。民国时期内设小学，泮池填作操场。1950 年后，几经改建，除大成殿和右厢房外，其它建筑均被拆除。1985 年，县政府将大成殿迁至千佛岩大观山上，今改为东风堰水文化陈列馆。

三、宗教

佛教 峨眉山佛教在明末清初受到极大冲击，佛寺遭到较大程度上的破坏。据《四川省志·峨眉山志》记载，仅在 1644 年，伏虎寺、大峨楼、西坡寺、灵岩寺、仙峰寺、华严寺、中峰寺等 7 座寺院，先后毁于兵燹。顺治年间，峨眉山僧开始自救，先后开建天庆庵、会佛寺、接引殿、净土禅院、方广院、凉风桥、凉风庵。迁建会宗堂（康熙赐题报国寺），重修伏虎寺，广植"布金林"。康熙至嘉庆时期，大规模重建卧云庵、大峨楼、光相寺、洪椿坪、华藏、清音、仙峰寺、黑水寺，扩建修葺伏虎寺、光相寺、万年寺，新建洗象池、华严顶、观音寺，等等。经过历年建设，峨眉山佛教得到恢复和发展，重现繁盛景象。雍正九年（1731），设峨山甲时，有僧户 182 户。其宗派以临济宗为大，另有曹洞宗、沩仰宗。康熙六年（1667），四川按察使李冲霄主持重建凌云寺，修复大雄殿、弥勒殿等。嘉庆年间，又多次进行修缮。

夹江县，清初重建定慧寺。犍为县，康乾年间重修宝乘寺、金山寺、白衣庵、圆觉寺、印石寺、宝印寺、回龙寺，新建兴隆寺等。

道教 峨眉山纯阳殿道士在入清以后相继离去，道观成为佛教寺院。康熙九年（1670），民间捐资重修三清观正殿，后又修葺为三重殿。嘉庆十五年（1810），在乐山城东岸重修镇江王爷庙。嘉庆十九年（1814），王殿臣在高标山玉皇观下、三清殿之上建灵官殿，楼筑于石砌拱门上。嘉庆二十四年（1819），在古市乡（今市中区水口镇）建有王爷庙。

夹江县，康熙九年（1670）在甘江九盘山重建川主祠（二郎庙），另外还有黑虎观、灵泉观、三元宫等。犍为县，乾隆四十年（1775）县令张官五在城西1里建真武阁，城西龙角池初有真武观，后为三教观。井研县，雍正十二年（1734）至同治六年（1867）设有道会司，下属教徒约500人，民国初年，撤道会司设道教会，教徒约300人。

伊斯兰教 明末清初，伊斯兰教传入乐山，在回民中传播，主要集中在乐山城区、犍为罗城、夹江等地。穆群森《四川回族习俗文化》记载："明成化元年（1465）山东登州府蓬莱县七里村回回人江灏入蜀任乐山知县，卸任后携家眷定居盐亭县。"这是已知有回族进入乐山的最早记载。康熙三十年（1691），有苏、马、蔡、张、海、杨、王7大姓回族迁居到犍为罗城。雍正十一年（1733），罗城回民苏心镜、蔡天时等人在夏家坡修建清真寺。嘉庆十三年（1808），74户回民筹款修建清真西寺（今罗城镇清真寺）。

天主教 清初，天主教传入乐山，主要通过修建教堂、设置医疗诊所、兴办学校、慈善等从事布教活动、发展教徒。康熙年间，四川成立代牧区，委托法国巴黎外方传教会会士管理，其中由传教士白日升、巴吕埃分工负责嘉定等地的传教活动。乾隆二年（1737），穆天尺主教同意将乐山等地划归巴黎外方传教会李安德作为传教基地。乐山地区有天主教和基督教2个宗派。

四、民间组织

行会 行会是城镇中一种手工业的同业团体，以调解会内纠纷，对外办交涉为主要职能。每个行会都有自己的行规、尊奉的始祖，建有祠庙，每年举行一次行会。活动经费由同业人筹集，推举一人为会长，主持行会事务。乐山行会组织主要有：

鲁班会。原是木匠行会组织，后扩大成泥、木、石匠人的组织。行会分为五行，即泥、木、石、解、小木油漆。主持人均系泥木匠。每年参加两次祀典，一次是行业会期，一次是腊月廿日奉祀。木器业的会期是农历五月初七，建筑业的会期是农历三月初八。鲁班会规定，上述五行中如有不参加圣会者，按章收缴工具，不能在乐山行艺。

詹王会。由饮食业组成，供奉传说中唐代御厨"詹王大爷"，会期为农历八月十三。

轩辕会。由缝纫业组成，供奉制衣始祖轩辕黄帝，会期为农历九月十六。

王爷会。由船工、航运工组成，供奉龙王爷，会期为农历六月十五。

药王会。由医药业组成，供奉神农氏为药王，以农历五月初一为会期。

蔡伦会。由造纸业和经营文具纸张业组成，供奉蔡伦为始祖，会期为农历九月十五。

杜康会。由酿酒业组成，供奉酿酒始祖杜康，会期为农历八月十八。

老君会。由金、银、铜、铁、锡五金加工的工匠组成，供奉太上老君，会期为农历三月初十。

嫘祖会。由棉麻纺织业组成，供奉传说中最早养蚕的嫘祖，会期为农历七月十三。

会馆 又称公所，是一种客籍他乡的同乡或同业民间组织。最初为商业同业公会性质，后多演变为同乡组织。清朝初期，外省人大举迁蜀。为了维护同乡人的利益，一些商人以会馆的形式，进行联谊互助。会馆名称多以"宫""庙""堂"相称，具有浓厚的乡祠色彩。会馆设"宠师"管理，供奉桑梓贤哲或祖籍大神。乐山的会馆主要有：

浙江会馆。浙江人开设，在今新村阳光广场附近。民国时期，该会馆改作庙宇。

广东会馆。广东人在察院街开设，开有制作糕点盒子的小作坊。乐山人称这种糕点盒为"箱箱"，故又称这条街为箱箱街。

渝州公所。由重庆商人开设，地址在外城得胜门附近。

陕西会馆。即秦晋公所，其所在街道称陕西街。陕西会馆保存到1949年，是持续时间最长、规模最大的会馆。

商会 清末，为适应商业快速发展，光绪三十二年（1906）成立乐山县商务局。两年后，撤销商务局，成立四川省乐山县商会，属民间团体，实行会长（总理）制，主要任务是筹划乐山商业发展，维持市场繁荣；

设立商品陈列所，举办商校；介绍、调查国际贸易与商品的输入、输出；调解商业争议；组织团体护送货物等。按照规定，其成员不得吸食鸦片；有吸毒者，限期登记，必须戒除；各商号不得雇用吸毒者，否则对负责人处以罚款。办公地点设在县街，民国后迁至育贤街。

长生会 长生会是一个救济水灾的民间慈善组织。乾隆六十年（1795），乐山遭遇特大洪灾，河面浮尸无数，李、曹、钟、唐诸姓乡绅倡导捐金生息办会，筹资购置土地、棺木，掩埋浮尸，让死者入土永生，故取名长生会。长生会还雇船抢救、打捞溺水者，称救生红船。每年洪水季节，该会派人沿河守候，备船营救。清末，长生会在北门外置有房产，每年约收租金百余金，以作救济费，铸有六方铁鼎二座，镌刻创办时捐款者姓氏。

五、地方名士

胡世安（1592—1663），井研人。崇祯元年（1628）中进士，选庶吉士，授检讨，后补少詹事兼翰林院侍读学士。清顺治元年（1644）四月，改授翰林侍读学士掌院事，后迁内翰林国史院学士、礼部右侍郎兼翰林国史院学士等。顺治九年（1652）升礼部尚书。顺治十二年（1655）主持科举，加太子太保。顺治十五年（1658）为内阁大学士，继以武英殿大学士兼兵部尚书，复加太保、太傅兼太子太保、太傅。顺治十八年（1661）因病辞仕。胡世安学识渊博，著述甚丰，卓然成一家之言。其代表作《九月二十五日朝散同部院诸老登新构天安门》是文学史上第一首赞美天安门的诗，《译峨籁》是现存最早的一部关于峨眉山历史的"山志"类著作。

李拔（1713—1775），字清翘，号峨峰，犍为县玉津镇人。38岁时中进士，历任楚中（今湖北省）长阳、钟祥、宜昌、江夏知县，衡州、永川、岳州、汉阳府同知，均有政绩。乾隆二十四年（1759）春，任福宁（今福建霞浦）知府。乾隆二十六年五月，调任福州知府兼理海防。后任长沙知府。乾隆三十四年（1769），任湖北荆宜施道台。李拔"视百姓如家人，视民事为己事"，"察吏过严，人疑其峻，然所全实多"，民得实惠。由于政绩卓著，各地争抢，五次被乾隆皇帝召见，慰勉有加。至今福建闽东一带还誉称李拔为一代循吏，江汉称为李青天。李拔著述颇丰，先后撰有《重修犍为县志》9卷、《衡州续艺文志》4卷、《福宁府志》44卷、《长阳县志》8卷；著有《四书旁注》《困学新传》《史学概论》《东西行录》《壮游见闻》《纲鉴折衷》《离骚解意》《读史绪论》《地理探源》《理学探源》《东溪文集》《行部纪略》《道香园诗集》及家训家教等。

雷畅（1703—1777），字燮和，号快亭，井研县人。雍正七年（1729）拔贡。历任山西平遥知县、沁州知州、湖南常德、长沙、山西汉中等知府；陕西汉兴、山东济东、浙江粮储等道；陕西、山东、湖北按察使司，转内阁侍读学士。著有《直隶沁州志》《行述》等。雷畅侄孙雷轮，乾隆三十四年（1769）二甲进士，授翰林院编修。历官京畿道监察御史、兵科给事中、户部掌印给事中、巡查福建台湾御史、浙江湖州知府、江西吉南赣宁道等职。雷轮担任巡台御史期间，捎回3株台柚树苗栽于故乡，后繁殖为地方名优产品"梅家湾柚"。雷畅故居是西南地区现存最完整的清代民居，2019年被列为全国重点文物保护单位。

张瑞（1751—？），字辑五，嘉定城区人。乾隆四十二年（1777）拔贡，嘉庆十一年（1806）任华阳教谕。道光八年（1828）升夔州府教授。道光十年（1830）致仕定居犍为安仁乡（今井研马踏镇），再迁嘉定城南大佛坝。因其宅座对凌云山，晚年自称凌云叟。又因前临扑凤洲，因以为号，人称张凤洲，或称凤洲先生。著有《红袖集》《消夏集》《归田集》《挹爽轩文集》《挹爽轩诗集》《挹爽轩诗话》《挹爽轩杂记》传世，多记录清代乐山风物。

李嘉秀（生卒年不详），字君实，号东山，乐山县人。嘉庆二十三年（1818）乡试第一名，人称李解元。嘉庆二十四年（1819）恩科进士。道光元年（1821）授内阁中书，入翰林院教授皇子。后改官四川保宁府府学教授。引疾归乐山后，担任九峰书院主讲，90岁寿终。李嘉秀着迷于清静无为的道家之说，并拜弟子李涵虚为师。撰《虚白堂文集》，有《重修大石桥记》《重修青衣别岛东岳庙记》等。

张熙宇（1783—1853），字玉田，号晓沧，峨眉县人。自幼聪敏过人，15岁考中秀才第一。清嘉庆十三年（1808）中举人；道光十三年（1833）中进士。初代理乐昌知县、兼理仁化县令，后任揭阳令并兼理海阳、澄海，一官三印，处理政务，井井有条。先后任首县番禺令、南粤府同知、广西省南宁知府、福建兴泉永道道员、安徽省按察使，后在抵御太平天国农民起义军时全军覆没，被革职处死。著有《曲江诗集》《评选七家诗》等书。

第二篇 / JIN DAI LE SHAN
近代乐山

第六章　近代政治与战事

1840年后,乐山政治动荡,战乱不已。抗日战争期间,日本飞机轰炸乐山,乐山人民通过参军参战、修建乐西公路、接受企业高校内迁、保护故宫文物等,积极投身抗日救亡运动。中共乐山地方组织创立发展,组织武装斗争,为争取新民主主义革命胜利作出积极贡献。

第一节　建制与人口

一、行政建制

1840—1911年,乐山行政建制基本沿袭旧制。1912年1月,中华民国在南京宣告成立。民国时期,大致经过三个阶段变化:

1912年,废上川南道,裁乐山县入嘉定府,嘉定府直隶四川军政府。次年,恢复道制,置建昌上川南道,治雅州。同年废嘉定府,复置乐山县。1914年峨边厅改为峨边县,马边厅改为马边县。井研、马边属永宁道(治泸州),其余各县均属建昌道。

1917年始,四川军阀混战,形成防区制,各县县政由各驻防军队自主分治。当时，川军划分为 11 个防区。第八防区治地乐山，防区司令官由第八师师长陈洪范兼任，辖乐山、威远、荣县、犍为、峨眉、洪雅、夹江、峨边、青神 9 县。井研县属第七防区，马边县属第十防区。1919 年改名驻防区，乐山仍为第八防区，辖乐山、犍为、荣县、峨眉、洪雅、夹江、峨边、井研、雷波、马边、屏山 11 县。1925 年以后，随杨森、刘文辉、刘湘各军阀势力范围消长，而防区辖地变化无常。1929 年，四川省政府成立，宣布废道制，县直隶省政府。时今市境各县名义上直隶省，但多仍处于防区分治状态。

1935 年，川政统一，防区制结束，四川实行行政督察专员制。全省分为 18 个行政督察区，其中第五行政督察区专员公署设在乐山县，领乐山、犍为、峨眉、峨边、马边、雷波、屏山等县。今夹江县属第四行政督察区专员公署（治眉山县）；今井研县属第二行政督察区专员公署（治资中县）。1916 年设沐川镇，隶属屏山县。1941 年析屏山县三四区置沐川设治局，隶第五行政督察区。1942 年沐川设治局升为沐川县，治中城镇（今沐溪镇）。

二、军事建制

1840—1911 年，地方军事建制基本沿袭旧制。光绪三十四年（1908），裁撤绿营，改练陆军。嘉定汛裁撤后，城区设巡警局。宣统二年（1910），裁撤峨边营守备。

1917—1934 年，境内各地军警事务，分属第七、八、十军事防区驻防军队管辖。因军阀势力消长变化，驻防军变动无常。1935 年，在乐山成立第五行政督察区保安司令部，司令由专员兼任，辖两个保安大队、八个中队（分驻乐山城和各县）。1941年，成立保安第五总队。1942年5月，第五区行政督察专员公署与保安司令部合署办公，对外以专员兼司令名义行文，负责督察辖区行政及绥靖地方事宜。1944—1946年，保安第五总队先后改名为第五区保安大队、保安警察大队。

1938年，四川省成立军管区，川内划6个师管区，乐山曾先后建立建南、嘉峨、川西师管区及乐山、嘉定团管区。

1944年，成立乐山警备司令部，受委员长成都行辕、川康绥靖公署指挥，司令部设乐山城区金花庙。警备区辖乐山城及专属8县。

三、人口状况

据《乐山市志》记载，清后期各县部分年份人口情况：同治三年（1864），乐山县29441丁，117764人；犍为县（含今五通桥区）23679丁，94716人；夹江县22416丁，89664人；峨眉县20556丁，82224人；峨边县58288人，14572丁。光绪二十年（1894），井研县156854人，马边县107709人。宣统二年（1910），峨边县有汉民53472人，另有彝族约1万人。

民国时期历经战乱，人口统计数据相对缺乏，乐山人口高出生、高死亡、低增长。据《中华归主》统计，1922年，乐山城人口为6万人。据1925年《邮政统计》显示，乐山县人口376893人，峨眉160287人，夹江150450人，马边51827人，峨边54041人，犍为502806人，井研167914人。据何景熙1992年统计，1911—1937年，嘉定府8县人口年均增长率为0.27%。1937年，第五行政督察区人口数为1417201人，1948年为1360546人，年均增长率为−0.37%。

第二节　晚清民众斗争与倒清起义

清代后期，随着清王朝日益腐败和帝国主义侵华势力不断深入，各种矛盾日益激化，社会动荡不安。乐山人民反封建斗争、反洋教斗争和革命党人起义此起彼伏，为推翻清政府作出了一定贡献。

一、犍乐盐厂罢工斗争

道光年间，有一支行会组织大蜡会，活跃在犍乐盐区。大蜡会是由牛华溪盐工发起的一个以盐工为主体的群众性帮会组织。每年农历七月十五日，在牛华溪观音阁举行盂兰盆会，全场盐工都去朝拜进香，同时互道问候，关心艰难疾苦。相袭日久，观音阁聚会演变为秘密帮会，开始有组织活动。道光三十年（1850），犍乐盐厂疾病流行，盐工生活恶化，死者甚众。咸丰元年（1851），大蜡会首领吕汶中、熊思伦等利用盂兰盆会之机，鼓动盐工"歇工"。提出增加工资，改善劳动条件的要求。在他们的领导下，罢工浪潮迅速扩大至全盐场，罢工人数 2000 余人。嘉定知府俞文诏、乐山知县张邦佐以聚众造反罪，将盐工代表熊思伦杖毙于嘉定府大堂之上，并悬赏缉拿工人首领吕汶中、谢沅才等十余人，将一场轰轰烈烈的盐工罢工运动镇压下去。咸丰二年（1852），犍乐盐厂盐工宋老八聚集工人冯现荣、尹相咸、罗幅珍、汪玉林、刘克勤、文正禄等，欲图恢复大蜡会继续进行罢工斗争。后因谋事不密，又惨遭官府镇压。

二、李、蓝义军在乐山

清咸丰九年（1859），李永和、蓝朝鼎领导了一场历时六年，转战川、滇、鄂、豫、陕、甘六省，仅次于太平天国的农民军起义。九月，2000余名义军从五尺道进入四川南部。冬，水陆两路北攻犍为、五通桥，转战井研、夹江、峨眉及嘉定府城郊。

义军在犍乐盐厂石梯桥伏击重庆总兵马天贵和参将高克骞的两支清军，歼敌大部，马、高战死。陕西巡抚曾望颜接任川督后，纠集陕甘川官兵进剿。李永和、蓝朝鼎分两路，于清咸丰九年（1859）十一月二十二日夜，攻占五通桥、牛华溪、马踏井，控制犍乐盐厂地带。义军开仓济贫，参加义军人数猛增至2万余人。

咸丰十年（1860）九月，李永和、卯德兴等率部入自贡、荣县、威远，再入犍为建立铁山根据地。1861年，李、蓝所部苏国栋等率众多次攻击乐山城，围城108天未果而归。随后，李、蓝义军在眉州城、丹棱与清军交战受挫，伤亡惨重，蓝朝鼎头部中枪身亡。十二月，李永和回师铁山。

同治元年（1862）正月二十四日，清军从罗城镇发起全面进攻，义军凭险固守。八月，义军在犍为龙孔场被清军水淹击败，死伤过半，李永和、卯德兴以及被俘的2000余名义军将士被全部杀害。

三、马边反清起义

邱联三反清起义 咸丰十年（1860），马边黄金坝、任河坝一带民众秘密串联，推荐塾师邱联三为首领，举行武装起义。首先在下溪乡攻占团防局、粮仓、盐店，捉拿土豪劣绅，缴获土枪炮和刀矛，开仓济贫，散发银钱，当地贫苦农民纷纷参加起义军。随后攻占荣丁场，杀劣绅分财物，后攻克马边城和屏山的万全营、平安营。挥师屏山城中，起义军腹背受敌，伤亡惨重，向马边转移，途中被叙府、屏山、马边、犍为几路清军围追堵截，邱联三迫于形势，接受嘉定知府史致康招安。

红灯教反清起义 同治三年（1864）春，马边苏坝人宋士杰参加红灯教，后在马边发展组建"福教"，任"古爷""总教头"，提出聚义口号宣称救民于水火。在马边、屏山、川滇接壤地带扎营结寨，制造兵器，习武练兵，并派人到各地传教收徒，教徒发展至万余人。同治五年（1866）九月三日，宋士杰率领教徒在马边举义旗。中路由宋士杰率主力先后攻占秉彝、中都、凤村、利店等地，后围困马边城未果。同年十一月上旬，起义军各寨堡均被清军攻破，首领、兵士非死即俘。同年十二月，宋士杰被四川总督骆秉章杀害于成都。

四、嘉定教案

晚清时期，西方传教士大量进入内地，教会在发展过程中存在强租民房、骗购地产的情形，各地时有发生民众反对洋教的案件。光绪二十一年（1895）五月，成都发生民众大规模捣毁教堂和医馆的事件，并波及四川多地。受其影响，嘉定城反教民众捣毁紫云街公信堂和铁门坎、嘉乐门等传教点，同时还捣毁基督教英美会教士启尔德在白塔街的住所、牧师赫斐秋在叮咚街的铅印印字馆。史称"嘉定教案"。后天主教会在察院街重建公信堂，光绪二十八年（1902）又扩建到庙儿拐、泊水街一带。

五、嘉定起义

宣统三年（1911）保路运动爆发之前，四川同盟会先后在成都、泸州、广安、嘉定等地发动十多次起义。其中，1910年的嘉定起义是规模和影响较大的起义之一。宣统元年（1909）四月，同盟会会员熊克武、张培爵等人决定在嘉定、屏山举行起义，推定税钟麟、杨世尊、熊克武负责起义准备工作。十二月十三日，税钟麟、程德藩、税联三等同盟会员，按计划率领数百人，分路夺取乐山童家场、白马场、土主场、板桥溪等处清兵团练局，缴获枪械100多支、子弹1万多发和炮船8艘。各路起义人员齐集到今夹江县新场镇关帝庙前，由佘英宣布正式起义。起义军顺岷江而下，突袭嘉定未果，改向屏山进发，行进至宋家村（今沐川县富新镇），被嘉定、马边、雷波清军围困，起义失败。嘉定起义死难200余人，是同盟会在四川发动的历次起义中牺牲最大、最壮烈的一次。

六、乐山保路同志军起义

宣统三年（1911）五月二十一日，川汉铁路公司决定成立四川保路同志会。乐山哥老会首领胡朗和召集仁、义、礼三堂会众在万寿宫开会，成立嘉定同志军，统辖2000多人，赵尔丰制造成都血案后，彭子敬率领嘉定同志军1000多人，前往成都参加战斗。同年六月，夹江县城及甘江场、南安场成立保路同志会，后攻打县衙，捣毁警察局，开监放囚；九月初，同川南同志军与清巡防军激战于犍为磨子场，55人殉难。同年七月，犍为城内成立犍为保路同志会，组成200多人的保路同志军，与途经该县的雷波、马边、屏山、宜、荣等县的同志军5000多人会集，准备开赴成都，后上当受骗，被清军打败，牺牲300多人。同年秋，峨边县葛义先、马星元等聚集800余人，组成峨边县保路同志军，冲进县衙，缴塘防枪支，留200人驻守，其余人员兵分两路赶往成都参战。八月十四日，两路同志军在眉山县大石桥南面会合后,与清军发生遭遇战,迫使清军投降。

第三节　民国初期乐山战事

中华民国初期,南北政权对峙,形成各省军政府独立局面。1918年,以四川靖国军总司令名义的熊克武摄行四川军民两政,决定按各军驻防地区,划拨地方税款,由各军自行向各县征收局提用,作为粮饷之需。四川军阀防区制由此形成。在此背景下,各地大小军阀为争夺势力范围,战乱不已。在1935年川政统一之前,发生在乐山的战事主要有以下几次。

一、川滇军乐山之战

1917年7月,四川军阀刘存厚举兵围困成都的戴戡,滇军罗佩金部驰援,在乐山、眉山等地发生川滇军大战。当滇军第一路进至犍为,第二路进至井研马踏井(今马踏镇)、三江镇时,遭到川军刘存厚部陈洪范旅阻击。滇军占领乐山进至青神南红花堰时,与刘存厚的一个旅遭遇,刘军被击溃。滇军追至眉山,刘军据城固守。戴戡在成都盼援不至,突围行至秦皇寺被刘部截击,戴戡自杀,其部队缴械投降。刘存厚部全力向眉山一、二路滇军进攻,当时滇军的后路乐山被陈洪范部再次占领,滇军陷入包围之中。后打通撤退道路,撤至荣县休整。成都、眉山、乐山等地均被刘存厚占据。

二、杨森攻占乐山

1925年4月中旬，杨森部白驹、郭汝栋两师由自流井出发向嘉定进攻，令何金鳌由新津向嘉定夹击。嘉定驻军陈洪范师节节败退，所部蓝文彬、胡巨元叛投，余部退走沐川，嘉定被杨森部占领。7月1日，刘湘、袁祖铭率联军向杨森部发动反攻，首战隆昌、荣昌，大败杨军。杨军向眉山、青神、嘉定败退。9月1日，杨森败走犍为，前敌总司令黄毓成残部7000多人被围困嘉定城内，到9月11日粮尽援绝，缴械投降，黄毓成潜身逃脱。

三、老君台、岷江之战

1932年12月初，刘湘进驻自贡督师向刘文辉进攻，刘文辉坐镇眉山迎战。双方先后在井研三江镇、五龙场（今宝五镇）、马踏井（今马踏镇）和荣县笋子山激战，尤以老君台之战最为激烈。此战双方共投入兵力2万余人，两方均损失惨重。加之刘文辉部陈鸣谦旅倒戈，遂停战议和。1933年7月2日，刘湘邀集田颂尧、刘存厚、杨森、李家钰、罗泽洲等组成"联军"，分路向刘文辉部发起进攻。刘文辉陷入两面作战，全线溃败，遂通电辞去四川省主席之职，退守雅安。岷江之战结束。

第四节 抗日救亡

一、日机轰炸乐山

抗日战争时期，日本法西斯对乐山城及周边地区进行了4次惨无人道的大轰炸，给乐山人民留下极大的战争创伤。

1939年8月19日上午，日本空军由木更津大队35架飞机组成机群飞向内地。11时30分，乐山城防空指挥部接到情报："敌机飞至南川、綦江，有向川南飞行的趋势。"12时20分，再次接到情报"敌机到达富顺"，迅即发出紧急警报。全城惊惶，慌乱疏散。4分钟后，1架侦察机飞临城区上空，盘旋一周后离去。紧接着，日本轰炸机以3架为1组，3组1队，飞临乐山城区上空。一队从较场坝往西，一队沿岷江街道往北，挨次轰炸，俯冲扫射，投掷炸弹100余枚，燃烧弹数万枚。期间，一敌机窜至沙嘴乡拱背桥（今苏稽辖区）投弹2枚。12时30分，轰炸机群离去。

不到10分钟的轰炸，乐山城土桥街、东大街、玉堂街、箱箱街、顺城街、学道街、鼓楼街、中河街、盐市街、庙儿拐街等12条街全毁，半毁街道3条，毁房3500余幢，占当时全城面积的三分之一，大

1939年日机轰炸后的乐山城一片废墟

火持续到次日晨。据民国四川省防空司令部档案记载：乐山"8·19"空

袭后，人员伤亡1218人，其中伤380人，死838人。官方对常住人口清查进行抚恤时的数据显示，被炸2050户，其中2000户家中有人员伤亡，49户全家死亡。

大轰炸让乐山城元气丧尽、百业萧条。据当年乐山县商会呈省政府主席的信件称，"商场损失约计一千万元以上"。上万人无家可归，很多工厂荡然无存，更多的陷于停闭，如嘉乐纸厂、嘉裕碱厂、嘉裕电器公司等被迫停产。

1940年和1941年，日机对重庆、成都、宜宾、乐山等地的轰炸更加频繁残酷。1940年8月28日，日本飞机7架，经眉山、夹江飞临乐山城区上空，向白塔街、陕西街、河街、任家坝及苏稽等地投炸弹24枚、燃烧弹12枚、触发弹14枚，毁房60余间，损坏40余间，亡11人，伤30人。1941年8月29日，日本飞机7架，飞临苏稽上空，向新桥及附近地区投弹60余枚，俯冲扫射，当日苏稽正逢赶场，当场炸死129人，伤者无数。1944年11月21日，敌机向夹江县境内投弹12枚。

为应对空袭,1938年在福泉门码头建岷江浮桥1座,供空袭时疏散用。1940年3月1日，成立乐山防空指挥部，驻金花巷。1941年成立县空袭救护队，隶属省卫生实验处。2002年9月9日，抗日战争空难纪念广场在乐山城区高北门公园落成。每年8月19

"8·19"大轰炸纪念碑

日，全城警笛长鸣，牢记历史，不忘国耻。

二、民众抗日贡献

参军抗战 在全面抗日战争中，乐山人民和全国人民一样，在人力、物力和财力方面都作出了巨大贡献。

1943年《嘉峨师管区辖县配赋表》显示，当时乐山县（含今市中区、沙湾区）每年征兵额为3372人，犍为县（含今五通桥区）每年征兵额为3960人，峨眉县、夹江县每年的征兵额各1000多人，加上其他区县数据，乐山一年派出的兵员上万人。另据资料显示，1938—1945年间，乐山县共征兵28033人。1942年，乐山县应配壮丁4200名，全年实征6049名，超额1849名。1945年7月，领有军属优待证的有2.3万余户，其中城区884户。1942—1944年，乐山部分兵员参加抗日远征军，在缅甸等地对日作战。

1938年，乐山县人王陵基担任第30集团军总司令，率军入江西抗日，在南浔会战中，击毙敌师团长，俘虏不少敌军。后又参加长沙会战。1940年，升任第九战区副司令长官兼第30

犍为抗日战争阵亡将士纪念碑

集团军总司令和湘鄂赣边区总司令。1943年11月18日至12月8日，时任国民政府军事委员会副委员长冯玉祥到乐山募集资金，乐山各界民众响应号召，慷慨出钱。据有关资料显示，乐山城捐资304万元，犍乐盐场290万元，夹江县33万元，共计627万元（法币）。

为纪念和缅怀抗日阵亡将士，1938年5月，犍为建立抗日战争阵亡将士纪念碑；1944年8月，犍为建立忠烈祠，悼念祭祀阵亡将士。2015年6月，犍为县重建抗日战争阵亡将士纪念碑。

安置难民 抗日战争时期，乐山和四川其他地区一样，承担接纳安置内迁的政府机关、工矿企业、高等学校、社会文化团体以及难民的重任，成为抗日战争大后方的中心之一。1937年后，随着大量学校和机关相继迁入和难民的涌入，乐山人口迅速增加，据记载，1944年，乐山地区人口40余万，加上迁入者，实有50万人以上。1938年3月，中国战时儿童保育会正式成立，随后在各战区和大后方相继成立20多个战时儿童保育会分会，设立收养难童的保育院。四川儿童保育院乐山分院先后收容多批难童，并按计划分送至各地。1938年10月6日成都《时事新刊》报道："乐山难童保育院收容难童约百余……至十月一日又有难童五百余名由重庆抵乐山。内中多河南安徽籍，小者五六岁，大者十四五岁，生疮者甚多。此批难童处置办法，将以二百名留县城内，一百名送五通桥，其余二百名送成都。"

修建乐西公路 为打通四川通往缅甸国际公路最直接的通道，接受海外援华物资，同时作为退守西昌的生命通道，1939年1月，国民政府决定修建乐西公路。同年8月，在乐山成立乐西公路工程处，隶属交通部公路管理处，委派交通部公路总管理处处长赵祖康为工程处处长，兼任施工总队长，一边勘察一边施工。西昌段于8月15开工，乐山段于10月5日开工。

1940年1月，乐西公路中段还在复测时，蒋介石下达赶工手谕："乐西公路务于本年12月完成，否则照军事违命误期论罪。"仅过两个多月，蒋介石再次下达赶工手谕："乐西公路务于本年6月底以前完成。其筑路进度须于每星期详报一次，所筑各路之工作，应以此路为中心，其他公路不妨暂缓。"

乐西公路是当时国内最艰巨的公路工程，全线海拔高差达2400米，公路桥涵1300座。建设期间，从四川乐山、夹江、峨眉、犍为等19县和西康汉源、荥经、雅安等17县，共征调川康地区彝汉群众24万人。由于缺粮、劳累、疾病、冻伤等原因，伤亡人数多达2万人，死亡4000余人，平均每公里死亡8人，被称为"血肉筑成"。

乐西公路建设辗压路面实况

1941年2月，乐西公路建成通车。乐西公路起自乐山县，经峨眉、龙池、新场、金口河，越蓑衣岭，至岩窝沟，入西康省，行抵汉源，沿大渡河至石棉，南行经冕宁、泸沽等，止于西昌，全程525公里。赵祖康亲笔题写"褴褛开疆"纪念碑并撰文："蓑衣岭乃川康来往要冲，海拔2800余米，为乐西公路之所必经，雨雾迷漫，岩石陡峻，施工至为不易。本年秋祖康奉命来此督工，限期迫促，乃调集本处第一大队石工，并力以赴，其月之间，开凿工竣，蚕虫鸟道，顿成康庄。员工任事辛苦，未可听其湮没，爱为题词勒石，以资纪念。"

2020年,乐西抗日战争公路纪念馆在峨边彝族自治县沙坪镇建成开放。

三、工业企业内迁

抗日战争全面爆发后,沿海沿江的城市相继沦陷,部分工厂、企业、设备和技术人员,从沦陷前紧急内迁,历时3年多。1938年,国民政府财政部的盐务总局由重庆迁至五通桥,主要办公地点设在中山堂内。此间,五通桥实际上成为全国盐务的中心,向全国盐务机构发号施令。该局1941年迁回重庆。

据经济部工矿调整处统计,到1940年6月,沿海沿江迁入四川的民营厂矿,共为245家,物资达9万余吨。工厂内迁后,在四川形成5个工业区。其中,在沱江及岷江流域的泸县、内江、五通桥、乐山、自流井等地建立发电、酒精、制盐、制酸、制碱、造纸、炼油、炼焦等工业。内迁到乐山地区的工厂先后近20家。其中分布在城区、犍为、五通桥的主要有空军保险伞厂、嘉阳煤矿、永利化学工业公司、上海美亚绸厂等。

空军保险伞厂 又称保险伞制造所或普益经纬公司。1937年,国民政府于湖南长沙建立保险伞厂,主要原料丝绸出自乐山。1938年内迁乐山,厂址设在城区半边街护国寺。抗日战争胜利后,东迁杭州刀茅巷,1949年杭州解放前夕,迁至台湾。

嘉阳煤矿 1938年,四大国有大型煤矿之一的河南焦作中福煤矿内迁川南腹地,组建成立中英合资嘉阳煤矿。其原名嘉阳煤矿股份有限公司,因煤矿地处嘉定府(乐山市)之阳(南)而得名。1946年与全济煤矿公司、天府矿业公司合并,改称天府煤矿股份有限公司嘉阳煤矿。嘉阳煤矿年产煤10万吨,销往宜宾、泸县(今泸州市)、重庆等地。

永利化学工业公司 1939年,范旭东创办的永利化学工业公司从天津塘沽迁到五通桥老龙坝(今东风电机有限公司地址),称为永利川厂。由侯德榜担任厂长兼总工程师,设有碱厂、硫酸厂、油厂、石灰厂,人数最多时达800余人。1941年,侯德榜试制成功将氨碱法和合成氨法两种联合起来,同时生产纯碱和氯化铵两种产品,大幅降低制碱成本。新工艺命名为侯氏制碱法。1943年,中国化学学会第11届年会,获"中国工程学会第一届化工贡献最大者奖"。新中国成立后称为联合制碱法,1953年,被授予新中国第一号发明专利,在全国推广。1953

永利川厂"新塘沽"碑

年,该公司迁回天津塘沽。2019年,永利川厂旧址被列入四川省第九批省级文物保护单位和中国工业遗产保护名录。

上海美亚绸厂 1941年,迁到五通桥桥沟设置分厂,并在乐山城牛呴桥建炼染厂。绸厂有电动织绸机100多台、职工200余人,主要生产福西绉、锦化绉、龙凤大花被面等30多种不同规格的产品,畅销南洋、英国等市场。1945年迁往南充,1954年由美亚丝绸厂、西南蚕业公司、重庆华源丝绸厂及南充丝织厂合并为四川省南充绸厂。

另外,迁至五通桥的还有中国铅字印模制造厂,厂址在三块碑(今竹根镇),有技工几十人。1929年,为抵制日本酱油在中国倾销,范旭东在南京创办全华酱油公司,产品成为畅销南北的名牌产品,远销南洋群岛。1937年,南京被日寇占领,全华公司内迁乐山城区。内迁工厂企业使乐山经济发生显著变化,大大促进乐山工业近代化。

四、高校和科研机构内迁

抗日战争爆发后,为救亡图存,保存国家科技、文化实力,许多高等学校、科研机构内迁西南地区。其中迁入乐山的有武汉大学、江苏省立蚕丝专科学校、黄海化学工业研究社等,省内高校四川大学南迁峨眉。

武汉大学 1938年4月,武汉大学内迁乐山。初迁乐山时,有学员600余人,1943年师生达3000余人。全校共分4个学院15个系。初有教授104人,迁返武汉前夕达198人。学校校本部、文学院、法学院、图书馆设在文庙,理学院设在李公祠和斑竹湾北斗山,工学院附属电机厂、机械厂设在先农坛(今赛公桥街),印刷厂设在高标山三清宫,附属中学高中部设在九龙巷,初中部设在铜河埫王爷庙。教职工宿舍多租城内或郊区私人住宅,学生宿舍布局分散,男生宿舍分布在月咡塘、龙神祠、叮咚街、露济寺、洙泗塘、斑竹湾等处,女生宿舍在白塔街。

国立武汉大学嘉定分部

科学研究方面,成立4个研究所,下设11个学部。学校利用实习工厂和仪器设备,为当地单位制造机器用具,为地方工厂提供技术咨询。

学生运动热情高涨,其中以"抗日战争问题研究社"和"岷江读书社"影响最大。进步师生通过壁报、歌咏队、演出、研讨会等形式,进行爱国抗日宣传。武汉大学在乐山兴办中小学各一所。武大附中以教学水平高著称,迁返时更名为乐嘉中学,后为乐山四中。1946年6月,武汉大学迁回原地。

江苏省立蚕丝专科学校　1939年5月,江苏省立蚕丝专科学校内迁至乐山柏杨坝,购地200亩建校舍。1940年开始在四川省内招生,学制三年。所招收学生多来自川北、川南,尤其以南充蚕丝职业学校毕业生为多。学生每年制作"嘉阳牌"改良蚕种4万~5万张,畅销川省,颇受蚕农欢迎。1945年,该校迁回江苏太湖。

黄海化学工业研究社　是中国第一家化工科研机构,由范旭东出资开办,著名化工先驱孙学悟主持。1939年,从天津迁入五通桥,从事西南资源的调查、分析与研究。在菌学方面,先后开展糖蜜、饴糖、茶叶、白菜和豆腐等发酵制柠檬酸、丙酮、丁醇、砖茶、泡菜、豆腐乳等研究。在无机应用化学方面,着重研究当地井盐的开采利用,改进落后的牛车吸卤,首创电力吸卤、条架晒卤、塔炉蒸发等新工艺,大大提高井盐产量,推动乐山发电、冶金、机械制造等相关产业发展,川南、亚西、建南等铁工厂、机械厂相继应运而生。抗日战争胜利后,除留一部分人在五通桥设立分社外,其余人员转到上海、南京,后又转至北京。1950年,五通桥分社迁至北京。

四川大学　1939年6月,从成都迁往峨眉办学。在伏虎寺设有校本部、文学院和法学院,报国寺及其附近的庙宇如善觉寺、雷音寺等作为教职工宿舍,伏虎寺大殿东西两边的楼房作为学生宿舍,罗汉堂为女生院。

理学院设在保宁寺和万行庄,新生院设在鞠漕将军府。9月21日,四川大学正式开课,在峨眉办学四年,促进峨眉抗日民主运动和教育事业发展。1940年春,为解决本校教职员工子弟和峨眉当地失学儿童的读书需求,教育系在报国寺、伏虎寺住持的支持下创办报国小学,并作为教育系学生的实习基地。1943年2月,四川大学迁回成都望江校区。

五、故宫文物南迁

1937年,北平故宫博物院和中央博物院为保证文物安全,分三路西迁川黔。在重庆南岸海棠溪设故宫重庆办事处,将文物分散保存设贵州安顺和四川乐山、峨眉等处。

北路文物经西安、宝鸡、汉中等地,于1939年7月到达峨眉。7000多箱文物先后分别存放在峨眉城东大佛寺(今银杏苑小区)、城西武庙(今峨眉一中内)、土主祠和许祠堂。办事处初设在大佛寺,后移武庙内,警卫部队一个连。

20世纪70年代的峨眉城西武庙

中路文物经汉口、宜昌、重庆、宜宾等地,1939年7月10日到9月18日,9361箱文物经水路分27批运抵当时的乐山县杜家场、犍为县杨花渡、冠英场码头,卸载转运至安谷乡的顺河场、张门口、王乐渡,分别安置在宋祠、赵祠、易祠、三氏祠、古佛寺、陈祠和梁祠等7个库中。在安谷宋祠堂设立乐山办事处,主任欧阳道达,各库都配有随迁职

竹筏载运故宫文物卡车过江

员和工友。乐山县负责外围治安并提供文物保护工人。办事处聘请安谷乡乡长刘钊为文物管理的顾问，协助做好文物所在地安谷各库安全保卫、文物管理工作。

1946年，存放在安谷、峨眉的故宫文物完整地运往重庆南岸向家坡，1947年，运往南京故宫。临行前，故宫博物院乐山、峨眉办事处分别致函乐山、峨眉县政府致谢，并将国民政府颁赠的"功侔鲁壁"巨匾，分别交送峨眉武庙、土主庙、许祠和安谷7个祠堂，以褒奖乐山人民文物保护之功。

第五节　中共地方组织和武装斗争

一、中共乐山地方组织创立和早期发展

1927年8月，中共成都特别支部派钟善辅到五通桥领导工人运动。1928年5月，乐山境内第一个中共支部——五通桥特别支部成立，钟善辅任书记，特支由省委直接领导。1929年4月建立中共嘉定（乐山）特别支部，隶属中共四川临时省委领导，青良翰任书记。当年冬改建为中共嘉定县委。

1933年5月,在牛华后山,中共四川省委巡视员邹风平主持成立中共嘉定中心县委,书记张郂,领导嘉定、峨眉、犍为、五通桥、井研、沐川、眉山、青神等县党组织。1934年秋至1935年夏,乐山地方党组织多次遭到国民党乐山地方当局和军阀的镇压而被破坏。

1938年6月,中共四川省委工作委员会派侯方岳到乐山重新建党。8月成立中共嘉属工委,侯方岳任书记。12月,改为乐山中心县委,直至1947年。其间先后领导乐山、五通桥、夹江、峨眉、犍为、马边、眉山、彭山、洪雅、青神等地和内迁的武汉大学(乐山)、四川大学(峨眉)等处党组织。

1947年12月,中共川康特委决定,建立中共雅乐工委,陈俊卿任书记。1949年1月中共雅乐工委结束。

二、西山农民武装暴动

为策应中央红军入川,根据省委指示,1934年12月13日晚,中共青神县委书记许本达在青神县土主乡(今夹江县新场镇)程家祠堂,主持召开农民武装暴动动员大会,西山一带(梧凤、土主、桂花、新场等地)农民群众约300人参加大会,军事委员邱骏代表县委作动员报告。

12月14日上午,县委在土主乡王绍清家召开骨干会议,许本达、刘怀彬、段兆麟、邱骏、毛慈影等人参加会议,决定趁梧凤乡副乡长、团正罗明山建房宴宾的机会,抓几个赴宴的团正、乡长和冬防队长。当天晚上,西山农民武装暴动队伍300余人,活捉罗明山,杀死甲长朱银山、地痞何金海、冬防队长杨树高。罗明山在被押往梧凤场途中企图逃跑,被就地处决。暴动队伍攻占梧凤场、土主场、新场,捣毁乡公所。

15日拂晓，各路反动军警约500人聚集新场，暴动队伍转移不及，被敌人包围。突围中，许本达、段兆麟、王绍东、王福延、丁云海、王中品、王玉凡7人牺牲，方友生身负重伤被杀。宋甫成、罗绍成等25人被俘，邱骏、毛慈影、赵汉生等英勇就义。参加西山暴动的革命者先后有18名被杀害。

三、峨眉武装起义

1935年1月，川军24军中校参谋、共产党员何克希与和允恭、唐杰等联合30余名官兵，在峨眉县城举行武装起义，计划占领县城，创建雷马屏峨武装割据红色区域。27日，由于起义计划暴露，致使起义提前于午后1时打响。当时，城外参加起义人员尚未赶到，城内起义人员只好边打边撤。部分起义人员撤到青龙一带时，遭到敌21军刘绍斋团的围剿。唐杰行至峨边被出卖遭捕。唐杰、杨楷、唐凯等被捕人员被杀害于峨眉城北门外柴市坝。另有100多名起义人员撤退至金口河金吉山，后发展到几百人，于当年秋，由何克希率领大部队转移到洪雅至雅安一带开展游击活动。少数人员加入红军，参加了长征。

四、沐川农民武装暴动

1935年2月和5月，中共嘉定中心县委原兵运会委员赵启民和秘书段玉章及舟坝党支部书记胡立本等人，在沐川县凤村乡（今利店镇）天宝山和高笋乡先后组织发动农民举行武装暴动。

2月23日，凤村乡西甲天宝山甲长与利店区区丁催交捐款，农民无力缴纳。胡立本等人号召大家抗捐抗税，群情激愤，捆绑催款区丁，借机打出"川南工农红军游击队第四路纵队第五小队"的旗号，宣布武装暴动。由于看守不严，一名被捆绑的区丁逃跑到凤村乡公所报告情况。乡长肖华春、利店区团长肖善之命精选中队连夜出击。暴动队伍边还击、边撤退，分散于山野草丛之中，后区丁搜山，胡立本、张兆廷、袁公和被捕。3月26日，土匪赵娿山火烧沐川，开监放出全部在押人员。

2—3月下旬，赵启民等在高笋乡发动群众，组织建立农协会小组20多个。4月中旬，成立"川南工农革命委员会"（张玉清任主席）、"四川第四路红军游击队革命军事委员会"（赵启民任主席），继续发动农民抵制捐款。5月10日，在赵启民的组织下，高笋乡举行农民武装暴动。暴动队伍100多人分两路，攻占乡公所，救出农会小组长刘世友，活捉老地主李俊山。黄丹区团长杨九光率领区团队前往镇压，暴动队伍边打边突围，撤入深山密林，暴动失败。

五、川西南军区游击队

1949年2月，共产党员陈文治、袁恕之等从乐山转移到沐川舟坝，与当地共产党员胡立恕等取得联系，秘密开展革命活动。7月，四川大学党组织派共产党员华文江等和民主青年协会的一些学生转移乐山、犍为、沐川一带开展隐蔽斗争，后与陈文治等取得联系，共商建立武装、迎接解放事宜。

11月，华文江、陈文治、王孟凡等在沐川舟坝组建"川西南军区游击队"，司令员王传猷，政治委员陈文治，副司令兼参谋长王孟凡，政治部主任华文江。下设马边、舟坝、岷江三个纵队和荣丁、利店、干剑三个独立支队，游击队员1500人左右。12月12日，王传猷从舟坝回到马边，组建马边纵队，召集各界人士商讨和平解放事宜，成立马边县临时人民政府，并于16日在体育场召开大会，宣布马边县和平解放。12月14日，一举摧毁国民党四川屯垦局第四垦分局，缴获一批枪支弹药。随后，在凤村通往荣丁的铜槽子隘口，俘获赖成梁少将及以下官兵约50人，配合人民解放军堵截宋希濂及其他国民党军溃逃残部，在猴子坡、铜街子、川桥、泉水、洋溪等地进行阻击，先后迫使约400名官兵缴械投降。

第七章　近代经济发展

清末,以机器大生产为代表的近代工业缓慢发展。随着抗战时期工业企业内迁,乐山形成以丝绸业、化学和电力工业、造纸和印刷业、煤炭和冶铁业、食品加工业为代表的近代工业雏形。水路运输发达,公路建设加快,城市范围拓展,乐山成为四川商品贸易重要集散地。

第一节　近代工业兴起

一、丝绸业

缫丝业在四川工业中占有重要地位。成都、嘉定、顺庆、重庆缫丝工艺水平较高。同治七年(1868),张世兴在鼓楼街创办绸厂,采用机器制绸,职工300多人,年产花素大绸1200匹(合1000米)。光绪三十三年(1907),又开办有乐山荣记丝厂。1913年,四川缫丝业机械化生产的先驱陈宛溪与犍为汪尧根等人,在演武街竹公溪旁创办嘉祥丝厂,机械缫丝,专制细丝,有铁机120部,工人200多名,注册商标是双鹿牌。1917年由陈宛溪独资经营,改名为华新丝厂,并投资白银

10 余万两扩建工厂，每年可出生丝 500 担。1927 年扩建工厂 15 亩，增加工人 800 人。这一时期，乐山城区开办大小缫丝厂 30 多家。

民国时期，乐山丝织业与成都、南充并驾齐驱为四川三大丝织中心之一。成都以产锦为主，乐山以产绸为主。乐山绸厂多集中在乐山城区和近郊的苏稽、通江两镇，机户遍布农村。民国《乐山县志》记载，在城区河街和苏稽镇设有丝市和绸市。《乐山工业志》记载，1934 年，乐山县怀苏乡（今苏稽镇）5202 家农户中，兼以织绸生产的达 3 千余户，几乎家家有织机，户户出大绸，年产约 10 万匹左右。1941 年，上海美亚绸厂内迁至五通桥桥沟，并在城区牛咡桥建练染厂，有电织绸机 17 台，员工 200 余人，是乐山当时最大最先进的织绸厂，主产福西绉、锦华绉、花广绫、素广绫、华丝纱、龙凤被等 30 种，远销南洋、英国等地。

二、化学与电力工业

乐山化学工业，以生产火柴、肥皂、工业碱等产品为主。

1913 年，商家集股开办协义火柴厂，生产黄磷火柴，厂址在泌水院炎帝庙内。1919 年改名益新火柴厂，1943 年改名华记益新火柴厂，生产硫化磷火柴，1945 年改名为同记益新火柴厂。1946 年下半年，宜宾洪泰厂和犍为梗片厂迁至乐山，并入同记益新火柴厂，日产火柴 3 箱左右，主要销往雅安、康定、凉山等地。1913 年，犍为清溪镇裕济火柴厂开办，有职工 300 余人。1925 年，乐山人吴鹿平在重庆莲花山弹子石创办诚信火柴厂，生产福星牌火柴。1943 年迁回乐山，有工人 120 人，日产火柴 2 箱多。1931 年，陈少同在城郊青衣坝创办华丰火柴厂，生产罗汉牌黄磷火柴，日产近 2 箱。1936 年，黄楚藩、苏文光在城效塘衣坝开设友信火柴厂，生产民生牌黄磷火柴。

民国时期，有乐山肥皂厂和"北冰洋""永明""嘉阳""民本""新兴""华兴"等多家肥皂生产厂商。1923 年，吴鹿平在重庆南岸龙门浩开办"乐山大华胰皂厂"，生产"皂之王"牌肥皂，1938 年，在泌水院开办分厂。1935 年，高集梧在东大街易家巷开办裕利肥皂厂，日产裕利牌、亚川牌含水皂 10 箱（每箱 1000 块）。1940 年，五通桥人彭栋梁在草堂寺内开办乐明家庭工业社，先后生产桃花江牌、经济牌、保伞牌含水皂和加力克牌排水皂，月产肥皂 250 箱。

1921 年，卜继川于嘉乐门外开办乐山嘉裕碱厂，每年出产纯碱 1.6 万～1.7 万桶，产品主要作造纸用，畅销夹江、峨眉、洪雅等县。1939 年，吴鹿平将原设于重庆龙门浩的和济胶厂迁至城东马鞍山，日产量 300 公斤左右。

电力工业开始兴起。1928 年，乐山嘉裕实业股份有限公司设电灯公司，供本厂和城区部分用户照明用电，是乐山第一家电灯公司。1934 年，该公司从上海购回 200 千瓦、50 千瓦发电设备各一套，最初供城区照明用电和大业公司、嘉乐造纸厂、保险伞厂及嘉裕公司部分动力设备用电，后将供电范围发展到牛华镇。1939 年，日机轰炸乐山，城区大部供电杆线被毁坏。1940 年，嘉裕公司将一半机组迁到杜家场，1946 年迁回城内。1938 年 11 月，国民政府经济部资源委员会派蔡昌华设立五通桥火电厂，1939 年改为岷江电厂。发电量和供电线路逐年增加，输电网北至乐山，南至犍为、清水溪，西至西坝，总长 96.09 公里。

三、造纸与印刷业

传统手工造纸　1936年，夹江县有纸槽户1958家，纸槽2973架，年产纸6000吨，尤其以龙段草为主要原料的书画纸为佳，誉称"金斧雅纸"。纸槽户中以马村乡石堰村生产贡川纸的石子清最为著名，年产贡川纸高达160挑，连四纸3000多刀，年产值过万元。兴盛时有13架槽同时生产，远销成都、重庆、贵阳、西安、昆明等地，得到许

夹江马村乡石堰村大千纸坊旧址

多书画大师的青睐。1920年，参加四川省劝业会评比，石子清的贡川纸荣获头等奖，省长杨庶堪题赠"保我富源"匾额。1939年，张大千两次到夹江，同纸农一起改进帘纹和配方，制成有云纹暗花和有"蜀箕""大风堂"字样的独特帘纹高级书画用纸，驰名省内外。据统计，抗日战争时期，夹江手工纸最高年产量达到9000多吨。

犍为罗城、清溪、孝姑等地农民，以竹子为原料开办个体火纸作坊，产品主要供卫生和祭祀用。

机器造纸　1925年，李劼人等人集资5万元，在乐山城区徐家塝开办嘉乐纸厂，是四川第一家机制纸厂，总经理是县商会会长施步阶。开办初期，有工人70余人，日产本色"嘉乐纸"120—130公斤，产品行销省内外。1941年与设在重庆的四川造纸厂合并，日产量提高至1.5吨。

1943年，纸厂由国民政府经济部日用必需品管理处列为统制物资，所产纸张主要用于印刷教科书，西南各省中小学教科书用纸的三分之二是"嘉乐纸"。

印刷业 1910年，在土桥街开办的泰源堂，主要刻版印刷蒙学读物、皇历、川戏剧本。1914年，在紫云街开办的兴记书房，印刷经书、蒙学读物等。1932年，在土桥街开办的川南建设日报社建模印书馆，承印《川南建设日报》《快邮代电》《抗敌要闻》等报刊，以及名片、信封、信笺、商号本票等，是乐山第一家铅印厂。1933年，开办于学道街的三五书店，1939年迁府街，承印各种报纸、一般印刷品。此外，抗日战争期间还有武汉大学印刷厂、任家坝大业印刷公司（专印钞票）等。当时，印刷馆社规模均不大，少则几人，多则十几人。除建模印书馆和三五书店印刷厂采用铅印技术外，其他多为石印和木刻活字传统工艺。据统计，1937—1945年，乐山城内共开办印刷厂（局、社、馆）21家，有工人335人。1949年乐山解放时尚存有15家。

清末民初，犍为县内有木刻印刷多家，从事信封、信笺、簿记等的简单印刷。1932年，犍为县政府兴办的兼益工厂有石印机两部，1937年移交县财委会和商会接办，更名民生工厂。1933年，卢正川在南街开设全美印刷局，有石印机一部。抗日战争中，周顺全在北街开设裕民印刷社，有圆盘印刷机1台。1949年，全县共有印刷厂7家，石印机9台，圆盘印刷机1台。

四、食品加工业

粮食加工 1927年，开办的乐山县麦利面粉厂，专业生产挂面，月产 2.4 万斤，是乐山第一家机制面粉加工厂。其后犍为、井研等地相继出现挂面加工厂。机制米加工始于抗日战争时期。1941 年，乐山县人王植槐在城区演武街建立农秋米厂，上海人王乐康在犍为竹根滩建立瑞丰机制米厂。至 1949 年，城区先后开办的米厂有：璵珉街璵珉米厂，里仁街民康米厂，演武街和记米厂、民生米厂、友德米厂，玉堂街蜀丰米厂，较场坝仁乐米厂等。其中，产能最多的是璵珉米厂，年加工大米 1180 吨。同期，犍为县先后在竹根滩、金粟、清溪、中城（今玉津）等地，建有大兴、重康等机制米厂 22 家，1949 年全年加工大米 14035 吨。这些厂全系合股经营，每家有职工 8～10 人。

酿造业 清末民初，乐山酿造调味品生产为手工作坊。清咸丰十一年（1861），青神县人邹三和，以"邹三和"立号，在夹江县城开店生产经营豆腐乳。1926 年，所产豆腐乳参加成都二月花会评赛，被列为四川土特产品。到 1949 年，年投黄豆量 4.5 吨。1925 年，乐山城内较大的作坊有加禾、周洪顺、美玉温、福荣、大江园等。1938 年，南京全华酱油厂内迁，为乐山调味品工业之始。1949 年，乐山仅存全华酱油厂、老同兴酱园、美玉温酱园、鼎兴酱园。犍为县，清代有"四泉号"酱园，民国时期有"有余香""万亿号"酱园。峨眉有新光酱园厂。各地酿造酒业为手工作坊生产。其中，犍为酿酒极盛时有酒厂 76 家，其中县城 30 余家，其余分布在清溪、孝姑等地，以"堆花烧酒"最为有名。1949 年全县仅存 40 家，处于半停业状态。

制糖业 清康熙五十五年（1716），福建汀州商人曾达一引制糖技术入川，并带制糖工具，先在内江开设糖坊，再转到犍为县开设糖坊。随着甘蔗种植发展，夹江等县均开设有制糖作坊，采用牛拉石滚或木压汁，开口锅直接用火蒸发熬制成糖。清末,乐山境内制糖作坊发展到400多家。抗日战争时期,犍为县有石滚糖房70余家,最高年产红糖1560吨。犍为红糖质地优良,行销雅安、乐山等地。1949年,乐山境内仅存作坊44家,年产红糖1116吨。

制盐业 咸丰至同治时期,犍乐盐场有井1195眼,每月产量400引左右。民国时期,川南盐区有富荣、犍为、乐山、云阳、大宁等13场。其中富荣盐场为首,其次是犍为盐场,再次是乐山盐场。1914年,犍乐盐场产盐2万多吨,1938年3万多吨,1942年5万多吨,1949年4.94万吨。盐业仍是乐山的大宗产业。

钻井技术仍采用宋代卓筒井技术,制盐方面,民初沿袭明清用铁锅煮盐,1937年犍乐盐场开始用平锅制盐,1940年出现镶锅制盐。采卤上,逐渐应用蒸气和电力设备,1924年盐场使用蒸气绞车,1930年使用电力汲卤,1938年使用抽卤机。1944年犍为场使用电力汲卤的有28眼,乐山场有138眼。浓缩卤水上,普遍采用建设枝条架技术。所谓枝条架,就是用杉木搭个几十米高的大架子,架上铺着纫竹技,层层叠叠,卤水引上架顶,喷洒下来,落在层层的竹枝上,慢慢滴落到

犍为场枝条架

地面池子里,稀卤经几个架子喷洒蒸发就成浓卤。犍为场建有枝条架3座,

乐山场46座。

除犍为盐场外,乐山盐场分布较广,分为六大区,即上乐区、下乐区、后乐区、溪犍区、河西区、河东区。1946年,私营盐灶有永泰、天锡、顺澄、荣祥、益盛兴等68灶,194眼井,月产盐41450担。

抗日战争期间,由于海盐产地沦陷,四川人口增加,实行盐业专卖政策,乐山盐业发展较快。1937年,牛华溪有灶商35家,资本最大为4.2万元,最小为5000元,总额达53.5万元。战后改为自由贸易,各盐厂竞争激烈,加之物价飞涨、货币贬值,境内盐灶大部分关闭。

五、矿冶业

煤矿 清光绪元年(1875),犍为县葛沟煤矿工人达200多人,生产已具一定规模。光绪二十八年(1902),犍为商人萧太隆在石麟开办萧太煤厂,掘成斜井,还未投产萧太隆病亡,煤厂暂停。宣统三年(1911),其子萧凤来采用股份制继续开办,更名萧凤来煤矿,建坑窑近10个,职工300余人,年产煤3.5万吨。

清末民初,四川通省矿务总公司进入犍为石麟、夹江华头开煤井,开始采用钢钎打眼,黑火药放炮新技术,形成近万吨规模。

1938年,五通桥人张仲铭变卖土地,在金粟印盒山开办吉祥煤矿,当年底投产。同年,永利川厂开办棉花沟煤井,采用电力绞车提升。1939年,国民政府资源委员会开办嘉阳煤矿。1943年,犍为县有大小煤矿34家,矿工5000余人,年产量达14万吨,产量、质量均居川南之冠。

1936年,四川省地质调查所矿产专报统计,乐山年产煤炭25万吨。1937年,经国民政府经济部批准,设立犍乐国营矿区,当年乐山全区共有矿井55个。1940年，全区产煤58万吨。1941年，全区有煤矿91家。1949年为90家，但多数厂家因经济不景气而停产，全区产煤降为29.78万吨。

铁矿　同治元年（1862），峨眉龙池农民在当地开采一些鸡窝铁矿点，万富隆设点收购，在黑桃坝炼铁。后来，万兴武开办矿山，成为万氏宗祠的祠产。1937年，工程师张华与同事游那焘在进行大渡河、马边河勘测中，发现万矿山铁矿石属自熔性矿，品位高，宜于炼铁。1939年，在峨眉龙池成立强华矿业股份有限公司，初期以收购农民采集的矿石为主，1940年，开发万矿山铁矿，用斜井槽和明山两种方式开采，年产矿石1200吨左右。民国时期，犍为罗城、清溪均办有铁厂，著名的有强华铁厂、永丰铁厂、鼎丰和铁厂等。1949年，乐山全区产铁矿石4050吨。

六、其他制造业

铁锅制造　光绪三十三年（1907），创办长记锅厂，城内始有铁锅制造业。长记锅厂主要制造工业煮盐锅和民用铁锅。宣统二年（1910），雇工达60余人，年产铁锅500余口。技术水平可铸造号称"双八百"的巨型铁锅。生活用铁锅远销云贵康藏各地。

机械制造　民国初期，乐山机械制造工业仅有小规模的翻砂及汽车、黄包车、自行车等零件修配，生产简单的梳棉机、轧棉机、机器面刀等。1940年，武汉大学的师生在府街创办公工铁工厂，主要生产切面机和为嘉乐纸厂、嘉华水泥厂加工一些零部件，制造部分煤业矿车等。1942年，分出部分技术骨干，兴建新记亚西机器厂。1947年，该厂制造碎石机，开始冶金单台设备生产。

皮革制造　1936年,乐山有资本2000元以上的皮革厂3家。1940年秋,国立中央技艺专科学校在任家坝建立制革实验工厂,年产皮革700多张。不久,又在大石桥建立永益化学制革厂,年产皮革700张。1949年,年产量增至1400张。

建材业　制瓷。1919年,张继之、陈树斋、张兴国等集股1000多大洋在辜李坝开办云华公司碗厂,年产瓷器3万多件。1938年冬,方大来、曾寿康等人在虎头山开办乐华碗厂,年产瓷器30万件,产品主要销往雅安、成都。1939年,吴德钊等人在辜李坝兴办雅华和加雅两个瓷器厂。1943年,赵子藩购买云华公司碗厂和乐华碗厂,取名清华瓷厂。

水泥。1942年,胡叔潜在乐山城郊马鞍山建成四川第二家水泥厂——嘉华水泥厂,生产"山牌"水泥,产品质量超过当时英国和美国的标准。

金刚砂。1946年,杨成垣在冠英场兴办乐山金刚砂厂,是全国最早的金刚砂专业生产厂家。在成功试产1000公斤后,1947年10月,乐山金刚砂厂迁至城区白塔街,正式经营金刚砂生产。1950年,改名为坚信厂,厂址迁往城西斑竹湾,生产钻石牌金刚砂。1952年,该厂上交乐山地区,复改名为金刚砂厂。

制药业　1939年夏,武汉大学医师邓雅风创办川康制药厂,生产西药酊水剂和外用药品。1943年,从茶末中成功提取咖啡因,年产咖啡因约10公斤。1949年,产值2万多元,职工40余人。

宋笔　相传宋代苏东坡、黄庭坚在嘉州游览时,曾用一种"妙笔换群鹅"之笔挥毫写诗作画。后人将此种笔称为宋笔。清光绪年间,城内以王永泰笔庄的传统工艺最有名。民国年间,清云阁、炳门堂、一言堂三家笔庄远近闻名。新中国成立后,青云阁笔庄改为乐山毛笔厂,生产一般毛笔。1980年后，不断推陈出新，产品远销世界各地。

第二节　交通与商贸

一、交通邮电

公路运输　民国初期，乐山对外交通仍沿袭古道路，宽度增加到5尺左右。民国《乐山县志》记载，由乐山城北10里横梁铺，经牟子、平羌、板桥、关子门等4铺，达青神、眉山、彭山、新津等县至成都360余里。由城东10里青泉铺，经普安、茅桥、磨池等铺，可通井研、荣县、内江等邑。从城南10里茶山铺，经乌木铺，可达犍为县城，至沐川、马边、屏山、雷波等县，距屏山360余里，为川边驿道。从城西10里双江铺，经苏稽、文山等铺通峨眉城驿道，逾峨眉县城向西南接建昌道，至建昌（西昌）720余里。从苏稽铺偏西南，经沙湾、范店或牟路口等处，通峨边、沐川、马边等少数民族地区。从城北10里北岩铺，通夹江驿道，逾夹江县城，西行通洪雅、丹棱驿道；北行可达成都。由城东南10里红岩关，经牛华入犍为县境。

四川公路建设正式起步于20世纪20年代。1922年，成立四川省道局，公布《四川省道条例》，规划6条省道干线，以成都为中心，通往巴县、万县、嘉定、康定、灌县、广元。1925年，由驻防眉州之24军师长夏首勋发起，召集眉山、夹江、乐山县代表议定修建成嘉马路事宜，成立成嘉马路局，筑路经费随粮附征。1926年初工程开工，1928年10月正式通车，总长 121 公里。1936 年，第五行政督察区专员兼乐山县长陈炳光组织进行大规模整修，改造成 6 米宽的碎石路面，取名成乐公路。

1931 年 10 月，渝（重庆）嘉（乐山）公路建成通车，全长 385 公里。

内（江）乐（山）公路逐段建成。1929 年秋，川军 24 军成立嘉（定）桥（五通桥）马路分局，修建嘉桥公路，1931 年初通车。1935 年，川康盐务管理局成立盐区公路管理处，负责修建自内江经自贡、荣县、井研、五通桥与嘉桥马路连通的盐区公路，1937 年竣工通车。1938 年，四川省公路局接管改造，加固路基，加宽路面，整修桥梁、涵洞，延长乐山城区篦子街至王浩儿 4 公里，内乐公路全线贯通。

除已有的成嘉路、渝嘉路、内乐路外，以乐山为出发地或结点的公路还有川滇中路、川滇西路（乐西路）等。乐山公路交通骨架，在民国时期基本形成。

四通八达的公路网改善了乐山陆路交通状况，为各方面的发展提供了基础条件。1928 年，成都民生公司在乐山设立办事处，次年，开始经营乐山到成都的长途运输。民营汽车开始发展，到 1937 年有汽车 28 辆。1949 年货运量 35.4 万吨。

1922 年，城内首次出现自行车。1925 年，出现第一批人力黄包车。1929 年，城内扩修街道后，有人开设"大有公司"，专门经营黄包车业务，有车 20 部。后又出现 10 家同类公司，共有车近 500 部，组成黄包车同业公会。1926 年，24 军驻嘉定屯殖司令刘远璋购买的美制奥斯汀半吨小汽车，用轮船运回乐山，是城内出现的第一辆汽车。1930 年，乐山城内出现第一辆摩托车。

水运与航空 清末，乐山岷江航道开始通轮船。《近代川江航运史》

记载，清光绪二十七年（1901）秋，英国兵舰乌德科号抵达乐山。其后，法、美、日、德兵舰之来川者，每年乘夏上水，溯航上流。1913—1924年间，法国海军少佐 Pitous、少尉 Kempf 等人，3次率舰自宜宾至乐山，溯江而上测量岷江水道。随兵舰之后，外国商轮、客轮也接踵而来。如，英国立德乐洋行在重庆组建岷江轮船公司，打造适合川江航行的新轮船，溯江上行，直达成都。20世纪20—30年代，川江航运霸主英国太古轮船公司，有嘉定号、康定号、金堂号等大型客轮通航。

据民国《乐山县志》记载，1905年乐山城开始商轮运输。民国初年，四川革命党人筹组华川轮船公司，不久分化为瑞庆、利川、庆安三个轮船公司。其中瑞庆公司专以开发川南航运交通为目的，确定航线下起宜昌上至乐山。1914年9月起，其庆余号、瑞余号轮船航行于乐山与重庆之间。

1930年，民族企业家卢作孚以民生公司为中心成立大轮船公司，在乐山设有分公司办事处，其民治号、民法号、民福号、民有号、民用号等客货轮船常年行驶在岷江上。

抗日战争时期，国民政府迁都重庆后，对川江水道开展考察，重点治理乐山以下河段，炸掉礁石，设置绞机，轮船可从重庆开航乐山，丰水期可开到成都。

乐山城区江河两岸渡口和码头遍布各处。码头主要有王浩儿、斑竹湾、水井冲、乌尤寺等客运码头，嘉华石灰石码头，福全门、三圣桥、王浩儿、旋沱子、乌尤坝等杂货码头。渡口主要有保平渡、凌云渡、萧公嘴渡、斑竹湾渡、马鞍山渡等。

乐山县商会组织商团负责水陆护运。1915年，设川江警察厅，后改为江防军。1926年，刘湘创办川江航务总处。1927年，川军24军在乐山城内组织嘉叙雷马屏峨保商事务所，下属四个大队保护商运。1932年，成立川江航务管理局嘉定分局，下设水上保安团。1941年，改组为川江航务管理总处乐山水道工程处。1942年，成立四川水上警察局乐山分局，既管航政，又查治安。城区萧公嘴至营门口一线，由水上警察布防。

抗日战争爆发后，国民政府以重庆为中心建立战时中国的航空交通网，设有三个航空公司，开辟7条航线，其中有渝嘉（重庆经泸州至嘉定）航线。1937年起，重庆航空公司、中国航空公司先后在乐山任家坝设立驻乐办事处。1938年5月27日，渝嘉航线正式通航，1942年2月停航。

邮政电信　乐山近代邮政电信，始于清末，实行邮政、电信分立制。光绪二十八年（1902），设立嘉定二等邮政局，各县设有邮寄代办所。1911年后，各县相继设邮政局。1941年，嘉定邮政局升为一等局，辖县局4个。成都邮路直达乐山城，乐山城与井研、五通桥、犍为、峨眉等县有邮路相连。乐山邮政局经营函件，分平信、快信、单挂号、双挂号。挂号实行"三联执据"制和遗失补偿制。邮件传递基本上以水道和邮差步行运送为主。1937年，重庆航空公司在乐山城内开设航空邮政业务，渝嘉航线停航后，航空邮件均转成都邮局办理。

清光绪三十二年（1906），钱子良在乐山城九龙巷开办电政局，后迁御史巷，开展电报业务。1909年5月，川藏官电总局建设嘉定线路，嘉定设电信分局，有单铁线1条。乐山城内开始使用电话。最初的电话线路是乐山至成都。1932年，开通乐山至峨眉、西昌、会理长话电路。1936年，架设乐山至宜宾线路。以后逐步增设县间电路和乡镇电路。抗日战争时期，乐山城区开办市内电话，设有磁石交换总机100门。1941

年嘉定电信分局改为电信局。1935—1942年间，峨眉山洪椿坪、报国寺设电报局，经营县以上电报长话业务。

1949年，乐山邮政员工320人，电报线8条对，市话有磁石交换机约340门，用户150多户，有电报线1条，邮电局所298个，年邮电业务总额为22万元。

二、商业贸易

对外贸易　清末民初，乐山城内逐渐形成近代商品市场。光绪二十四年（1898），乐山德兴隆商号在重庆扎庄，购买洋纱匹头，在乐山境内批发。随后数量激增，年进口洋纱达3400余包。据1912年不完全统计，各县有各类商店（公司）780多家，从业人员920多人。有米、盐、油、酒、书画、文具、丝绸、五金、百货等30多个行业。

1915年起，外国商轮通过内河开始进入乐山，倾销洋货，收购产品。最初每年只有一二艘，往返三四次。到20世纪30年代，则增加到二三十次。据《乐山市志》记载，桐油、桊油和白姜、黄姜、黄连等药材开始被洋行收购，茶叶、蚕丝、白蜡转上海、云南出口。30年代，中药材外销达30多个品种，一般年销白姜900多市担（1市担约合60公斤），黄姜600多市担，黄连1010多市担。蚕茧最高年销达8万市担，茶叶1.2万市担，白蜡8万多市担，桐油1.5万多市担，桊子油4.2万市担。

1937年下半年乐山县进口货物统计表

单位：银元

货别	统计值	货别	统计值
棉纱	660297.00	茶叶叶蒸	64483.00
布匹	513279.46	菜油	50415.00
苏杂货	92878.19	酒	159354.40

续表

货别	统计值	货别	统计值
五金	18227.00	干菜糖食	198342.95
西药	5956.71	火麻麻布	25235.65
纸烟火柴	276039.00	生漆	9643.80
颜料靛青	119490.00	米粮	312503.93
煤油鱼烛	137985.50	药材	25998.70
纸张	30561.95	磁器	16760.00
合计值	2717470.24		

1937年下半年乐山县出口货物统计表

单位：银元

货别	统计值	货别	统计值
蚕丝	273026.09	药材	9425.40
白蜡	152510.50	山货	19663.70
桐油	26042.28	新闻纸	50607.65
纯碱	47026.00		
合计值	578301.62		

根据乐山市档案馆现存资料记载，1940年12月，乐山城内百货业有109家，资本总额为23.8万元；绸绉染商有57家；烟草为12家，总资本额2.28万元；广贷业20家，资本总额16.6万元。

在德星成号召开商会会议

国药公会有商业会员15家，资本总额为2万余元，反映出乐山商人有一定实力。

乐山成为商品贸易集散地，交易量较大的商品主要是周边各地的土特产，如峨眉的蜡、丝、黄连，雅安、洪雅的竹木、药材，新津、崇庆一带的油、麻、米，江津、犍为的酒，宜宾、南溪的糖等。

市场管理 伴随着日益繁盛的商品贸易，乐山形成许多较为集中的专业集市。据民国《乐山县志》记载，乐山专业集市大致情况。米市，在外城东门外四圣宫、较场坝、萧公嘴、城内小关帝庙、城外老关帝庙、张公桥等地，麦市在城内土桥街，包谷市也在小关帝庙，萧公嘴是雅河杂粮和部分大米交易地点。蜡虫市，在较场坝，土桥街有乐山白蜡行，外城紫云街有协兴蜡行，1934年两行合并为白蜡总行。炭市，集中在大渡河下游两岸的映碧乡、太平、福禄场镇。在城区水西门河下有收炭转卖商家，水西门一带又称炭厂坝。在高北门外盐市街的盐市，城南泊水街的菜市，外城河街的丝市，城西水西门及斑竹湾一带的木市。柴市平常在板桥溪，水枯时则以城南铜河塥为市。附近场镇有苏稽场的丝市和绸市，安谷场的棉花市等。

1942年5月，成立重庆海关乐山分支机构，实施对出口外销产品征收战时消费税管理。总部设在土桥街，下设斑竹湾分卡、盐关分卡，后增设营门口分卡、邮局邮件稽征处和竹根滩验货处。1944年，改称乐山支关。1945年8月，乐山支关被裁撤。

抗日战争期间实行粮食管制，在县商会统辖下成立乐山县粮食商业同业公会。规定凡经营粮食的商人、商号都必须进行登记，发给会员证和营业执照，才能进行粮食买卖。会址在公益米行内，设有文书、事务员、会费经收员和县政府派驻粮食干事。

国民政府粮食部为提高粮食储运效率，1942年全川设九个粮食储运办事处，1944年改为储运局。乐山是岷江大宗水运始发站，城区铁货街县仓库设立岷江区办事处（储运局），管辖乐山周边15个县的粮食外运、督促和审核工作。同时设有岷江区船舶管理所，办理域内粮食外运船舶调度。

三、金融业

清光绪三十一年（1905），四川藩司濬川源银行在五通桥设分行，征收盐税、关税，发行票证。清末民初，乐山出现资本市场，主要金融机构大都分布在城区，部分在犍乐盐场等，主要有典当、钱庄、银行和其他金融机构。

典当 清末民初，境内的典当铺字号50余家。至1939年，第五行政区范围内相继设立典当铺224家。1949年，除少数几家当铺外，其余相继停业、倒闭。以乐山城区为例，规模较大的典当铺是紫云街的信义号、箱箱街的同济号、顺城街的大亨号、陕西街的富新号，还有小押当数十家。1927—1932年间，受银币和纸币的影响，当铺损失惨重，发展艰难。1933年，安川战役后，商贸不振，赎物率极低，当铺亏折巨大。1936—1940年，同济号、大亨号、信义号、富新号相继停业或倒闭，小押当仅存7家。

钱庄 乐山有钱庄始于清末。最早的是以合伙或独资的字号形式出现的，主要业务是银钱、货业兼营。如清光绪年间，杨氏宗族开设的德星隆、德星成。主要经营匹头、棉纱、杂货、金银，兼办成票、渝票汇兑业务。民国初期，新开办经济通、复协和、天增公、永昌祥、恒茂、信诚钱庄、源发永银庄等7家,20世纪20年代开办亿和银号、人和银号、成益银号、裕通银号、德和银号、裕丰银号、元亨字号、商业钱庄等8家,30年代初开办兴隆泰、叶荣森、德康、金和美、大吉祥、济康字号、衡益字号等7家。1935年,国民政府进行币制改革,发行法币,乐山钱庄字号陆续歇业。

银行 1927年,聚兴诚银行在城内设办事处。1930年,中国银行在乐山土桥街成立办事处。同年,原裕通银号改为裕通银行。1934年,四川地方银行为推行地钞成立乐山代办处,委托滋福商号代办,不久改为办事处。

抗日战争初期,重庆大厦银行、四川省银行、四川省美丰银行、上海商业储蓄银行、重庆川康平民商业银行、重庆银行先后到乐山设置分支机构。1938年,中央、中国、交通、农民四行联合办事处嘉定四联支处在土桥街中央银行嘉定分行办公。同时,中央信托局、中央储蓄会、成都商业银行、金城银行、县银行、和成银行、西康省银行、邮政储金汇业局、友信银行、福川银行、裕商银行、聚兴诚银行等先后在城区成立机构。乐山银行机构达到23家。

1946年后,随着经济衰退,存放款和汇款下降,邮政储金汇业局、上海商业储蓄银行、西康省银行、中央银行、中央信托局先后撤走,县银行、友信银行相继倒闭。1948年,乐山银行减至15家。至1949年,除中国、交通、农民、四川省银行四家公营银行外,仅和成银行、聚兴诚银行两家继续经营。

1942年,大业印钞公司由省外迁乐,地址在岷江河东岸女儿山下。公司印制钞票业务由中央银行总行发行局派专员常驻负责监印。大业印钞公司最初印制券面始为十元钞票，后印制一百元券等。1945年，抗日战争胜利后迁走。

由于银钱兑换业务日益频繁，集市交易逐步形成，初在府堂门口棠香茶园。1931年，乐山县成立银钱兑换业同业公会，改在县街城隍庙内设立交易市场。1948年9月，又改在土桥街白宫花园。1949上半年，乐山花纱布同业公会在中河街群贤居茶馆内开设半月期货交易市场。每日上午10时开盘，进行黄金、白银、外币、首饰、鸦片、棉纱、匹头等预期买卖。由买卖双方互出凭据，标照货物名称、数量、价格、金额，于当月15或30两个日期，由买方带款到卖方取货。

民国时期，"四大家族"控制的金融机构先后在乐山城区、五通桥等地建立分支机构。中国银行嘉定办事处可谓一家独占。抗日战争中，国民党资源委员会开办嘉阳煤矿股份公司并控制51％的股份，投资建设岷江电厂、日业公司，设有乐山蚕丝实验区，接办乐山丝厂，一些军政要员、地方封建势力，也参与经营或把持、兴办一批工商企业，从而形成买办资本、官僚资本和民族资本。据1949年资料统计，城镇经济总资产为1500多万元，其中官僚资本300多万元，国民政府资产150多万元，英国资产13多万元，民族资本629多万元，其余为小型私营、个体经济。

第三节　城镇建设与管理

一、城市建设

修筑外城　咸丰十一年（1861），李永和、蓝朝鼎领导的起义军多次围攻乐山城。导致北门外富商和百姓纷纷搬进嘉定州城。兵乱平息几个月后，外城工程开始实施，后因经费原因，历时多年才建成得胜门到安澜门一段外城。光绪二十四年（1898），大足余栋臣举事，嘉定城居民心有余悸，知府雷钟德集议修建外城，将城墙继续向南延伸。

外城是环绕城墙外而建的城墙，又叫做城郭、罗城、辅城等。乐山外城墙从草堂寺外的得胜门起，北向依山势至嘉乐门，再南向过承宣桥门、平江门、人和门、水星门、福泉门、太平门、涵春门、天禄门、紫气门、凌云门、安澜门，止于萧公嘴。从空间布局上看，乐山城属典型的河口山城，街道以高标山脉为依托，从岷江、大渡河交汇处以狭长带状沿河岸向两翼展开，形成西北高、东南低的一个不规则四边形，形似一张满弦的弓。所谓"北岸城，南岸坝，城弯如弓坝如射。"西北以山为险，城门多分布于东、南方沿江开阔地带，水

平江门

门多于旱门。从内城墙到外城墙，体现了《吴越春秋》所称"筑城以卫君，造郭以守民"的传统文化观念。

民国时期，乐山城市规模有所扩大，城区面积发展至 1.5 平方公里左右，一直延续到 80 年代初。城市人口有所增加。《乐山市市中区志》统计，1934 年，乐山城区人口为 8345 户，丁口 32989 人。1940 年，城区总人口约 5 万人，常住人口 4400 户，23581 人。1947 年，城区总人口约 6 万人，常住人口 7392 户，34359 人。民国时期尤其在抗日战争期间，由于人口流动频繁，实际人口远大于此数。如，1943 年乐山区防空指挥部指挥韩文源在工作报告中说，"接收安置从沦陷区疏散来的机关、社团、学校、工厂，我责无旁贷，唯本市区人疏散下乡、返城、再疏散、再返城，辗转循环，实感棘手。现市区人口已增至十万。"

拆除城墙 民国时期乐山城先后组织两次拆除城墙。第一次是在 1928 年。乐山县知事罗纬载部署拆除拱辰门到福泉门、迎春门的一段外城墙，改修城区街道，路幅扩展为 6 米宽，以便车辆通行。为此，居民反应强烈。罗纬载召集有关人士商议，于 1929 年修建风火公墙，并发布公告"永不建筑摆摊""以防大患"，公告用雅石刻成碑嵌在上顺城街南端街口墙壁上。

第二次是在 1948 年。拆除外城墙的嘉乐门，修建营门口、半边街河堤。营门口位于今张公桥附近的竹公溪河口，是成嘉公路进出城区的咽喉要道，因河堤年久失修，路面塌陷一半，形成交通阻塞。嘉乐门位于兑阳湾巷与半边街交汇处，城门洞宽仅 4 米，进出城时交通拥挤，当局就想出"拆东墙补西墙"的办法，拆除嘉乐门，拓宽路面，将拆下的城墙条石用以修筑营门口河堤。1948 年 8 月，岷江洪水暴涨，营门口河岸坍塌，半边街刘公堤崩溃,里仁街公路被冲坏。县长王运明紧急征调2500人拆楼修堤,共拆去嘉乐门城楼及拱门左右40米墙体,修筑河堤长约90米、高约7.6米,砌填条石1.5万条。

清代,内外城有街道28条,巷道10余条,主街道多为石板路面和素土路面,狭窄多弯。民国《乐山县志》所附1934年《乐山县城内外街道图》中看,街道基本上沿袭清代格局。1949年,城区共有大街小巷99条,其中街道36条,街坊小巷63条,总长11公里。城市面积约1.5平方公里。

1940年,乐山城以高北门、拱辰门一线为界,分为中城镇和外城镇两个辖区。中城镇辖区包括原内城街道和清代外城东部街道,政府机构、学校、商店、金融、医院等主要集中在此,是核心区和繁华地带。主要街道有忠孝路、土桥街、玉堂街、东大街、

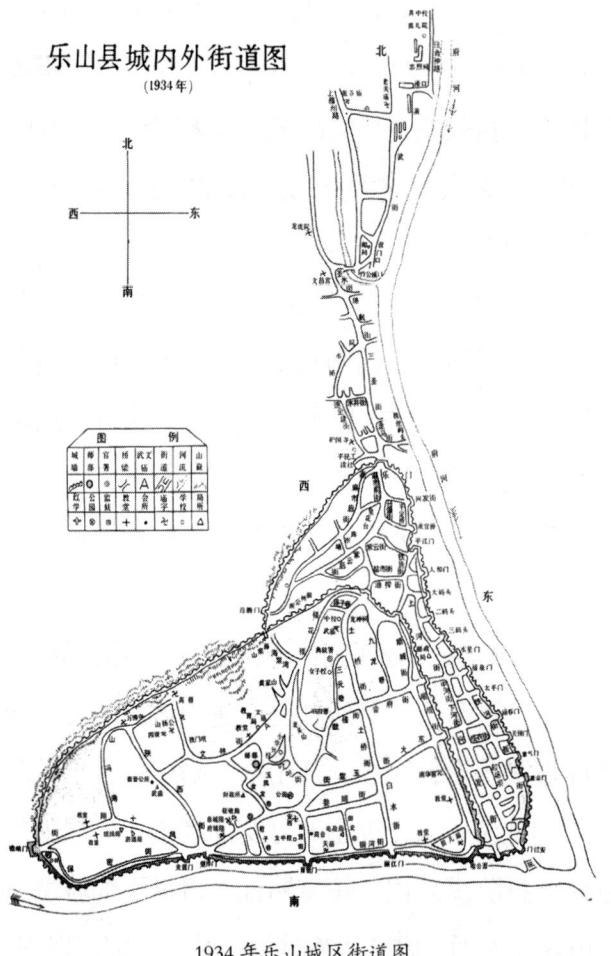

1934年乐山城区街道图

顺城街、河街、较场坝街、萧公嘴街、县街、月咡塘街、白塔街、学道街、鼓楼街、海棠湾街等。外城镇辖区包括北部原外城道街和沿江新辟街道。包括紫云街、兴盛街、走马街、半边街、五圣祠街、张公桥街、营门口街、里仁街、横穿街、关帝庙街、张爷庙街。

二、市政管理

民国时期，城市管理统一在民政工作之下。民政事务，包括行政选举、抚恤、救济、慈善、户籍、警察、兵役、著作出版、土木工程、礼俗、宗教、社团登记、卫生行政等诸多方面。辛亥革命后，乐山县政府设第一科，主管民政工作。1921年，改第一科为民政局。1935年，又改民政局为民政科。1937年复改民政科为民政局。1940年，再次改民政局为民政科，沿至新中国成立。

管理体制 民国初年，按照省议会议定的团练章程，乐山各县也兴办团练，城区管理实行团甲制。乐山城区中城镇分东、南、西、北四团，外城镇分仁、义、礼、智、信五团，总设一团总，各团设团正，团以下设街（甲）正、牌首。1934年，乐山按国民政府《市组织法》规定，取消团甲制，城区划分为区、坊、闾、邻等层级。5户为邻，5邻为闾，20闾为坊，10坊为区。原任团总改称区长，团正改称坊长，仍管辖原属团甲，以下设闾长、邻长，即原街（甲）正、牌首。

1935年2月，四川省政府成立，结束防区制，进入川政统一时期。6月，全川划为18个行政督察区。第五行政督察区专员公署设乐山，专员陈炳光。专员公署与乐山县府合署办公，其时专员兼乐山县长，两级机构，一套班子。1938年底，取消专员兼县事务，专、县机构分置。

在基层行政管理体制上，咸丰六年（1856），嘉定知府史致康编行"嘉定保甲"。民国实行专区后，乐山改行联保制，编查户口，以10户为甲，10甲为保，5保以上设置保长联合办公处，后称联保办公处，其首称主任。城内设1联保，城外设2联保。

1940年，实行新县制，废除区、坊、间、邻等层级，采用保甲制度。县下设镇，镇下设保甲。乐山城区原城内1联保改为中城镇，镇公所驻忠孝路（今育贤街），原2联保改称外城镇，镇公所驻皇华台。镇下辖民政、警卫、经济、文化4个股。保甲内18岁以上45岁以下男子编成壮丁队，由保甲率领办理保内各项事务。

1943年3月，乐山各县成立临时参议会。参议会有议决、建议、询问、听取报告等职权，在不同程度上参与市政管理。

街道卫生绿化照明　清末民初，城内设有专人充当"清道夫"和"更夫"。清道夫班由警察局管理，主要任务清扫倾倒垃圾。更夫的主要任务是夜晚打更，兼打扫公共地带。1938年武汉大学迁到乐山时，带来枫桐（又称法国梧桐）、栾树树种，经过繁殖，连同杨槐、柏杨、女贞等，栽培在城区东大街、玉堂街、土桥街街道上，乐山街道开始绿化。1928年前，乐山城区主要街口及闹市区设有木质灯杆，上挂纸灯笼，有些店铺门前悬吊纸糊"檐灯"，少数富庶商号为玻璃吊灯。1928年，乐山嘉裕碱厂创办电灯公司，乐山开始有少量电源路灯。1940年代，五通桥、犍为等城开始有电源路灯。1943年，乐山城区一度流行电石灯照明。

第八章　近代社会文化

晚清废科举、兴学堂，乐山地方文化、教育、卫生事业呈现新的生机。在社会剧烈动荡的背景下，宗教文化发展渐趋衰落。

第一节　近代教育与复性书院

一、普通教育

光绪二十四年（1898）戊戌变法，废科举，兴新学，成立京师大学堂。光绪三十年（1904），清政府颁布《奏定学堂章程》规定京师、省会为大学堂，道、府为中学堂，州、县为小学堂，开始实施中国第一个近代学制。在此前后，各地新式学堂随即兴起。

小学堂　光绪二十七年（1901），井研学子徐桐甫将来凤书院改为井研高等小学堂，学制4年，招收新生50人，为乐山第一所新学堂。

光绪二十八年（1902），犍为三江镇袁家祠兴办袁氏私立初级小学。次年，印清书院改建为犍为县高等小学堂，兴办犍为盐厂区立小学。

光绪三十年（1904），峨眉县将峨山书院改建为第一初等小学堂，

1910年更名为模范初等小学,借峨神庙开办高等小学,次年迁三台山新址。

光绪三十一年(1905),井研留日学生税钟麟归乡,与其父在今纯复镇杏林村创办预备中学,招生70人。两年后,税钟麟和其中67名学生均参加了同盟会,学校遂停办。

光绪三十一年(1905),乐山县创办乐山县高等小学堂,设在外城草堂寺,俗称草堂寺小学,开设国文、经学、历史、地理、数学、生物、修身、图画、音乐、体操等科。

光绪三十二年(1906),夹江县设高等小学堂,各乡设初等小学堂。马边也开办有高等小学1所,初等小学19所,"化夷"小学1所。

此外,还有天主教会创办的公信小学、基督教会创办的进德小学、加拿大基督教英美会创办的华英女子学校和华英小学堂。

1943年,境内小学发展到1939所,学生19.29万人。抗日战争胜利后,随着人口数量减少,小学堂数量大幅回落,1949年,小学生人数锐减为11.5万人。城区小学保留11所,其中,公立学校有中城镇中心国民学校、外城镇中心国民学校、省立乐山师范学校附属小学,私立学校主要有龙泓寺东山小学、西门外瞻峨小学等。

中学堂 光绪三十三年(1907),成立乐山第一所中学堂——嘉定府官立中学堂,校址设在原道门口的考棚内。招收嘉属7县学生,学校经费也由各县承担,每年约3万余两。民国时期,乐山城先后开办6所中学,即三育中学、县立初级中学、县立女子初级中学、乐嘉中学、凌云中学、德声中学。三育中学和德声中学属教会所办。1926年创办乐山县立初级中学,校址在土桥街桂华寺,1939年迁往关庙乡毛锅厂,抗日战争胜利后回迁城内月咡塘。1939年创办凌云中学,是私立中学校。1946年,成为乐山班数最多、人数最多的完全中学。1941年创办国立武汉大学附属中学，后更名乐嘉中学。校址在白塔街李公祠。

1943年，乐山境内有普通中学41所，在校学生约0.9万人。

幼稚园　1930年，基督教会创办乐山第一所幼稚园——进德幼稚园。1938年，创办乐山县幼稚园，地址在今海棠公园。1941年，基督教浸礼会在兴发街创办新生幼稚园。1943年，创办省乐师附属幼稚园，初在水口场，抗日战争后迁龙泓寺。另，嘉乐纸厂和缫丝厂各有一所幼稚园。

二、职业技术教育

近代乐山有中等职业学校4所，高等专科学校1所。

清末，高等小学堂加设农科、商科、缝纫，中学堂选修法制、理财等，是职业教育的早期形式。宣统二年（1910年），峨眉县创立农业学堂，办有蚕桑讲习所和茶业讲习所，是乐山市境最早的职业学校。民国时期有的普通中学设置职业课程。1922年，嘉定联合县立中学校（现乐山一中）附设师范班。峨边大堡小学开设农业职业班（招高小毕业生）。1928年，犍为创办县立初级农业职业学校。

1939年1月，国民政府教育部在乐山创办国立中央技艺专科学校，设有皮革科、造纸科、农产制造科、纺织染科和蚕丝科5科。其中，农产制造、造纸、染织3科与当地嘉乐纸厂、永利公司、酿造工厂及龙兴、新兴等染织厂合作设立。校本部设在乐山嘉乐门外江云庵，蚕丝科委托四川省立南充蚕丝高级职业学校代办，皮革科委托成都弘立华西协合大学代办。1940年秋，将乐山城北徐家塥的嘉属联合中学校舍和华新丝厂茧库作为校舍。收回外校办的皮革、蚕丝2科。1942年秋，学校决定将皮革科扩充为化学工程科。学校仍设5科,学生约500人,教职工200余人,各科学制由原来2年制改为3年制。

1940年,省教育厅委派蒋孟弘创办四川省立乐山师范学校,培养小学高年级教师,校址设在水口镇雷坝。1947年,将城西西湖塘原武汉大学旧址作为永久校址。1950年,更名为川南乐山师范学校。

1943年,犍为县创办国立清溪农业职业学校。1946年,创办国立犍乐高级工业职业学校,主要为犍乐盐场培养技术人才,设机械、电工、应用化学3个科,学制3年。

三、复性书院

1939年9月,被周恩来称为"中国当代理学大师"的马一浮,在乌尤寺内创办复性书院。复性书院名称取"学术、人心所以纷歧,皆由溺于所习而失之,复其性则然矣"之义。性质属社会性学术团体,筹委会、董事会、基金保管委员会均由社会贤达和知名人士担任委员。以古典式书院自由讲学研习,通过研究儒术,讲述和弘扬儒术,坚持尊经、重道、育人、刻书,力求挽救儒家道德、传承传统文化。主要学习内容为儒家经典——六艺。书院由马一浮总揽书院事宜,并担任主讲。被聘

马一浮在濠上草堂书房

为主讲的有赵熙、谢无量、叶左文、梁漱溟、熊十力等,讲友有贺昌群、沈敬仲等。国学之精英人物齐集乐山,成为全国轰动的学界大事。

1941年5月，书院停止讲学，转而专事刻印古籍经书。主要刊刻典籍有《群经统类》《儒林典要》《四书纂要》《系辞精义》《先圣大训》等丛书28种，38册。1946年春，书院迁往杭州西湖葛荫山庄。1948年秋，复性书院结束。

第二节　宗教

一、佛教和道教

佛教　清道光以后，内忧外患，国力减退，峨眉山寺庙受助较少并屡遭火灾，佛教呈现出总体衰落状态。清末，峨眉山寺院余存85处，常住僧人下降到600人左右。1912年，峨眉山扩建牛心寺。1917年冬，大佛寺方丈仁玉集僧众300余人，传戒授法。1915年、1923年、1931年峨眉山接引殿、金顶祖师殿、华藏寺、锡瓦寺先后失火被毁。1928年，四川省佛教会会长、接引殿方丈圣钦重建接引殿。同年，九老洞后三宵洞因游客撞钟引起瓦斯爆炸，洞内僧众、游客73人死亡。1946年正月，万年寺失火，除砖殿幸存外，邻近各寺均毁坏。

1945年4月，四川省政府划峨眉山为风景区，设立峨眉山管理局，负责文物保护和导游事宜，是乐山第一个风景区和第一个具有文物保护、旅游管理性质的景区综合管理机构，隶属省、县共管，以县为主。局下设秘书、人事、民政、寺庙、财务管理5科，并设中队、警察派出所。所需经费直接由省支拨。

咸丰二年（1852），重建龙泓寺。光绪十七年（1891），乌尤寺42世方丈妙定重修寺院，开坛传戒。清末，乌尤寺43世方丈朗清增补客堂，修葺山门楼阁，建五百罗汉堂、天王殿，塑甲子太岁像，重建尔雅台等。1920年，乌尤寺住持传度法师修弥陀殿、塑阿弥陀丈六金身，并修建藏经楼，购《频伽大藏经》《续藏经》全部。1924年重修观音殿；1926年修普同塔、青衣精舍、轮珠台；1930年重修大雄殿；后次第修建止息亭、钟鼓亭、旷怡亭、化城亭等。1949年前，军阀将寺院作为医院和关押壮丁之处，庄严殿宇频遭破坏。

1930—1935年，凌云寺僧果静新建藏经楼，并购置碛砂藏经，供僧众阅读。1946年春，释了心在乐山城外龙泓山南麓抱房湾修筑寺庙，因名了心寺，当地人将了心坐禅的崖壁石室称为了心洞。

1928年，四川省峨眉县佛教会成立，后更名为峨眉山佛教会，会址在万年寺。1937年，更名为中国佛教会峨眉名山区佛教会，直属中国佛教会。后又先后成立乐山县佛教会、犍为县佛教会、井研县佛教会等。1931年，开办峨眉山佛学院，万年寺住持果瑶任院长。

道教 咸丰六年（1856），乐山凌云乡人李西月创建道教丹鼎西派。晚清，猪肝洞清虚道长和仙峰寺神灯长老吸收各家之长，练成峨眉子午门武术。1908年，向崇文任峨眉三清观道长，医术一流，人称火神菩萨，1947年，任乐山县道教分会理事长。乐山县境有天皇寺、衍庆庵、下观音、壁山庙、西来寺、救苦寺、福田寺、永丰寺等19座道观。光绪四年（1878），五通桥沟老龙坝建道士观，俗称王爷庙。1949年前，犍为县著名宫观有灵祖庙、南华宫、天后宫、龙王庙、真武观、清虚宫等。

自民国初年起，各县陆续成立"道教会""道教分会"，负责教徒们宗教生活和重大事务，各宫观按道教会的总体部署行事。

二、天主教、基督教和伊斯兰教

天主教 道光至宣统年间，天主教传播范围遍及整个乐山地区。道光年间，法国传教士汪神甫到峨眉传教，在城南拆楼坎和龙池场上修建天主堂。光绪十三年（1887），又在峨眉十里山修建天主堂。

据《中国天主教史》记载，咸丰十年（1860）前，乐山城区无天主教教堂。光绪二十一年（1895）后，法国传教士在察院街建公信堂。1914年，天主教在乐山城区庙儿拐、张公桥创办圣道贞女院、诊疗所，在箱箱街、护国寺办公信小学、德声中学。

晚清时期其他属县建立的教堂主要有：犍为竹根镇若瑟堂、玉津镇若瑟堂，井研天恩堂，夹江兰草村若瑟圣堂，沐川圣母圣心堂，马边天主堂，峨边大天池天主堂、大堡天主教堂等。

1938年，雅州教区主教堂迁至乐山，更名为嘉定教区，1946年，嘉定代牧区升为主教区，改称乐山教区。1929—1949年，犍为、沐川属天主教叙府代牧区。1949年，乐山教区辖乐山、夹江、峨眉、峨边、井研、眉山、雅安等16个县，有教堂25座，分堂45处，教徒13360人。

基督教 传入乐山的基督教会组织分为三派：内地教会、中华基督教会、浸礼教会、复临安息日会、真耶稣教会。光绪十四年（1888），英国传教士艾进城在铜河堋创办基督教乐山内地会。光绪二十年（1894），北美浸礼会牧师夏时雨，在白塔街创办乐山浸礼会教堂。光绪二十二年（1896），加拿大卫理公会牧师文焕章在白塔街创办美道会。1921年，复临安息日会在峨眉县设堂传道。1948年，真耶稣教会在乐山市市中区苏稽设堂传道。1949年，乐山地区境内基督教各派共有教堂37座，教徒约2000人，办中学两所、小学四所、幼儿园两所、医院两所。

伊斯兰教　同治年间，回族先后迁入峨眉定居。光绪年间，回族马腾芳、马跃龙率兵驻扎乐山城区、夹江木城和今沐川县茨竹坪等地。光绪七年（1881），马跃龙在乐山城外板厂街建成清真寺。1911年，甘肃人哈锐任乐山知县时重建。民国初年，乐山城板厂街清真寺毁于火灾。1940年重建板厂街清真寺。民国时期，乐山县土主苏坝桥、夹江县木城镇、犍为罗城建有清真寺，供教民举行宗教活动。

第三节　新兴文化与社会事务

一、新兴文化

川剧与新剧社　乐山群众文化活动历史久远，具有突出的地方特色，在全国有较大影响。民国时期，处处有川剧坐唱，年年有台会，还有春节灯会、五月炎帝会、灯舞及龙舟赛、劳动号子、薅秧歌、评书金钱板等。

1941年9月，朱世慧出资建成东大街嘉乐大戏院，可容观众1000多人，是城内第一家大型专业剧场，俗称乐山川剧院；1942年改称新生嘉乐戏院；1945年又改称嘉乐胜利大戏院；1947年再改称义记嘉乐剧院。

川剧。乐山城里的川戏班子主要是新又新科社。1932年，由国民党第17师师长刘树成组建。曾经活跃的剧社还有共和堂、雅南班、友联川剧社等。1933年，犍为县李维舟组建天顺曲部。沐川有荣贤乐、玉清科社和品娱科社。

平（京）剧。抗日战争以后传入乐山。主要有乐山城嘉联平剧社、武大珞珈平剧社、夏声戏剧学校平剧社、宝庆和京班等，夹江县业余平（京）剧研究社。犍为五通桥金融、盐业单位和嘉阳煤矿也有业余京剧社。

话剧。武汉大学有峨眉剧社、丛丛剧社、湖南同乡会剧社、南开学友会剧社、青年剧社、附中东湖剧社。其他剧社有中央技专星火剧社、中华剧艺社、中华胜利剧团、江苏剧社、华北歌舞剧团、四川大学青年团等。除传统剧目外，还上演许多新剧，如《日出》《边城故事》《雷雨》《娘子军》《渔光曲》等。

电影院 1921年，井研福音堂牧师孔镜明最先在井研城隍庙放映微型影片。1925年，张文清等在乐山东顺城街安福会馆开办电影院，乐山城开始有营业性电影放映。1930年，乐山、五通等地陆续有人组织简易电影院，从成都租机租片放映。1934年，乐山慈善学校平民工读社在乐山护国寺办简易影院。1944年，乐山第一座专业影院大岷电影院在鼓楼街建成营业。1947年，四川省教育厅电影队在乐山、犍为首次放映科教影片。

图书馆与书店 1925年，井研县人为纪念经学大师廖平，集资建立六译图书馆。1928年，成立乐山县立图书馆，藏书2000册，馆址在今海棠公园内，1936年，迁至原嘉定府中学堂英语教学楼，俗称小洋楼。1929年，成立峨眉县立图书馆，藏书6000册。1931年，成立井研县立图书馆，藏书6000多卷、册。1935年，成立犍为县立图书馆，藏书1199册。1941年，成立犍为私立仲权图书馆，藏书2万多册，1950年移交县文化馆。

1936年起，夹江、马边、沐川等县陆续成立县民众教育馆图书阅览室，另还有乡镇图书馆10个、私立图书馆5个、学校图书馆10余个。

乐山城内的书店主要集中在土桥街商业区。1909年，周渭宾在土桥街开办拔翠书店，经营木刻版图书，是乐山最早的书店。另外还有文蔚山房、泰源堂书铺、川南书店、威远书店、宝善书局、儒兴堂、炳文堂、文光书局等。

报刊 1911年，嘉定天主教会办中文报刊，既宣传其教义，又报道辛亥起义、保路运动义军消息等。乐山报刊业逐步兴起。到20世纪30年代，境内有报纸10多种及《乐山青年》《研新》《乐山教育半月刊》等期刊。抗日战争时期出现高潮，先后出版民间和学校报纸24种、官方军队报纸16种、中共地下组织报纸2种及各类期刊10余种，如《抗敌要闻》《快邮代电》《嘉阳日报》《英文广播》《诚报》《原野》《乐山青年》《星期文艺》《川南工商》《民主与青年》和《水星文艺》等。1947年，竞选国民大会代表期间，发行专门为竞选服务的报纸《选举导报》，这在当时四川乃至全国都不多见。1949年底，全区累计有大小报社、通讯社100家，出版发行各类报纸94种、期刊22种。

二、救灾救济与消防

救灾救济 救灾救济主体分为政府与民间组织两种，救灾救济款主要来源于地方财政拨款和社会募集。政府主要采取减免田赋、小本贷款、收容、工赈、发放物资等措施进行救济；民间组织主要由慈善团体、商会或士绅向灾民施粥、施饼、施药、施棺木、施米、发放钱飞子（领救济款的条子）或米飞子（领米的条子）等形式实施救济。救济慈善机构主要有长生会、明道院、十善会、救济院、平民工读社、自兴慈善会、救生会等。

消防　乐山城镇街道铺面多为木结构建筑，经常发生火灾，危及商家和居民，自发组织和政府设置的消防机构应运而生。道光二十年（1840）三月，河街大火，烧300家。光绪二十三年（1897）端午夜，城内大火，延烧较场坝、板厂街、铁货街、后河街及上中下三条河街、迎春门外，烧1700余家。宣统元年（1909）夏，涵春门失火，延烧城楼、察院街。民间自发组织了义务消防组织—水龙会，民国初更名为救火会。1930年，改为义务消防会。1931年，成立消防总会，下设9个分会。1938年，成立县防护团，下设消防大队、消防救护常备队。消防大队设8个执勤分队，每分队40～100人，各分队设有水枪队、水龙队、水夫队、拆卸队等。1939年，城区设有9个消防会，装备的新式铜水龙10架，胶水带、帆布水带、铜水头、照明龙灯、水枪等消防器材若干。1948年，成立县警察消防队，下设7个中队，编制100多人。

三、卫生防疫

医疗机构　在"西学东渐"的社会背景下，近代乐山先后开办了以西医为主的医疗机构。1895年，加拿大传教士文焕章创办教会诊所；1913年，传教士高子豪改建成嘉定福音医院；1925年，更名为乐山仁济男女病院；新中国成立后，扩建为乐山专区医院；1985年，更名为乐山市人民医院。1914年，乐山人胡朗和创办乐山第一所华人西医医院——城东医院。1916年，由中外人士联合成立乐山县红十字分会，主要从事救护、送诊施药以及改种牛痘、年终施米等，经费均由会员临时捐助及社会募集。

抗日战争前后，乐山相继成立空袭救护队和边区医疗队，以及烟民调检所。继后建立了省立乐山医院、中心卫生院、县卫生院等公立医疗机构。1941年5月，成立公立医疗机构——空袭救护队，队址初在较场坝四圣宫，同年秋迁到城内正觉寺。空袭救护队的药品和器械由四川省卫生实验处调拨。1942年5月，空袭医疗队改为中心县卫生院第一分院，转驻福禄。1942年，成立四川省第五行政督察区中心卫生院，设病床20张。1945年，改组为乐山省立医院，租紫云街31号为门诊部，住院部设在皇华台。1946年，门诊部和住院部迁入府堂，设有内科、外科、妇产科、小儿科、五官科，还承担城区预防保健和体检。1946年，设立乐山县卫生院，院长由省立乐山医院院长兼任，院址设在省立乐山医院内，下设福禄、苏稽两个分院和牛华溪云华卫生所。

犍为、夹江、峨眉为乙级县卫生院，人员12人；井研、马边为丁级县卫生院，人员8人。至1948年，辖区内共有医疗机构17个，病床160张，卫生技术人员120人。据1916年《四川省内务厅统计报告书》记载，乐山各县中医从业人员中挂牌行医1350人，不挂牌行医1451人。

疾病防疫 据统计，光绪十七年（1891）至1949年，乐山发生较大疫情有38次。其中：1916年，峨眉县发生天花感染699人，死亡225人。1931年，犍为天花大流行。1935年，乐山县天花流行。抗日战争期间，乐山出现3次霍乱大流行，1945年最严重。据乐山《诚报》报道，1945年7—8月，乐山城区发生霍乱，其中较场坝为多，因病死亡者"日必数起"，沿街随处可见抬棺材的人。同时，牛华盐场霍乱猖獗，"因患症死亡者，日无间断"，城内人人自危。乐山县中心卫生院派出专业人员会同警察局，在较场坝、板厂街、府河街等疫情较集中的街区，挨户注射药物。

乐山有一种俗称为"痹病"的地方病，患者四肢软弱无力，不能行动，短期自愈，有经药物治愈，且愈后良好，少数严重患者可在数天内死亡，死亡率5%。因此病多发生在乐山，故名"嘉定痹病"。1942年，省卫生实验处派人到乐山调查，在黄海化学工业研究社协助下，查出此病是食盐中的氯化钡中毒。后采取中西医治疗，生病率、死亡率大大降低。

第四节　近代名士

吴嘉谟（？—1931），字蜀尤，井研县城厢镇人。光绪举人，曾先后在井研来凤书院、犍为通才书院讲学。光绪十六年（1890）起与龚煦春合作主纂《光绪井研志》。光绪二十九年（1903）中进士，授度支部主事，曾任四川高等学堂历史讲座，复受聘任总办全省学务调查所，并参与筹建川鄂铁路。光绪三十一年（1905），充任关外学务总办，光绪三十四年（1908），将学务局迁往巴塘，复设印刷局，编辑出版《西陲三字韵语》等白话课本。设立白话小学堂，教以汉语官话及汉语浅近文字，促进民族团结。随后又设初等小学堂、高等小学堂以资升级，在炉城（康定）设立师范传习所解决师资来源，办学之风甚盛。后又在雅江县设立蚕桑学校，邓柯县设立游牧改良所，培养藏族地区技术人才。民国成立后，任炉边宣慰使，后当选为国会议员，任四川巡按使署秘书长。

廖平（1852—1932），字旭陔、季平，号四益（四译）、六译，井研盐井湾（今研经镇）人。著名经学家。同治十三年（1874），院试第一名。光绪二年（1876），入成都尊经书院深造，钻研《春秋》经学，完成《谷梁集解纠遥》两卷和《公羊何氏解诂十论》等。光绪十五年（1889）中进士，钦点湖北某县知事，以母亲年老请改教职，任四川龙安府（治今平武县）教谕。后历任射洪县训导，绥定府（治今达州）教授，成都尊经书院襄校，嘉定九峰书院、资州艺风书院、安岳凤山书院院长，四川国学学校校长等职。1919年患病右肢偏废，仍坚持讲学著作。1921年兼成都高等师范学校、华西协和大学教授。1924年回井研，潜心研究经学。同时钻研医术，写成医书20多种。一生著述颇丰，主要辑为《六译馆丛书》。其学术思想对经学、历史学影响甚大。

龚煦春（1863—1937），宇熙台，号几山，井研龚家坝人。光绪初年考得廪生。在眉州张家坝等地开馆教学，后留学日本，学习地理并研究国学。光绪十五年（1889）回国，出掌丹棱县书院。光绪十六年（1890），与吴嘉谟合力修纂《光绪井研志》。后执教四川大学多年，时人列为成都"五老七贤"之一。民国初年，在井研城郊开办盐灶，被公推为四川盐场联合评议公所评议长。任职期间，保护川盐权益，受到公众拥护。1924年，受聘于四川通志局，编纂《四川郡县志》。另编著《国朝四家文选》10卷、《古文辞汇纂约编》24卷、《几山文集》3卷、《古今体诗》1卷存世。

范旭东（1883—1945），原名源让，字明俊，后改名锐，字旭东，湖南长沙人。中国化工实业家，被称为中国民族化学工业之父。宣统二年（1910），毕业于日本京都帝国大学化学系。1914年，在天津塘沽创办久大精盐公司。1917年，依托久大精盐创建永利碱厂，1926年生产出"红三角"牌优质纯碱，在美国费城世界博览会上获得金奖和证书。1934年，在南京创办永利铔厂。1937年，生产出中国第一批硫酸铵产品。1939年，永利化学工业公司内迁到五通桥，改称为永利川厂。先后创办和筹建久大精盐公司、久大精盐厂、永利碱厂、永裕盐业公司、黄海化学工业研究社等企业，历任总经理、董事长，化学工业会副会长等职，被毛泽东称赞为中国人民不可忘记的四大实业家之一。

陈俊卿（1911—1949），原名程杰，峨眉县人。在峨眉初中、嘉属联中读书时，秘密阅读进步书刊，参加"读书会"。1931年，加入中国共产党。1933年，任中共峨眉特支委员、县委书记。次年秋被捕入狱，后由其父多方营救，保释出狱。1938年2月，与中共四川省工委接上关系，回峨眉组织"峨眉小学教育促进会""峨眉抗日怒吼歌咏团"等抗日救亡团体。1939年底，任宁属（西昌）特支书记。1942年冬调雅安。1947年，参与仁寿籍田的武装暴动，在雅安部署组建"羌江支队"，成立"川西武装工作委员会"等。1947年12月，任中共雅乐工委书记，开展清理、恢复和发展党组织工作。先后到峨眉、夹江云吟等地发动和领导农民二五减租运动，到五通桥、牛华溪一带盐区领导工人斗争。1948年11月，在牛华溪介绍一名新党员时被捕，后关押在"中美合作所"渣滓洞。他在狱中仍坚持斗争，宁死不屈，壮烈牺牲。

第三篇 / DANG DAI LE SHAN
当代乐山

第九章　社会主义革命时期

在社会主义革命时期，通过征粮、剿匪、镇压反革命、土地改革等一系列措施，巩固人民政权。经过"一化三改造"，基本确立社会主义制度，超额完成"一五"计划，人民物质和文化生活水平有较大提高。

第一节　人民政权的建立与巩固

一、全境解放

1949年10月1日，中华人民共和国成立。

11月，中国人民解放军发起川黔作战，12月8日，二野16军所属部队由宜宾南溪出发，向乐山发起钳形合击。16日攻进乐山城，占领老霄顶，控制全城制高点，乐山城区解放。

12月中旬，中国人民解放军第10军、第16军、第18军所属部队相继解放了乐山城区和井研、五通桥、峨眉、犍为、峨边（含金口河）。沐川、夹江、沙湾、马边在中国人民解放军和中共乐山地方组织及领导的游击武装配合下和平解放。至此，乐山全境解放。

1949年12月16日，解放军向乐山城区进军

据不完全统计，中国人民解放军在解放乐山的战斗中，共歼灭国民党军13580人，解放军指战员牺牲140余人。其中竹园铺战斗牺牲90多人，伤300多人，在整个大西南战役中都属罕见。沙坪之战活捉国民党川湘鄂边区绥靖公署主任、中将司令宋希濂。

二、人民政权的建立

党政机构成立 1949年12月16日，中国人民解放军乐山军事管制委员会成立，鲁大东任主任。1950年4月撤销。

1950年1月，中国共产党乐山地方委员会（简称地委，先后驻金花巷、学道街、白塔街）和乐山区行政督察专员公署（简称专署，驻泊水街）成立，分别隶属中共川南区委、川南行政公署。鲁大东任书记，马忠全任专员。同月下旬，建立中国人民解放军乐山军分区。1952年8月，乐山地委、专署改属四川省委、省政府领导。

中共乐山地委办公旧址

所属各县党政机构相继成立。

犍为县。1949年12月18日，成立中共犍为临时县委。1950年1月10日，成立犍为县人民政府，黄自强任县长。1月12日，成立中共犍为县委，赵伟任书记。

乐山县。1949年12月20日，成立乐山县人民政府，王德纯任县长。1950年1月12日，成立中共乐山县委，董启勋任书记。

井研县。1949年12月22日，成立中共井研县委，杨志任书记。1950年1月1日，成立井研县人民政府，王树仁任副县长。

峨眉县。1949年12月24日，成立峨眉县人民政府，宋芝仲任副县长。1950年1月12日，成立中共峨眉县委，陈怀堂任书记。

峨边县。1949年12月下旬，成立中共峨边县委、县人民政府，赵时任书记，刘清顺任县长。1950年8月15日，正式成立峨边县人民政府，张在福任县长。

夹江县。1950年1月初，成立中共夹江县委，王承基任书记。6日，成立夹江县人民政府，王承基兼任县长。

沐川县。1950年1月中旬，成立中共沐川县委，杨波凌任书记。1月30日，成立沐川县人民政府，窦光宇任县长。

马边县。1950年1月，成立中共马边县委和马边县人民政府。2月16日，正式成立马边县人民政府；8月8日，正式成立中共马边县委，张绍先任书记兼县长。

五通桥市。1951年10月，五通桥从犍为县划出，成立五通桥市（县级），李志深任市委书记、罗云任市长。

屏山县。1950年1月，成立中共屏山县委和屏山县政府，方弛辛任书记，罗云任县长。

雷波县。1950年7月，成立中共雷波县委，刘清顺任县委书记；1950年8月，成立雷波县人民政府，张义臣任县长。

1950—1953年间，各地基层政权先后废除保甲制度，设立区、镇、乡人民政府。

1953年，根据地方各级人民代表大会制度，乐山各地先农村、后城镇分三期开展普选。同年7月，除马边、峨边两县外，各属县均召开第一届人民代表大会，选举产生县人民政府委员、县长、副县长、法院院长、检察院检察长，正式行使地方权力机构职权。1956年，马边、峨边两县开始实行人民代表大会制度。

行政区划变动　1950年2月，井研县由内江专区划属乐山专区。乐山专署辖乐山、犍为、峨眉、井研、马边、峨边、沐川、屏山、雷波9县。1951年，自犍为县分置五通桥市（县级），属乐山专区。

1953年，眉山专区撤销，眉山、彭山、青神、洪雅、丹棱、夹江6县并入乐山专区。

1955年11月，马边、峨边、雷波县划属凉山彝族自治州，马边、峨边县仍由乐山专区代管。1957年，屏山县划属宜宾专区。1958年，仁寿县由内江专区划属乐山专区。1959年，撤彭山、青神县入眉山县，撤丹棱县入洪雅县，撤五通桥市入乐山县。1962年，复置五通桥市（县级）和丹棱、彭山、青神县。1964年，改五通桥市为五通桥区（县级）。乐山专区辖五通桥区和乐山、犍为、峨眉、沐川、井研、眉山、彭山、青神、洪雅、丹棱、夹江、仁寿县1区12县，代管马边、峨边县。

三、人民政权的巩固

征粮 1950年2月,专署和各县、乡组织征粮工作队,开展征粮工作。由于国民党军队散兵、特务、惯匪、恶霸大地主相勾结,攻打征粮工作队,袭击人民政权机关,阻止群众交粮,至3月中下旬,征粮任务只完成10%。4月,乐山军分区和部队抽调1200名指战员,参加征粮工作队,剿灭武装股匪,至8月底征粮任务基本完成,实征公粮4876万公斤,占96.23%。11月底,实征公粮5303万公斤,超额完成51.51%,完成1949年和1950年的征粮任务。在征粮斗争中,涌现了高玉珊、曾纹等烈士。

剿匪 乐山境内及周边武装股匪主要有:乐(山)沐(川)峨(边)三县交界处的川康滇游击第二纵队周开富部,屏山县石角营一带的川康滇反共救国军第一纵队司令陈超部,屏山、马边、夏溪一带的雷(波)马(边)屏(山)犍(为)宜(宾)反共救国军总指挥吕镇华部,峨眉、洪雅间高庙一带的川康滇反共游击队张炳南部。1950年3月,乐山军分区重点进剿乐山、峨眉、井研、犍为4县股匪。5月,转向外线(边沿区)进剿。8月,全面清剿。到1951年2月,全区剿匪斗争基本结束,歼匪1万余人。

1950年12月20日,地委和乐山县委在苏稽联合召开斗争以马克骤为头子的"五马"大会,拉开了全区反霸斗争序幕

清反减退 1950年9月,乐山开展清匪反霸、减租退押运动(简称清反减退运动)。11月起,地委和乐山、犍为、井研、峨眉等县纷纷召开反霸斗争大会,公审枪决一批罪大恶极的大地主、大恶霸,推动减租退押工

作。1951年4月，全区减租退押基本完成。共减租黄谷57894吨，退押黄谷49029吨；退押黄金140399两，白银125481.5两，银元115446.5元，人民币271833元。收缴长短枪13086支，轻重机枪54挺，各类炮33门，手榴弹1725枚，子弹68646发，镇压恶霸和反革命分子2234人。建立乡农协会340个、村农协会2228个，有农协会员497914人。

镇压反革命 1950年11月7日，乐山城区公开处决暴乱首恶分子吕镇华及匪首何雾光、李安民、许华章、贺盛华等10人。随后，各县分别召开群众公审大会，处决一批暴匪首恶分子。1951年2月，专区公安部门开展搜捕反革命骨干分子的行动。1952年12月，成立反道办公室，打击五类反革命残敌。1953年6月，全区共打击土匪、恶霸、特务、反动党团骨干、反动会道门头子五个方面的反革命分子23290余名。

"三反""五反"运动 1952年1月，地委召开专直机关大会开展"三反"（反对贪污、反对浪费和反对官僚主义）运动后，各县迅速展开。7月，全区"三反"运动结束，共惩治贪污犯罪人员720人。同时，全区开展"五反"（反对行贿、反对偷税漏税、反对盗骗国家财产、反对偷工减料和反对盗窃经济情报）运动。

支援18军进藏 1950年1月，18军接到进军西藏的命令，在乐山地区开展进藏准备工作。3月7日，在乐山公园广场举行进藏誓师大会。一批乐山籍青年学生参军进藏；乐山乌尤寺法师隆果为进藏指战员教授藏语，帮助18军指战员了解藏民族宗

1950年3月27日，担负进藏先遣支队任务的18军52师154团在乐山城北牛咡桥召开誓师大会

教信仰、生活习俗；乐山尽力为18军解决进军所需的粮食、副食品、被装、药品以及骡马等；在乐山建立18军驻川留守处。3月29日，乐山军民欢送18军北路先遣部队出发。

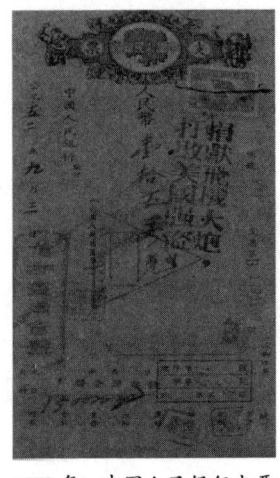

1952年，中国人民银行支票上印有"捐献飞机大炮，打败美国强盗"口号，宣传抗美援朝

抗美援朝运动 1950年10月，乐山成立中国人民保卫世界和平反对侵略委员会乐山分会。1951年初，专区、县、乡均成立扩军委员会。组织群众和平签名、报名参军、订立爱国公约、开展增产节约、捐献飞机大炮、优待烈军属、开展代耕等活动。1951年，全区共捐款82.6万元，可购买5架半飞机，超额完成计划31%。截至1953年7月签订朝鲜停战协定，全区共征召34391名志愿兵，涌现出以林学逋为代表的革命烈士和郑定富为代表的英雄模范。

第二节　社会改革与改造

一、民主改革运动

土地改革 1950年冬，土地改革率先在乐山县通江乡试点。1951年3月，在乐山县推行，随后在其他县开展。到1952年5月，除小凉山彝区外，全区土地改革结束。共没收征收土地1611239.4亩，房屋401137间，耕畜6933头，农具259756件，家具929426件，粮食284.5万公斤，果实（折谷）8260万公斤，合计粮食8544.5万公斤。雇贫农和中农每人平均分得土地1.44亩，分得胜利果实（折谷）100公斤以上。

1951年4月25日，乐山县第三区土改完成后欢送土改工作队留影

集镇民主改革 集镇民主改革与土地改革同期开展。集镇所划分的阶级成分，主要是工人、贫民、小商贩、手工业者、自由职业者、工商业者、工商资本家等；居住在集镇上的地主（包括工商业者兼地主、地主兼工商业者）则交由农村土改工作队划定。民主改革中，通过民主选举，建立镇人民政府。镇以下设居委会，居委会下辖居民小组。同时成立镇工会、青年团支部、妇联、工商联和市场管理委员会等。

厂矿企业民主改革 1951年11月起，全区各厂矿企业发动并依靠工人群众，打击罪恶多、民愤大的首恶分子和次恶分子，消除封建行帮、地域观念造成的内部隔阂，加强工人之间的团结，进行民主建设，开展生产运动。到1952年底，民主改革完成，当年工业总产值达10920万元，比上年增长25.06%。

其他民主改革 打击贩毒吸毒。1950年初，成立禁烟肃毒委员会，取缔烟馆、收缴烟具、查处烟贩、登记烟民，限期戒绝。8月，专署派干部分赴毒害严重的马边、峨边、沐川协助开展禁烟工作。到1953年底，全区境内种植鸦片、贩运鸦片、吸食鸦片现象基本绝迹。

严禁卖淫嫖娼。1950年后，人民政府查封所有妓院，审查处理妓院老板、鸨母，收容教育改造妓女。到1953年底，全区卖淫嫖娼活动禁绝。

严禁聚众赌博。各地在城市结合镇压反革命、整顿社会治安,在农村结合清匪反霸和土地改革,宣传赌博危害,查封窝点,查处赌场老板,没收赌具,打击赌头、赌棍。1953年后,各地赌摊、赌场和家庭赌博基本绝迹。

二、彝族地区民主改革

彝族地区状况　马边、峨边、雷波、屏山等县彝族长期处于奴隶社会,经济文化发展滞后,阶级矛盾十分尖锐。1951年底,雷波、马边、峨边三县分别建立县级民族民主联合政府。1953年底,先后在彝族聚居区建立彝族自治区、乡政府,在彝汉杂居区、乡建立民族联合政府,并选出一定比例的彝族代表人物担任县、区、乡政府及部门领导职务。

民主改革　1956年,马边、峨边县全面铺开民主改革,废除奴隶制度,消灭奴隶主阶级;废除奴隶主阶级的土地占有制,实行劳动人民土地所有制;奴隶主枪支交由武装自卫队管理;奴隶主保留选举权和被选举权。2月,两县发生武装叛乱,破坏民主改革。1957年4月武装叛乱平息后,继续推进民主改革。发动群众开展"吐苦水,挖穷根"的回忆对比教育,培养积极分子和民族干部,建立乡村基层政权。划分奴隶主、富裕劳动者、劳动者、半奴隶、奴隶等阶级成分,宣布解放全部奴隶,征收奴隶主多余的土地、牲畜、农具、粮食、房屋和其他财产分给劳动人民,政府无偿发放衣、被、农具和其他生活必需品。通过土地改革和民主改革,马边、峨边两县共解放家奴5350人,解放其他奴隶、半奴隶、劳动者共11655户,42613人。共分到土地99628.5亩,分得粮食25万余公斤,耕牛3547头,以及其他生产生活资料。

武装平叛 1956年2月，部分奴隶主在国民党残匪、特务分子的勾结唆使下，胁迫不明真相的彝族群众破坏民主改革，发动武装叛乱。仅马边县叛匪就有19股5400余人，拥有枪支2400余支。遵循省委"以政治为主，辅以军事打击，迅速瓦解敌人，平息叛乱，以便通过和缓的方式完成民主改革"的方针，马边、峨边两县将民改工作队改为武装工作队，开展政治攻势。解放军、公安部队、武装民警先后参加平叛斗争，彝族奴隶、劳动群众、转业退伍军人组成2500余人的民兵，配合解放军作战。同时从汉区抽调数千名民工，保障物资运输。1957年春，两县武装叛乱基本平息。7月，解放军147团在大风顶竹儿马涧（今美姑县洪溪乡与挖黑交界处）森林中将叛乱总头目黑彝木干击毙，历时14个月的武装叛乱彻底平息。

1957年10月，马边县参加平叛部队机动排全体指战员合影

三、社会主义三大改造

1952年，乐山社会经济结构中国营经济占6.8%，合作社经济占1.9%，公私合营经济占1.7%，个体经济占83.2%（其中个体农业经济占75.3%），私营资本主义经济占5.9%。非公有制经济占比高达89.1%。根据党在过渡时期的总路线，乐山实行社会主义三大改造，实现从新民主主义社会向社会主义社会过渡。

农业社会主义改造 从农民建立互助组开始，逐渐扩大为农业生产合作社。1951年12月，乐山第一个常年性互助组乐山县青峨乡三村胡洪兴互助组成立。1952年，发展到24215个。1952年11月，乐山县胡洪兴农业生产合作社成立，随后各县开始试办农业生产合作社。到1955年6月，全区共发展互助组34784个，建立农业生产合作社1118个。当年底，全专区农业合作社迅速发展到10096个，入社农户比例由17.8%提高到74.3%。到1956年底，全区加入农业社的农户有576757户，占93.4%，其中有323948户加入高级社，占51.5%。80%的农业社实现增产。1957年，初级社多数转为高级社，乐山基本完成对农业的社会主义改造。

1956年2月，峨眉县前进乡红星集体农庄成立大会

手工业社会主义改造 1952年开始，在办手工业联营社的基础上，开始试办生产小组和合作社。乐山县首先组建大众造碱生产合作社。1953年，全区组建24个生产合作社。1954年6月，专、县（市）成立手工业管理科。到1954年底，组建社（组）320个，6858人，占手工

1953年8月，峨眉县工商业联合会摊贩业同业公会成立

业从业人员总数的16%。1956年2月，全区采取"一次性批准按行业全部组织起来"的方法，组建手工业生产合作社（组）518个，入社（组）者占全区手工业者25712人的92%。到年底，手工业社会主义改造基本完成。

资本主义工商业社会主义改造 1953年以前，有嘉乐、加裕、吉祥、沫江等7个厂矿实行公私合营。1953年10月，地委对全区私营大型企业进行摸底调查，提出分步骤改造的意见。1954年9月，私营乐华纸厂与嘉乐纸厂合并，并实行公私合营，为全区工商企业公私合营之始。随后有国营金山寺制盐厂与私营群力、新川南两厂合并实行公私合营，川康毛纺厂公私合营等，将绝大部分私营工业纳入加工、订货、包销等国家资本主义中级形式。1955年底，全区对私营工商业的社会主义改造取得突破性进展。工业方面，采取并厂合营或单独合营办法改造46户私营工业，占全部10人以上私营工业产值的44.6%。商业方面，采

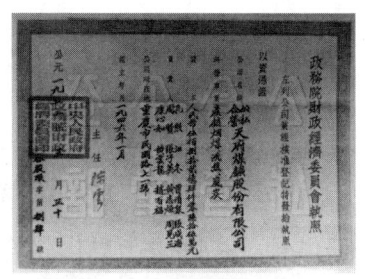

1952年3月30日，政务院财经委员会颁发给公私合营天府煤矿股份有限公司（现嘉阳煤矿）的营业执照。下图为公私合营嘉阳煤矿印章

取经销、代销、托售、组织合作小组等办法，改造私营零售商5504户，占私营商业总户数的30%。到1956年12月，全区各县县城10740户私商，90%左右改造成为公私合营商店或合作小组。农村16203户小商贩（占小商贩总数的82.8%）组织成各种形式的合作小组。全区182户私营工业全部合营。运输业方面，私营汽车全部合营；参加木船运输合作

社的有13427人，占船民总数的94.6%；参加群众运输合作社的有876人，占群众运输总人数的51.1%。至此，对资本主义工商业的社会主义改造基本完成。

第三节 经济和社会事业发展

一、国民经济

1950年1月，成立国营乐山贸易公司。1951年4月，全区最早的县级供销社——乐山县供销合作社建立。8月，全区第一座石拱公路大桥内（江）乐（山）公路爱国桥建成通车。12月，全区首家国营茶厂犍为县清溪茶厂建成投产。1951年，全区工商业户9865家，比1950年增加51.4%。1952年，全区工农业总产值为71585万元，比1949年增长26.4%，其中

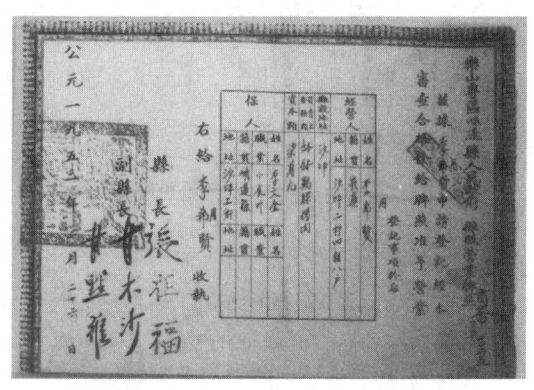

1953年2月26日，峨边县颁发的营业牌照

工业总产值、农业总产值、粮食总产量分别为10970万元、60615万元、109.27万吨，分别增长89.8%、19.2%、22.4%。财政收入4489.2万元，比1950年增长89.8%。

"一五"计划 1955年12月，成立专区计划委员会。1956年1月

10日，成立规划办公室。五年间，全区固定资产投资总额达7335万元，包括兴修农田水利基本建设工程，扩建改造重点厂矿，新建重点工程项目，整治江河河道，扩建和修建主要公路干线等。1952年，投资15万元实施嘉阳矿黄村井、吉祥矿印盒山井基建工程。1953—1957年，投资749.7万元新建犍为葛沟煤矿、罗城煤矿、峨眉龙门洞煤矿、公安沙坪煤矿等矿井8对，扩建矿井2对，新建焦场5座。1953年，省属高桥磷肥厂建成投产，为全区首家磷肥厂。乐山医药支公司加工部改建为乐山制药厂，为全区首家制药厂。到1957年底，"一五"计划的各项经济指标全面超额完成，工农业总产值达108986万元，比1952年增长52.25%，年均增长8.8%。其中，工业总产值、农业总产值、粮食总产量分别达22757万元、86229万元、1372120吨，分别比1952年增长107.45%、42.25%、25.58%。五年财政收入24208万元，年平均4841.6万元。1957年农业税总收入的比重由1950年的77.3%下降到43.5%，国营企业上缴利润和其他收入由4.6%上升到10%。1957年，全区职工人均年工资387元，比1952年增长53.57%；城镇居民储蓄存款余额为825万元，比1952年增长220%。农村农民储蓄存款余额在1952年为0，1957年达1553万元。

二、生产技术

工业技术 20世纪50年代，国有矿山开始用风钻、煤电钻打眼及炸药、瞬发雷管取煤，基本实现机械通风。1955年，嘉阳煤矿采用风钻打眼。1956年4月，沫江煤矿实行牛角空心放炮。落煤工艺逐渐由半机械、机械生产取代手工钻子掏槽、落煤，其中短截链式割煤机主要由乐山煤矿机械厂和吉祥煤矿生产供应。1953年，嘉华水泥厂建成1座干法中空小回转窑，年产能力1.2万吨，1954年，扩建后年产量提高到3.2万吨。1953年，嘉裕碱厂采用细料薄烧工艺，日产量由2吨提高到4.8吨～6吨，纯碱含量提高到85%。1954年用洗滤法试制成功含95%以上的精碱，精碱产量占纯碱产量的80%以上。1953—1957年，政府投资116万元，在峨眉龙池、犍为永丰和新建的川西高庙铁厂改造炉型和鼓风方式，采用柴油发动机驱动的罗茨鼓风机，使炼铁高炉容积由12.95立方米发展到50.85立方米。1956年，建设四川省第一座高水头水电站——峨眉龙池河电站，1957年投产。

农业技术　建立科学实验小组，开展农作物良种、新型化肥及新式农具等生产实验活动。水稻推广新式秧田"分厢稀播、湿润育秧"技术，推广苏式步犁技术，提高整地质量，改稀大窝为"宽窝点播"，结合施化肥、中耕除草以及推广早耕炕土、二犁二耙、条沟点播等技术，亩产提高91公斤。玉米推广"追肥三改""双株密植""防治病虫"技术。红苕推广南端苕，采用酸热物温床育苗，多殡苕、短藤浅栽等技术。畜牧业先后引进多种猪、牛、鸡优良品种，并组织畜牧兽医对农村常见畜业疾病的防治进行科普宣传活动。

三、教育事业

中小学教育　1950年初，改乡、村国民学校为完全小学和初级小学（村小），接管公立中学23所、私立中学11所。遵照西南行署颁布的《中学教育实施办法》《初等教育计划草案》，对学制、课程、考试、放假、学校组织、教职员作用及待遇、学校经费等作出明确规定，并停办私立学校。1953年，实施《十二年国民教育事业规划纲要（草案）》，实行国家办学与集体办学"两条腿走路"的方针,全区试行民办小学,首次确定乐山第一中学为重点中学。1957年,全区普通中学发展到69所,其中,高完中22所,初中47所,在校学生29881人,教职工1972人。小学发展到3754所,在校学生433719人,教职工12453人,7至11岁儿童入学率达到59.81%。

职业技术教育 1950年3月,专区接管"国立中央技艺专科学校",更名为国立乐山技艺专科学校,隶属西南军政委员会文教部;1952年10月,全国大专院校调整,撤销乐山技专。1950年11月,创办犍为农业职业学校;12月创办少数民族干部学校。1951年,创办乐山荣誉军人学校,校址在凌云山今沫若堂处,分校设在五通桥青龙嘴。该校是一所为人民解放军重伤员安排疗养、轻伤员康复,并进行文化教育和就业前技术培训的特殊教育学校。1958年9月,该校迁往青海。1951年8月,成立川南区乐山护士学校,隶属川南行政公署卫生厅。1952年,更名为四川省乐山护士学校,1956年,更名为四川省乐山卫生学校。1952—1953年,先后接管峨眉、夹江、犍为的师范学校,分别更名为四川省峨眉师范学校、四川省夹江师范学校、四川省犍为师范学校,均由省上管理。1958年8月,建立峨眉县商业局中药中学。

1958年8月,建立峨眉县商业局中药中学,图为讲授黄连栽培技术

扫盲教育 1951年1月,乐山各县、区、乡成立冬学委员会,动员

1953年，嘉阳煤矿对工人进行扫盲快速识字法教学

农村知识分子及有小学文化程度的农民担任冬学教师。1952年冬，专区和各县（市）先后建立速成识字法推行委员会，由宣传部、文教科、团委、工会、农民协会、妇联等组成。1953年，全区冬学进行分类规划。1955年，全区参加冬学的达51200多人。1956年3月，各县（市）扫盲办公室建立指导教学机构，配备3～5人指导教学工作，建起农民业余学校7264所，坚持参加学习的学员达343100多人；厂矿职工业余学校22所，参学人员达18060多人；专区和县级机关干部业余文化补习学校22所，学员4014人；区乡干部文化补习学校10所，脱产学习的达687人。

中共地委党校 1956年4月，原中共乐山地委会干部学校更名为中共乐山地委党校，校址在主城区月咡塘。1961年迁草堂寺。1962年迁入凌云山，同时地区财贸干校（1953年创办于任家坝）并入。1985年，更名中共乐山市委党校，校址迁至

20世纪60年代位于凌云山的中共乐山地委党校

城区青果山至今。

四、文化事业

公共文化 各县人民政权建立后，将民国时期设立的民众教育馆改造为国办文化馆。"一五"期间，各区、镇基层政府相继建立国办文化站和农村文化站，普及率达96%。各文化馆、站围绕各个时期的中心工作，开展时事政治和党的路线、方针、政策的宣传，辅导业余宣传队和业余剧团开展演出宣传活动，管理民间艺人，组织基层大型群众文化活动。同时，在农村基层建立图书室、图书流动站和读者小组，举办科技、卫生、农技讲座等。1950年，专署成立2个电影放映队，赴各县巡回放映。1952年8月，区内第一个地方国营电影院——乐山人民电影院开业。1953年10月，成立专署电影中队部。第一批农村电影放映队由专区直属一至五队组成。1956年，各县开始建立县级国办电影放映队，农村电影放映队发展到15个。与此同时，专、县接收、改造6个演出团体，建立乐山专区川剧团、京剧团、话剧团，乐山县曲艺团、杂技团，五通桥、犍为等6县（市）川剧团，以及犍为县木偶剧团等。其中，1951年在新又新川剧社基础上成立的乐山专区川剧团，享誉省内外，1954年，主演刘云深到中南海等处演出《临江宴》（饰关羽）、《御河桥》（饰柯太傅）。1957年，全区共有专业演出团体12个，演职员800余人。"一五"期间，各县将民营书店全部转入公私合营百货业，基本的图书划归国营新华书店统一经营。1957年，全区供销社成立图书门市部67个，当年共发行图书215.2万册。

文物保护 新中国成立后，宗教场所和山林收归国家所有。除峨眉

1962年维修前的乐山大佛

山外，县、区的文物工作均由当地文化馆直接负责。1950年1月，峨眉县人民政府发布第一号公告，宣布保护峨眉山风景区。1951年，撤销峨眉山管理局，成立峨眉山文物保管委员会，隶属峨眉县。1952年，保管委员会改属乐山专署和峨眉县共管，以专署为主。1954年，撤销保管委员会，成立峨眉县文物保护管理所，隶属峨眉县。20世纪50年代，重点对峨眉山寺庙古建筑进行维修。1952—1955年间，四川省人民政府先后拨款34.7万元，抢救性维修峨眉山报国寺、伏虎寺、万年寺、洪椿坪、金顶华藏寺等24座寺庙和基础设施。1951年4月5日，乐山县人民政府发出布告，宣布凌云寺、乌尤寺所有权属于公有，由人民政府接管，并宣布保护凌云寺和乌尤寺的文物古迹。

同年4月11日，乐山县人民政府发出通知，责成第四区人民政府和九峰乡人民政府解决凌云寺和乌尤寺与附近居民的土地纠纷。1953年9月，乌尤寺正式开放，门票面值3分。地委从峨眉山整修费中拨1万元维修乌尤寺。1953年，翻盖大雄宝殿。1954年，新建"万松深处"牌坊。1955年，维修罗汉堂，重塑济公像。1956年6月，峨眉山圣积寺铜塔、砖殿、峨眉飞来殿、凌云寺摩崖造像、乐山县汉代崖墓、夹江县千佛岩摩崖造像、杨公阙等处文物公布为第一批省级文物保护单位。

宗教　人民政府接管寺庙后，凌云寺由政府文化部门管理，自1951年起，部分建筑被乐山荣誉军人学校借用，宗教活动基本停止。乌尤寺继续由住持遍能和尚管理。1952年由县政府派员住寺管理。1949年，乌尤寺有僧人18人；1951年土地改革时有7人，土地改革后还俗3人、迁移2人；1952年只剩遍能和尚和苏金廷居士2人。1953—1956年，朗俊、满文、了心、海丰、惟哲等先后到乌尤寺出家。原峨眉山佛教会在人民政府成立后停止了活动。峨眉山各寺院的经济、维护修建和佛事活动由各寺院自行负责。各寺庙出租的土地实行减租退押，极少有宗教收入，一半以上僧众离寺。留寺人员由峨眉山特编村负责统筹安排，开办纺织厂、篾业组、茶叶经营部等组织生产自给。1953年8月，成立峨眉山佛教徒爱国学习委员会。1956年11月，成立峨眉山佛教协会，会址报国寺。各寺院负责人和执事人员安排，由峨眉县统战部和宗教科与峨眉山佛教协会商定。经过土地改革和反对封建迷信活动，农村道士和宫观中不愿留住的静居道士都与农民一样分得同等田地，以农耕为生，少数留住宫观的道士也参加农业社的集体劳动。1950年始，为与帝国主义断绝关系，驱逐外国传教士。乐山天主教、基督教开展自传、自治、自养的革新运动，发表革新宣言。乐山、夹江、峨眉各地教会先后成立

1956年峨眉山佛教协会成立时合影留念

天主教、基督教"革新促进会""革新会""爱国会"等,组织教徒开展各种形式的反帝爱国主义教育、和平运动等宗教活动。

五、人口与卫生事业

人口状况　新中国成立后,人民生活得到改善,出生率高于死亡率,乐山人口发展呈上升趋势。1950—1957年,人口由369万人上升为430万人。其中,1950—1952年为人口再生产惯性作用时期,3年净增人口17.19万人;1953—1957年人口增长较快,5年净增人口44.29万人。

医疗机构　新中国成立之初,人民政府接管了在乐山的省立医院和教会办的仁济医院,改建为乐山专区医院,同时接管改建各县卫生院。1950年9月,专署成立卫生科,建立红十字会乐山分会及其门诊部,恢复各县13所卫生院,成立122个联合诊所,15个妇婴保健所。区、乡医疗机构,各级医院规模逐步扩大。到1952年,全区共有医疗机构105个,医务人员由新中国成立初期的139人,增至832人。1952年组织5个专区少数民族医疗组,分赴5个有少数民族的县开展就地医疗。1956年3月,各县卫生院统一改称县人民医院,由国家投资,普遍添置医疗器具设备,扩大规模。县辖各区先后建立区人民医院(乡为卫生院)。1951年9月,在城区较场坝成立专区第一个妇幼保

1952年的乐山专区医院

健站。到"一五"末,有医疗保健机构136个、病床793张、医疗保健技术人员1212人,分别比1952年增长29.52%、18.54%、45.67%。少数民族地区建卫生所11个,接生站2个,卫生工作队和医疗组各1个,医务人员约百人。

中医 1950年,根据全国第一次卫生工作会议确定的"团结中西医"方针,组织分散在民间的中医药人员成立"卫生工作者协会",建立集体所有制性质的联合诊所,组织中医从业人员开展防病治病、预防接种等。1952年,乐山县卫生科统计,有联合诊所48所,人员403人,广布城乡。20世纪50年代中期,专、县国家医疗单位贯彻"保护、继承、发展"中医政策,相继接收、聘请民间名老中医,如乐山的张继先、朱伯龙,五通桥陈伯常,夹江江尔逊,峨眉李洛夫等共110多人参加工作,组建中医门诊、中医科室和中药房,并带徒传技。

卫生防疫 1950年5月,成立专区卫生委员会。1953—1955年间,专、县相继成立爱国卫生运动委员会和卫生防疫机构,机关、厂矿、学校成立卫生小组,乡、村、街道设卫生委员会。先后建立卫生防疫站18个,卫生防疫专业人员807人,血吸虫病防治站5个、血防专业人员162人,发动群众开展以灭蝇防蝇为主的卫生运动,开展清除垃圾污水活动。卫生防疫机构贯彻"预防为主"的方针,免费普种牛痘、伤寒等疫苗,降低疟疾、痢疾等传染病的发病率和死亡率。到"一五"末,天花、霍乱等烈性传染病在全区绝迹。

第十章　社会主义建设的探索和曲折发展

在社会主义建设的探索和曲折发展时期，乐山先后开展整风"反右""大跃进"和人民公社化、"反右倾""文化大革命"等政治运动，抓住"三线"建设的发展机遇，经济社会曲折发展。

第一节　社会主义道路的艰辛探索

一、整风"反右"运动

1957年4月27日，中共中央发出《关于整风运动的指示》，决定在全党进行反对官僚主义、宗派主义和主观主义的运动。5月29日，成立地委整风领导小组，地、县党政机关和直属企事业单位开始整风，向全社会征求对各级党政部门和单位领导思想作风方面的批评、意见和建议。各单位按照党的八大精神和整风的要求，听取和归纳各方面意见，提出边整边改的方案。6月，全国整风运动由正确处理人民内部矛盾的党内思想教育运动，转变为全力处理敌我矛盾的全民参与的"反右派斗争"。7月，地委结合整风进行"反右派斗争"。

经过半年多的斗争和甄别，全区共划定"右派"（含反社会主义分子）2965人、"中右"2699人，受到不公平的待遇和打击。1959年9—11月，全区分三批摘掉226人"右派"帽子。到1962年，全区批准360人摘掉"右派"帽子。党的十一届三中全会后，对受到处理的人员和受株连的家属，实事求是给予纠正。

二、"大跃进"和人民公社化运动

"大跃进"运动　1958年5月，中共八大二次会议通过"鼓足干劲、力争上游、多快好省地建设社会主义"的总路线，掀起"大跃进"运动。此后，全区迅速掀起农业"大跃进"和"全民大办"热潮。

农业"大跃进"。1958年6月，地委制定《社会主义建设14条规划（草案）》，审查修订年初制定的粮食增产14%、亩产269.9公斤的农业生产计划，确立亩产400公斤的新指标，批判下游思想和右倾保守思想。夏收时，全国各地竞放高产"卫星"，报纸上不断宣传小

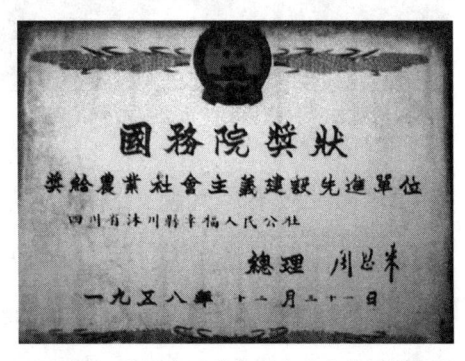

1958年12月，沐川县幸福人民公社被国务院授予农业社会主义建设先进单位

麦亩产上千斤、几千斤、甚至上万斤的"卫星"。8月27日，《人民日报》用通栏大标题"人有多大胆，地有多大产"，公开批判"粮食增产有限论"和所谓"条件论"，助长了不切实际拔高指标的现象，农业战线的高指标、浮夸风达到史无前例的程度。地委再次修订计划指标，原计划1963年实现的目标，决定6年计划1年实现。在实施中，水利建设工程一哄而上，

因贪多图快，有的塘、库建成后不能蓄水，劳民伤财。犍为、夹江等地成片改造烂泥田；丘陵、山区重点改造梯田、梯土。1958年小麦播种期间，为保证高产丰收，各地组织深耕队伍，破坏耕作层，强调高度密植。同时，各级大搞指挥田、示范田、高产片、高产路等，高指标、浮夸风盛行，对农业生产造成较大破坏。

峨眉县农村社员踊跃出售废旧钢铁用品

全民大办钢铁。1958年6月，地委根据党中央和省委指示精神，提出"以钢为纲，全面发展""全党全民大办钢铁"。为完成大办钢铁计划所增加的1345立方米高炉，3个月建成小高炉5000余座，实际能投入生产的只有1600座。为解决焦炭和木材供应不足问题，发动数以十万计的劳力进山砍树烧木炭、做风箱、搭工棚等。铁矿石不足、品位不高，发动群众找矿报矿，大搞回收旧钢铁的钢铁"抗旱运动"。为了解决大办钢铁对干部力量的急需，9月，地委调集1246名各级干部支援钢铁战线；同时通过撤并县市，精减人员，抽出大批干部转赴钢铁战线。为了满足大办钢铁对劳动力的需要，10月，省委批准仁寿县从内江专区划归乐山专区，专署从仁寿县农村调出数万劳动大军，实行军事化管理，奔赴乐山、犍为、峨眉等县参加钢铁大战。据不完全统计，全区从农村先后抽调21万精壮社员充实钢铁战线。到1958年11月，全区共生产生铁33040吨，只占年计划的21.7%，而且亏损严重。1958年12月17日，专署工业党组下发《对改造土高炉的工作意见》，对钢铁生产进行适当调整，规模大大缩小，大办钢铁的势头得到有效遏制。在"以钢为纲、全面发展""一马当先，万马奔腾"的口号下，商业、交通、运输、教育等其他行业也开展了违背客观规律的高指标、浮夸风、效益低、浪费大的"全民大办"热潮。

人民公社化运动 1958年8月，中共中央《关于在农村建立人民公社问题的决议》号召建立"一大二公"的人民公社。地委提出，各县可先办一个一乡一社规模的、实行政社合一、工农商学兵相结合的人民公社，并确定在夹江县甘江区试点。8月22日，甘江乡、甘霖乡、甘露乡和甘江镇的94个农业社，4个居委会，32个工商业、手工业联合社合并成红五星人民公社，总户数达3万多户。不到一个月时间，全区12355个农业社合并成237个人民公社，实现全区人民公社化。人民公社化初期，实行"一大二公"的管理体制和平均主义的分配方式，兴办"吃饭不要钱"的公共食堂，将劳动力按部队编制组成团、营、连、排从事农业生产。1959年1月，开始整顿人民公社工作。4月底5月初，根据"分级管理，队为基础"的原则，将原来一区一社或数乡一社的人民公社恢复成一乡一社，划清公社、生产大队、生产队三级的管理权限，明确人民公社仍然是集体所有制，实行按劳分配。生产队是人民公社的基本核算单位，公社的重要基础，公社生产的包产单位。人民公社的管理形势出现好转。

三、"反右倾"运动

1959年7—8月，中共中央召开的庐山会议以纠左开始，以"反右"告终。随后，"反右倾"运动在全国展开。9月4日，地委召开扩大会议，认定"右倾机会主义分子"和严重"右倾分子"若干人。9月7日、10

月5—14日召开地委全委扩大会议,又揭发一批"右倾机会主义分子",进行批判斗争并分别给予组织处理。会后,在农村和厂矿企业全面开展"反右倾"运动,对于那些敢讲真话、反映实际情况或对"大跃进"、人民公社化等有不同意见的基层干部和群众,进行批判斗争,严重损害党内民主。在此背景下,各地又出现所谓"继续跃进""更大跃进"狂热情绪,农村地区一度纠正的浮夸风、"共产风"再度泛滥,全区公共食堂普遍恢复,进一步对农业生产造成破坏。

四、甄别平反

按照党中央有关甄别工作的指示,地委从1961年6月开始,对在"反右倾"运动中受过批判和处分的干部、党员进行甄别平反。8月起,对1959年以来历次运动中受过批判处分的公社、大队和生产队三级干部和党员进行甄别平反。到1962年3月,甄别17593人,占应甄别对象19260人的91%,恢复原职4661人,安排其他工作3258人。1962年4月,中央下发《关于加速进行党员、干部甄别工作的通知》,要求"对全国县以下干部来个一揽子解决",对过去搞错了或基本搞错了的干部统统平反,除个别有严重问题的外,都不要"留尾巴"。据此,地委在当月部署了继续搞好干部甄别的工作。到7月底,甄别21635人,占应甄别总人数的97%;还甄别了1959年以来误受刑事处分和劳教的干部1188人,占应甄别总人数92.9%,给他们平反,恢复名誉、恢复工作或另行安排工作。但由于种种原因,仍有4388名干部留有不同的"尾巴",直至党的十一届三中全会后才得到解决。

五、社会主义教育运动

"小四清"运动　1963年6月中旬,地委派出工作队在夹江县甘江、甘霖、甘露3个公社进行"小四清"(清理账目、清理仓库、清理财物、清理工分)试点。之后,各县共有21个公社开展试点。1963年10月和1964年1月,各县组成社教工作队,分两批在310个农村公社开展"以阶级斗争为纲"的"小四清"运动,占全区公社总数的57.6%。1964年4月结束。1964年5月起,组成地、县社教工作队,配合省委社教工作团,对17个公社进行复查。1965年,全部纳入"大四清"(清政治、清经济、清组织、清思想)运动。

"五反"运动　1963年4月,地、县和有关系统分别成立"五反"领导小组。在区县以上机关、事业单位、国营和合营企业单位、物资管理部门、文教部门,以及县属区、社财贸单位,分期分批开展"厉行增产节约"和"五反"(反对贪污盗窃、反对投机倒把、反对铺张浪费、反对分散主义、反对官僚主义)运动。至1964年5月,全区县以上机关、企事业单位第一、二批开展"五反"运动的单位共有715个。县以下全民所有制单位随农村"小四清"开展"五反"的单位527个。共清出贪污盗窃、投机倒把人员1352人。10月,纳入"大四清"运动,直到1966年结束。

"大四清"运动　1964年10月,根据中央有关指示精神,地委召开扩大会议,全力解决各级领导核心问题。11月上旬,地委派工作组协助马边县开展"大四清"夺权斗争。11月下旬,峨眉县被定为全省第一批"集中力量打歼灭战"的试点县。抽调省、地、县机关、学校、部队干部6182人，组成社教工作团（县设总团、区设分团、公社设队、大队设组），开展声势浩大的"大四清"运动，至次年6月初结束。随后，全区全面开展"大四清"运动。1966年9月，红卫兵炮轰地、县委和社教工作团，致使社教工作无法开展。12月中下旬，乐山、青神、五通桥社教工作团自动撤离，全区"四清"运动结束。

六、"文化大革命"

1966年5月，中共中央政治局扩大会议通过"五一六通知"，8月，中共八届十一中全会通过《中共中央关于无产阶级"文化大革命"的决定》，这两次会议的召开，标志着"文化大革命"全面发动。

红卫兵"大串联" 1966年8月，红卫兵运动遍及全国，在乐山出现各种名目的红卫兵"战斗"组织。各地学生开始"大串联"，大批学生涌向北京、涌向全国各地。9月12日，乐山地委成立"文化革命"小组。10月下旬起，全区师生代表分四批赴京参观"文化大革命"运动。地委专门成立"文化大革命"接待站，拨出专门经费，抽调人员做接待工作，为到乐山串联的学生发放粮款，安排住宿，支持"大串联"。

破"四旧" 1966年8月底开始，开展所谓破"四旧"（旧思想、旧文化、旧风俗、旧习惯）。起初由"四清"工作队组织人员，以当时的"地富反坏右"为对象，查抄一些"四旧"物品。10月6日开始，乐山城区破"四旧"活动大规模展开。在破"四旧"的影响下，许多人把自己收藏的古旧书籍、中外名著等付之一炬，以免被殃及。10月中下旬，破"四旧"发展到破坏捣毁文物古迹。乌尤寺罗汉堂的五百罗汉被全部捣毁，峨眉山寺院中的佛像、碑刻、匾额、法器、供器等损失严重，佛教徒成为批判对象，造成一批冤假错案。

造反派夺权 受全国多地刮起批判所谓"走资派"和"资反路线"（即资产阶级反动路线）的影响，在"造反有理"的大背景下，1967年1月起，乐山各地陆续发生"夺权斗争"，各地党政机关陷于瘫痪或半瘫痪状态。1968年5月29日，地委代理书记宁道贵被迫害致死。大批干部被下放到各地"五七"干校劳动改造。

乐山武斗 乐山社会上的群众组织逐渐分化组合为激进和保守的两大派，即所谓"造反派"和"保皇派"。1967年5月14日，双方在乐山城区发生小规模的武斗冲突，后来武斗升级为真枪实弹加土炮，酿成震惊全国的乐山武斗事件。7月上旬，解放军部队奉命进驻乐山支"左"，制止武斗，长达54天的武斗得以平息。乐山武斗使乐山人民和国家财产遭受巨大损失。

乐山地区革命委员会成立 1968年3月7日，经省革命委员会、成都军区党委批准，成立三结合（革命群众组织负责人、解放军驻军代表、革命领导干部）临时权力机构——乐山地区革命委员会，解放军149师师长林长修任主任。下设办公室、政工组、政法组和生产指挥部，取代原地委、专署和政法职能部门的职权。至1968年8月，各县（区）、公社、生产大队、生产小队等先后建立革命委员会和革命领导小组。地、

1968年3月15日，乐山地、县革命委员会成立庆祝大会

县革命委员会的建立，对缓解当时的混乱局面起到了一定的作用。

乐山地委恢复 1969年1月，经四川省革命委员会批准成立中共乐山地区革命委员会核心小组，由解放军149师师长林长修任组长，代行地区党委职权，对乐山地区党、政、军、群的工作，实行一元化领导。1970年9月，地革委党的核心小组进行开门整风、整党建党，从政治上、思想上和组织上为恢复地委作准备。1971年12月8—11日，中国共产党乐山地区第一次代表大会在乐山召开，会议选举产生中共乐山地区委员会。解放军50军副政委乔学亭当选地委第一书记。地委工作的恢复，对乐山的稳定和发展发挥了积极作用。

"文化大革命"结束 1971年9月13日，"九一三事件"发生。此后至1976年，乐山先后开展"批林整风""批林批孔""批邓、反击右倾翻案风"等政治运动。1976年9月9日，毛泽东在北京逝世，9月18日，地委在乐山新

1976年10月23日，地委在乐山人民广场召开万人大会，庆祝粉碎"四人帮"的伟大胜利，会后举行声势浩大的游行

村广场（现阳光广场）召开地、县党政军民追悼毛泽东主席万人大会。10月6日，华国锋、叶剑英等代表中央政治局，粉碎"四人帮"，"文化大革命"结束。10月23日，地委在新村广场举行万人大会，庆祝粉碎"四人帮"的伟大胜利。

七、知识青年上山下乡运动

1955年10月,毛泽东主席第一次发出知识青年到农村去的号召。1956—1957年间,乐山县、五通桥等地部分城镇青年学生,自愿组织青年垦荒队奔赴山区,或报名要求到农村安家立业。1963年7月,根据四川省人民委员会批准《关于我省国营农林渔场安置家居大中城市精简职员和学生计划的报告》,自贡市251名知青赴乐山专区的国营农林场。

1964年3月,根据中共中央、国务院《关于动员和组织城市知识青年参加农村社会主义建设的决定》精神,地委召开城镇工作会,动员和组织知识青年上山下乡。这是乐山地区首批由政府安置上山下乡的知识青年。到1964年6月底,全区上山下乡知识青年和城镇其他人口到农村的共3802人,占计划4500人的84.5%;加上成都市到乐山上山下乡知识青年624人,全区总计安置4226人。

1969年1月,地区革命委员会发出通知,要求1966年、1967年、1968年的城镇初高中毕业生,都应一律到农村去插队落户,接受贫下中农再教育。知识青年上山下乡掀起高潮。截至1977年底,全区先后有12.84万名知识青年上山下乡(包括安置成都、自贡和省直属机关的知青)。1979年起,乐山逐步不再组织知识青年上山下乡。

1969年4月,知青队长高久明(右三)在指导知青糊田坎

1970年，按照省革委指示，全区开始直接从上山下乡知青中招收人员到企业当工人。1973年10月，成立地区革命委员会上山下乡工作办公室，负责全区知识青年上山下乡动员安置工作。1981年，撤销地区知识青年上山下乡办公室。随着改革开放的深入，党和国家政策的调整，上山下乡的知识青年普遍返城就业。

第二节　国民经济的曲折发展

一、农业经济

连续三年的农业"大跃进"，乐山农业连年大幅度减产。1958年比1957年下降13.8%，1959年又下降15.1%。

1961年，全区开始整顿人民公社，纠正"五风"（即共产风、浮夸风、强迫命令风、生产瞎指挥风、干部特殊化风）；实事求是地调整农业政策和农业生产指标，加大农业投资；大搞试验田，推广农业科技；坚持三级所有，队为基础，改善公社经营管理工作。允许山区、丘陵农民为恢复和发展生产而采取的各种生产责任形式存在。全区从人力物力财力方面大力加强和支援农业，广大农民群众生产积极性不断提高，农业生产力和生产水平得到一定程度的恢复。1962年，全区农业总产值51815万元，同比增长20.73%，扭转农业三年大滑坡的局面。乐山县严龙公社的"讲形势、摆条件、比产量、找差距、添措施"的十五字高产田经验，1964年3月6日被省委批示在全省推广，后被《人民日报》广泛宣传，随即在全国掀起"学严龙、赶泗马"活动。

1963年全区大兴水利和农田基本建设，动工、兴建水利工程45处、电灌站129处，可增加农田灌溉面积69.7万亩。恢复冬水田，发展囤水田。1965年开展学大寨活动，全年累计投入劳动力73万余人，新修小型水利工程1万余处，土改田3.6万余亩，山坡改梯地3417亩，改造低产田1.6万余亩。1965年，全区农业生产快速恢复和发展，农业总产值达78100万元，比1961年增长81.98%；粮食总产量达1246055吨，增长71.12%。

1976年6月25日，峨眉县工农兵水库工地现场

"文化大革命"十年间，全区农业经济受到的破坏相对较小。乐山开展"农业学大寨"，大搞农田水利基本建设，推广科学种田，全地区农业经济稳定发展。70年代，仁寿黑龙滩水库、乐山县高中水库、关子门水库和沫江堰、犍为新店水库相继动工，新增蓄水量9.71亿立方米，新增有效灌面176万亩。1973年4月，地革委组织工业、交通企业支援农业抗旱。其中，从五通桥引岷

1976年，建成投用的犍为新店水库

江河水倒流入茫溪河，分6级16站提水灌溉井研、五通桥、犍为、乐山等地20余万亩农田。

与1965年相比，1976年农业总产值达到10.15亿元，年均增长2.73%；粮食总产量181.38万吨，年均增长4.14%；油料总产量2.87万吨，年均增长1.96%；肉猪出栏和生猪存栏分别达到138.03万头和316.79万头，年均分别增长4.98%和5.97%。

二、工业经济

"大跃进"运动造成全区工业与农业、工业内部重工业与轻工业比例严重失调，加之基本建设战线拉得过长，严重影响了国民经济的发展。1961年2月起，乐山开始压缩工业战线，调整比例，实行必要的关、停、并、转，整顿企业。精简工业战线职工20.2万人，返回农业生产第一线。

从20世纪60年代中期起，乐山结合地区特点和国家"三线"建设项目需求，建成一批"五小"（小钢铁、小煤矿、小机械、小水泥、小化肥）工业。随着"三线"建设项目投产，全区工业形成以大中型重点企业为骨干、地方中小型企业相应发展的产业结构。能源、钢铁、建材工业主要布局在以峨眉、沙湾为核心的盆周山区；化工、电子、机械工业主要沿岷江建设发展。1976年，全地区工业总产值达到10.63亿元，比1965年的2.74亿元增长2.88倍。主要工业品的年产量有较大幅度的增长。

三、交通运输和商贸

交通运输 1958年7月，省养路段下放，成立乐山专区养路段。"大跃进"时期，围绕"全民大办钢铁"大修公路。到1962年，修建公路

1085公里，建桥梁34座。全区公路主骨架形成雏形。1965年始，配合成昆铁路和区内"三线"企业重点建设，加快连接公路线和重点企业进厂专线建设。农村实行山、水、田、林、路综合治理，加快乡村公路改造。1966年10月，省内第一座预应力混凝土T型梁桥——徐浩青衣江大桥竣工通车。1973年1月，乐山岷江大桥（现岷江一桥）建成通车，是省内首次采用工字形截面的钢筋混凝土组合箱形拱桥。到1978年，通车总里程4311公里，比1965年增加777公里。其中干线公路1111公里，县乡公路2632公里，专用公路568公里，高级、次高级路面381公里。以乐山城为中心辐射各区县的干线公路网络开始形成。

1973年的乐山岷江大桥

　　1960年，全区有专业运输汽车292辆，木船总吨位2万吨左右，并组建乐山汽车大修厂、造船厂和交通工具厂，年货运量509.3万吨。1962年7月，专区汽车运输公司改组为四川省运输公司乐山分公司，由省交通厅直接领导管理，下辖的7个车队改编为3个车队（即11、12、13队，驻地分别为乐山、五通桥、峨眉）；撤销乐山专区航运公司，所属轮船运输站职工和机动船，交重庆航运公司管理。将乌尤、五通桥、石溪3个木船航运公司和专区木船航运公司直属站的职工及木船，移交给所在县运输站，转为集体所有制的木船运输合作社，恢复组建木船运输合作社16个，有木船1084只（3.69万吨位）。将1958年转为国营公司的群众搬运合作社全部转为集体企业，并于1962年9月组成44个群众搬运合作社。1965年，随着"三线"项目建设推进，全区货运量提高到264.35万吨，货物周转量提高到1.61亿吨公里。1977年，全区货运量708.7万吨，周转量2.93亿吨公里。

商业贸易 1958年，专区供销社、商业局、服务局"三合一"为商业局。1962年"国合分家"，分设供销社主管农村商业，商业局主管城市商业，恢复各专业公司建制，分别建立物资局、医药局、烟草专卖局。1964年，商贸实现全面好转，国合商业部门国内纯购进为1.88亿元，国合商业部门国内纯销售2.40亿元，社会商品零售总额2.43亿元。"文化大革命"初期受到冲击。"文化大革命"后期，支援工农业生产，发展城乡贸易，促进商品流通。到1976年，国合商业部门国内纯购进3.94亿元，比1965年（下同）增长68.98%；国合商业部门国内纯销售6.09亿元，增长91.58%；社会商品零售总额5.79亿元，增长89.89%；财政收入1.31亿元，增长79.25%；各项存款2.57亿元，增长29.65%，其中城镇居民储蓄存款3722.9万元，增长1.86倍，农村农民储蓄存款6966万元，增长76.31%。

四、"三线"建设在乐山

从1964—1980年，国家在中西部的13个省、自治区进行一场以战备为中心、以工业交通和国防科技为基础的大规模基本建设，称为"三线"

建设。这是中国经济史上一次大规模的工业调整布局和建设。乐山由于历史条件、地理环境、资源等方面的优势,成为四川"三线"建设的重点地区之一。

项目布局 1964年9月至1965年初,40多个部委在乐山选点布局一批原材料和机械电子等具有先进技术水平的重要企业。"三线"建设期间,国家投资35亿多元,占全川总投资的10%以上,建成23个项目。主要依托成昆铁路高山深谷地带,及岷江、大渡河流域两岸布局,建设项目分散在乐山城郊及峨眉、沙湾、夹江、五通桥等区域。项目包括:道路交通,以成昆铁路建设为标志。原材料工业,主要包括峨嵋半导体材料厂(所)、国营乐山造纸厂、峨眉水泥厂、长征制药厂和峨眉铁合金厂等。能源工业,主要包括龚嘴水电站,扩建五通桥发电厂。机械制造工业,主要包括东风电机厂、夹江水工机械厂、乐山冶金机械轧辊厂、峨眉冶金机械厂等。大型科研和教育基地,主要包括地质矿产部矿产综合利用研究所、铁道部科学研究院西南研究所、唐山铁道

1969年建成的夹江水工厂,是西南当时唯一的大型水工机械制造企业

学院等。今眉山市当时属乐山专区辖地,其"三线"建设项目主要包括交通、邮电、机械、电子产品制造企业。如,眉山车辆厂、眉山通信设

备厂、星华仪器厂、建华仪器厂等。

支援保障　1964年，先后成立专区直属的工业基建指挥部、支援重点工业建设办公室、支援成昆铁路建设办公室、峨眉县委建厂委员会等机构，对"三线"建设项目给予支持和保障。仅1965年，全区共动迁建设区农民约5000户，为项目建设提供用地10.05万亩。为满足重点建设的需要，保障供应砖瓦、河砂、工业品、主副食品等。自1965年开始，整修乐西公路峨边新场至蓑衣岭、峨美公路峨边至美姑县界路段，新建峨眉双福至夹江木城公路。

1970年7月建成通车的成昆铁路

1965年，架设岷（江电厂）水（峨眉水泥厂）线、双（福）南（南安909）线、双（福）警（卫团）线、双（福）界（牌）线等9条35千伏输电线路75.21公里。1966至1976年，架设110千伏线路346.15公里和220千伏线路6条360.55公里。相继建成威（远）五（通桥）、金（山）乐（山）天然气输气管道以及仁寿籍田至彭山、眉山两县的天然气输气管道。

历史影响　"三线"建设时期，建成的20多个大中型项目，采用了国内先进技术，填补了乐山工业种类空白，奠定了乐山地方工业基础，形成了地方经济支柱。1970年7月25日，中国核动力研究设计院设计建造出的第一代核潜艇陆上模式堆发出了中国第一度核电，1970年8月30日陆上模式堆达到满功率。1970年12月，中国第一艘攻击型核潜艇下水，中国成为世界上第五个拥有核潜艇的国家。1984年，核工业西南物理研究所建成当时中国最大的研究核聚变的托克马克装置（HL—1）——"中国环流器一号"，1987年获国家科技进步一等奖，标志着中国受控核聚变研究进入一个新的阶段。"三线"建设不但带来产业布局，而且集聚了一批优秀的科技人才。如峨嵋半导体材料厂（所）的人才和技术储备，为乐山多晶硅及光伏产业发展储备了科研和技术人才，奠定了发展基础。"三线"建设带动城镇发展，夹江、峨眉、五通桥、沙湾、金口河等地成为新兴的工业城镇，活跃消费市场，带动服务业发展。企业学校、医院等附属设施的建设，为地方社会事业的发展起到重要促进作用。"三线"建设还为乐山留下了丰富的工业遗产和宝贵的精神财富。

第三节　社会事业发展

一、教育事业

基础教育　1958年"全民大办"教育，小学增至5604所，中学103所，多数缺乏必要的师资和校舍设备。1962年，纠正"全民大办"中产生的教师、学生生产劳动过多，以及业务工作上的瞎指挥等混乱现象。1964年，贯彻中共中央关于"两种教育制度、两种劳动制度"的指示，全区大办耕读小学和试办半工半读、半农半读中学。到1965年，全区有高完中

1973年冬夹江县南安公社开设的农民夜校

25所,初中65所,在校学生4.14万人;半工半读中学23所,半农半读中学300余所。有公办、民办小学7603所,在校学生68.53万人,学龄儿童入学率达80%。"文化大革命"时期,教育遭受极大破坏。1969年,在农村推行普及小学教育和中学教育。到1976年,全区共有小学5297所,在校学生94.41万人。1977年,全区有初中1570所(其中"戴帽"初中1232所),在校学生27.15万人,普通高中353所,在校学生6.79万人。

中高等教育 1958年3月,创办乐山大学,校址在峨眉县,师范系设在凌云山大佛寺。1959年春,学校迁至五通桥青龙嘴今五通桥中学处,师范系仍在大佛寺。乐山大学是一所高等专科学校,分设工科、农科、师范3个系和预科班,有机械、电力、农学、畜牧学、中国语文、生物等14个专业。1959年8月,更名为乐山专科学校。1961年8月专业调整,只保留中文、数学、机械、农学4个专业。1962年全国高等教育调整,该校撤销。1971年,唐山铁道学院内迁峨眉山麓。学校专事轨道交通人才培养,尤以土木、矿冶两学科独树一帜。1972年,定名西南交通大学。"文化大革命"时期,停办大批中专和中等师范学校。

民族教育 1951年,马边县人民政府在城北武侯祠和走马坪大垭口分别办起民族小学,各开设一个班,学习汉语和文化课。峨边县在沙坪古今寺设立峨边县民族小学。

"全民大办"教育过程中，1959年，峨边有民族小学18所，其中西河区有民族小学12所，20个班，在校学生500余人；马边民族小学增至26所，在校彝族学生2889人。1962年，马边将民族小学调整为15所，峨边调整为5所，改善办学条件，增派汉族教师任教，加强教学管理，提高教育质量。1977年，峨边彝族小学曾一度发展到112所。在校学生2848人，入学率达到91%。

二、科技事业

科研机构 1958年起，先后在地、县或公社成立科委、科协和一批工农业科学技术研究所，厂矿、机关、学校成立基层科协。工厂开展群众性的技术革命、技术革新，农村开展科学试验活动。1959年6月，除峨边县外各县均已成立科委会；成立地级科研所（组）7个（综合性研究所1个，有关部门专业性研究所6个），基层科研所68个，小组33个（其中综合性3个、站1个）。8月，建立全区科学技术情报网和专区综合性科学技术情报站（中心）。在所属商业局、农水局、林业局、邮电局、交通局、医院、厂矿、中学和有条件的人民公社，建立兼职情报小组或通讯员，专属厂矿建立专兼职情报组。1960年，建立专、县农业机械研究所。

科技进步 20世纪60年代，各种近现代科技逐步应用于各部门：采卤制盐实现半机械化、机械化，机械工业由修理装配进入设计制造，化工、造纸、食品加工、电力、纺织、冶金、邮电、交通的科技水平有长足进步，多发病、常见病、流行病的医疗技术达到有效控制的水平，农作物已能自育一些新品种。"文化大革命"初期对各级科研组织冲击较大,但"三线"建设项目及其相关产业受到大力扶持。一批受控核聚变、核动力、单晶硅、超纯金属、通信设备、矿产综合利用、机械及动力设备、电力设备、特种造纸、医药、特种建材等高科技国防企

峨嵋半导体材料厂(所)生产车间

业、科研院所相继建成投用,并取得若干科技成就,如:1970年12月,峨嵋半导体厂试制第一台熔单晶硅炉成功,填补国内空白。1972年7月,嘉华水泥厂试制热堵水泥成功,被国家建材局定为特种水泥生产定点厂和国家建材研究室品种试验厂。1974年,亚西机器厂试制成功液氮生物容器,填补国内空白。1976年,东风电机厂研制成功高空水力测功仪,达到国际先进水平。1977年10月,长征制药厂与中国科学院微生物研究室协作进行糖化酶新菌种生产试验,创造国内最高水平。

三、文体事业

文艺演出 1960年,全区共有专、县川戏、京戏、话剧、曲艺、木偶、杂技等艺术表演团、队13个,演职员800余人。1961年,贯彻文化部党组、文联党组《关于当前文学艺术工作的意见》,群众文化活动、专业文艺创作和演出开始活跃。1962年,专区话剧团改组为专区文艺工作团,乐山开始有演出大型话剧、歌剧、歌舞的综合性艺术表演团体。"文

化大革命"中受到冲击,三个县川剧团和乐山县曲艺团、杂剧团被撤销,改建为毛泽东思想文艺宣传队。1970年,全区普及推广京剧"样板戏",各团体逐步恢复业务活动,但传统戏剧目遭禁。1977年,全区恢复到12个专业剧团,职工900余人,观众327.5万人次。

电影放映 1959年,电影体制下放,撤销专署电影中队部和专区直属队,成立政企合一的乐山专区电影公司,负责区内电影放映管理和经营16毫米影片发行。1963年,专区电影公司更名为四川省电影发行放影公司乐山专区公司,各县相继成立县电影管理站,形成上下结合、统一经营管理的发行放映新体制。1965年,全区共有电影院、队82个。"文化大革命"初期电影事业陷于停顿。1972年,地区公司和县管理站分别下放地、县管理,区公司在沐川试点,发展8.75毫米影片的公社电影队,同时厂矿俱乐部影剧院逐渐增多。到1978年,全区电影院、队发展到487个。

广播电视 1955—1959年间,各县在收音站基础上成立县有线广播站,发展农村广播网,有条件的公社相继成立广播放大站,每日定时收播国际国内重要新闻。"大跃进"时期和"文化大革命"初期全区广播事业两度遭受严重挫折。1972年,全区第一座中波转播台——犍为"511"台建成投用。1972年冬,地、县两级利用邮电线路建立"战备载波广播网"。1973年,全区550个公社中有512个建立有线广播放大站。1977年,各县发展专杆专线,解决了广播与电话共线的矛盾,广播节目由每天2小时增加到7小时以上。20世纪70年代,电视事业开始发展。1970年10月,第一座电视转播台——703台在峨眉山金顶建成,转播黑白电视信号。1972年4月,转播台因火灾被毁。1975年10月1日,重建的金顶703

台彩色电视转播台建成启用,多数县、区都能收看转播的节目。1977年8月,马边县建成莲花山电视差转台。以后数年,马边、峨边、沐川等县陆续兴建多座彩色电视差转台,少数民族地区和山区的群众也能收看彩色电视。

1975年10月,金顶电视发射台建成投用

体育事业 1956年始,专区及各县相继建立体育运动委员会,先后举办两届大型综合性专区级运动会。"文化大革命"前后开展国防军事体育活动。乐山城区先后建篮球场、排球场、田径场、游泳池。1958年全区共有业余体校120所,为国家、省、专区培养人才。1963年11月,犍为举重运动员邓国银在世界新兴力量运动会上获世界冠军,1966年

1966年11月,犍为籍举重运动员邓国银(前右二)受到周恩来总理的亲切接见

又在国际新兴力量举重邀请赛上破该项世界纪录,成为乐山第一个获世界冠军并破世界纪录的运动员,犍为县被评为"举重之乡"。

文物保护与宗教 1958—1965年间,各宗教场所及其文物保护基本

维持原状，留住教徒自食其力，以参加集体生产劳动为主，偶有宗教组织活动。1958年2月，四川省人民政府公布一批汉传佛教重点保护寺庙，其中有乐山大佛寺（凌云寺）、乌尤寺。1959年11月，成立峨眉山管理委员会，专、县共管，以专署为主。1961年3月，国务院公布峨眉山圣寿万年寺铜铁佛像（宋至明）为第一批全国重点文物保护单位。1960年8月至1962年2月，四川省冶金工业学院租用伏虎寺办学，其间该寺僧众迁往雷音寺。1962年5月，青海喜饶嘉措到峨眉山礼佛，在报国寺举行有汉藏佛教徒100多人参加的大型佛事活动。1962年9月，四川省佛教协会成立，峨眉山僧普超任副会长、圣钦为名誉会长。同年，省文化局拨款10000元，维修大佛的头、肩、手、膝、脚各部。在维修工作中，乐山县副县长郭培谦因公牺牲。"文化大革命"以前，乐山城板厂街清真寺、峨眉绥山镇清真寺、犍为罗城清真寺管理正常。回族穆斯林民族习俗得到尊重，宗教活动开展正常。"文化大革命"期间，各地佛教寺院、道教宫观、伊斯兰教清真寺、天主教和基督教教堂建筑或被封闭保护，或被占用损坏，宗教组织及其活动停止。其中：1966年8月，乌尤寺停止开放，11月，寺庙佛像被捣毁，佛事活动完全停止。1967年，峨眉山寺院停止开展宗教活动。1968年8月，封闭峨眉山，停止接待香客、游人，保护寺院文物。1972年，凌云寺、乌尤寺由乐山县文化馆接管。1975年，成立乐山县文物管理所，凌云乌尤文物管理与文化馆分离；成立峨眉山管理处，与峨眉县文物管理所合署办公，隶属峨眉县。

四、人口与卫生事业

人口状况 1958年全区总人口数量为431.09万人，是新中国人口增长第一个高峰。1959—1962 年，农业减产，生活困难，死亡人口增多，人口出生率低，总人口下降到 375.76 万人，四年间减少 55.33 万人。1963—1976 年，人口恢复至高速增长时期。其中 1963 年开始恢复性增长，至 1965 年达到 415.81 万人。1966—1976 年人口出生率高，1976 年全区人口达到 583.91 万人，10 年增加 168.09 万人。

医疗机构　20 世纪 50 年代后期，在普遍建成专、县医院的基础上，先后组建了区卫生所，一般 5～10 人，设简易病床，处理小伤小病及农村防疫、妇幼卫生工作。1965 年，贯彻中共中央"把医疗卫生工作的重点放到农村去"的指示，各乡镇联合诊所改称公社卫生院或医院，大的厂矿自设医院、医疗室，卫生医疗机构发展到 753 个，医务人员 7374 人，床位 3150 张。同年，各人民公社建立健全农村卫生保健网，为大队培训乡村医生，为生产队培训卫生员，处理小伤小病和开展新法接生。1968

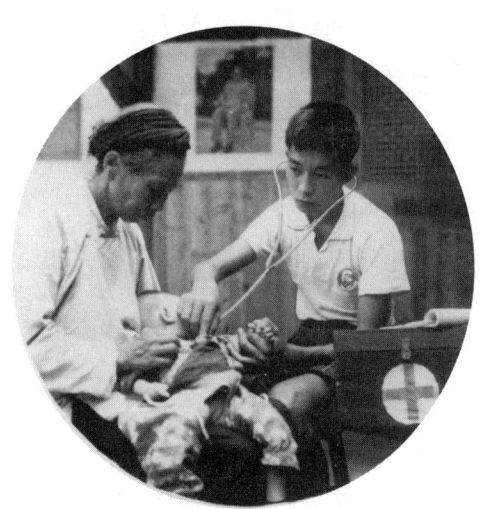

1969 年，夹江县甘露公社赤脚医生为农民开展诊疗服务

年起，在农村建立以"赤脚医生"为主体的合作医疗站，解决农民群众看病难的问题。1976 年 2 月，建立乐山地区妇幼保健所。

中医　1958 年，乐山县在联合诊所的基础上，建立全区第一所中医院——乐山城区联合中医院（今市第二中医院），有病床 20 张，医务人员 82 人。次年病床增至 70 张，培训中医学徒 19 人。至 20 世纪 60 年代，共有中医药人员4467人。在专、县的国家、集体医疗卫生单位中，广泛开展西医学中医，组织巡回医疗和"采风"、挖掘、整理单方验方，中医事业得到较好发展。"文化大革命"期间取缔个体开业，各级"卫协会"瘫痪，名老中医不同程度受到不公正对待。1974年，全区中医药人员减到2878人。

卫生防疫 1958年，开展"除四害、讲卫生"运动，五通桥市获评国务院"四洁八无市"称号。1959年，犍为县罗城公社新光管区（村）粪管及卫生工作出色，获中央爱国卫生运动委员会颁发的奖状、奖旗。1957—1958年调查发现，乐山、五通桥、沙湾、峨眉、井研等地254个乡、1632个村流行血吸虫病，血吸虫病人16万人，病牛马7492头。各地政府建立血吸虫病防治领导小组，实行专业队伍与群众运动相结合，结合疫区农业生产开展查螺灭螺活动和查病治病。1964年，疫区普遍推行灭螺"五定"（定沟段、定人头、定工分、定时间、定质量）责任制，对难度大、面积大的地方，组织会战灭螺。20世纪70年代，采取结合农田水利建设灭螺，井研、峨眉、五通桥等地基本消灭大面积钉螺。

医疗援助 20世纪50—70年代，专县医疗卫生机构配合地方各个时期中心工作，组派规模不等的巡回医疗队下乡下厂以及开展应急救灾、援藏医疗服务等。1971年8月，马边县发生5.7级地震，地区医院派出医疗队赶赴震区救治伤员。1976年6月，抽调地、县医疗卫生人员15人参加四川省第三批援藏医疗队，赴西藏自治区左贡县执行医疗防疫任务。

第十一章 改革开放和社会主义现代化建设

在改革开放和社会主义现代化建设时期,乐山改革开放走在全省乃至全国前列,深入开展农村经济体制、城市经济体制、民主政治等各项改革,是全国首批开放城市,在全省最早对外建立友好城市。经济现代化建设步伐加快,农业基础地位更加巩固,形成冶金建材、能源化工、机械电子、轻纺医药、农产品加工等工业基础,现代旅游业飞速发展,教育科技、文化体育、医疗卫生等社会事业快速发展。

第一节 行政建制与拨乱反正

一、行政建制调整

1978年4月,撤销乐山地区革命委员会,建立乐山地区行政公署。5月,撤销乐山县和五通桥区设乐山市(县级)。8月,金口河区从峨边划出,组建县级金口河工农示范区,隶属乐山地区。

1984年10月,峨边县成立峨边彝族自治县,马边县成立马边彝族自治县，两县从凉山州划属乐山地区。

1985年5月，撤销乐山地区和县级乐山市，设置省辖乐山市，设市中区、五通桥区、沙湾区、金口河区。乐山市辖市中区、五通桥区、沙湾区、金口河区和犍为、井研、峨眉、

1985年5月28—31日，中国共产党乐山市第一次代表大会召开

夹江、沐川、峨边、马边、眉山、仁寿、洪雅、彭山、青神、丹棱等4区13县（自治县）。

1988年9月，撤销峨眉县成立峨眉山市（省辖县级市），由乐山市代管。

1997年8月，眉山、洪雅、丹棱、彭山、仁寿、青神6县从乐山市分出，设眉山地区。乐山市辖市中区、五通桥区、沙湾区、金口河区和犍为、井研、夹江、沐川、峨边、马边4区6县（自治县），代管峨眉山市。

二、拨乱反正

解放思想 按照中央要求，1978年11月1至2日，地委中心学习组开展真理标准问题的集中学习讨论。1978年11月起，地委、行署机关的党员干部暂停政治经济学学习，转入学习讨论真理标准问题。1979年7月至8月，县以上党政机关相对集中地进行真理标准问题的补课。9月起，地委党校举办四期党政领导干部轮训班，重点学习讨论真理标准问题。中共十一届三中全会召开后，1978年12月25日，地委召开各县（市、区）领导参加的电话会议，动员学习宣传贯彻全会公报。29日，地委印

发通知，要求全区掀起学习宣传贯彻党的十一届三中全会精神的热潮。1979年2月，地委召开有关会议，传达学习党的十一届三中全会及中央、省委会议精神，联系实际讨论工作重点转移的问题。9月，地委召开地、县、区、公社四级干部会议，传达贯彻省委地市州委书记会议精神，重点研究把主要精力转移到经济建设上来。通过广泛学习宣传贯彻，乐山形成思想解放的热潮。

平反冤假错案 1978—1982年，重点平反在"反右派""反右倾""四清""文化大革命"运动中的错误案件。对"文化大革命"期间立案审查的5660件干部案件进行复查，并全部结案。对1959年"反右倾"运动中被定为右倾机会主义分子或右倾机会主义错误的4388名干部进行平反改正，对受批判、处理的14872名农村基层干部和党员，全部进行甄别平反。对"反右派"案件共复查6626件，其中纠正错划右派2965人，解决中右等问题3661件。对"四清"运动中受不公正处分的脱产干部1102人，实事求是的纠正；为错误开除党籍的753人恢复党籍。1983—1987年，重点解决新中国成立以后的一些历史遗留问题，由地委组织部按照实事求是的原则，全错全纠，部分错部分纠。此外，还全面落实党的统战政策和知识分子政策，适时稳妥地解决了其他历史遗留问题。到1987年，平反冤假错案工作结束。

三、经济调整

农村经济调整 强化农业基础地位，集中力量抓好农业技术改造，保护社员的民主权利，不搞瞎指挥和"一刀切"。调整农业政策，稳定社队粮食征购，超购业务加价65%收购；完成国家粮、油征购任务后，社队有权自己处理。放宽自留地、家庭副业和集市贸易限制。减免部分农业税,增加对农业的投资和贷款,削减农民的不合理负担。调整经济结构,鼓励各地因地制宜发展蚕桑、水果、茶叶、中药材、畜牧业和林业等多种经营。1982年与1978年相比,全区农业总产值达到14.83亿元,增长21%;粮食总产量254.63万吨,增长17.17%;农民人均纯收入268元,增长139.29%。

工业经济调整 1979年,全区针对国民经济内部在积累和消费、农业与工业、轻重工业间的比例失调,基建规模过大等问题进行调整。1981年,加大对轻化工业的投资,加大设备更新改造和技术改造,进一步改善轻重工业比例,产品质量、企业管理水平普遍提高,经济效益逐步增加。1982年,工业总产值由1978年14.2亿元增加到17.28亿元,年均增长5.42%。其中轻工业增长2.35亿元,占新增工业总产值的76.37%。

20世纪80年代,乐山丝绸厂生产的织绸产品深受中外客商喜爱

基建投资调整 1980年12月,地委、行署要求,凡属原材料、燃料动力不落实;工艺技术不过关;地质资源不可靠;三废污染严重或建成后产品无销路,需由国家补贴亏损的项目;盲目建设、重复建设的项目,严格把关,停止贷款。明确规定各地区、各部门待分配的基建投资全部停止分配,1980年的基建计划也不再追加;计划内尚未开工的项目一律暂不开工;所有办公大楼、机关礼堂、招待所、宾馆、旅游饭店等,一

律停下来重新审查。1982 年，全区的固定资产投资由 1978 年的 2.52 亿元压缩到 2.10 亿元。

第二节　改革开放

一、农村经济体制改革

家庭联产责任制　1978 年，五通桥柑子、金山公社和犍为龙孔、孝姑公社中个别生产队，自行暗地包产，农户自主经营，普遍增产 30%。1979 年，乐山剑峰、凌云等社队有效推广。1979 年《中共中央关于加快农业发展若干问题的决定》下发后，全区各地落实联产计酬的结算和奖惩兑现。1980

1979 年 3 月，峨眉县平城公社战斗二队签订土地承包"五定责任制"

年，实行包产到组、联产计酬的生产队发展到 24630 个，占生产队总数的 67.72%；包产到户的生产队 2350 个，占 6.46%。到 1983 年，实行包干到户的生产队发展到 36436 个，占生产队总数的 99.69%。

统分结合的双层经营体制　1983—1992 年，坚持稳定和完善土地承包责任制，完善统分结合的双层经营体制。1993 年，在坚持土地集体所有和不改变土地用途的前提下,允许土地使用权依法有偿转让。到1995年底,全市土地流转共29829宗,面积151266亩。其中,转包88661亩,占58.61%;股份合作20609亩,占13.62%;租赁34739亩,占22.97%;拍卖7257亩,占4.8%,实现土地制度改革新的跨越。

第二轮土地承包 1998年1月起,各县(市、区)根据中央政策,在土地承包到期之后,再延长30年不变,对"四荒"(荒山、荒坡、荒沟、荒滩)的承包期,可以延长到50~70年。到1999年底,除五通桥区因第一轮土地承包未到期(到期日为2000年)外,全市10个区(市、县、自治县)208个乡(镇)均开展延长土地承包期30年的各项具体工作。共计颁发《农村土地经营权证书》674901份,占应颁证总数的99.64%,签订"五荒"(荒山、荒坡、荒沟、荒滩、荒水)合同8465份,向农民发包土地257.69万亩。2001年,各级政府对土地使用权流转的范围、期限、形式、原则作出明确规定,在全市逐步建立有利于农业结构调整和土地集约化、规模化经营,与社会主义市场经济和现代农业相适应的土地经营权流转制度。

乡镇企业产权与经营改革 1983—1987年,全市乡镇企业发展到13.96万个,务工人员49.75万人,总产值20.86亿元,有59个产品被评为省、部级优质产品。1994年,发布《乐山市乡镇企业股份合作制实施办法》,在企业、社区、农业、农村金融等方面扩大试点,扶持专业性服务组织,推广"公司+农户""企业+农户""合作组织+农户"等经济共同体的服务形式,实现了股份合作制的突破。

农村合作基金会 1986年,市中区全福乡建立全市乃至全省第一家农村合作基金会,得到省、市重视和支持。1991年,全市合作基金会达到464个，聚集资金1.75亿元（其中股金1亿元），居全省第三位（仅次于重庆、成都两市），股金比例位居全省第一。1996年，全市的合作基金会聚集资金14.24亿元。1999年，根据党中央和省委决定，对合作基金会进行清理整顿。将144家运营较好的合作基金会并入农村信用社；将31家资不抵债、不能支付到期债务的合作基金会予以清盘、关闭；对农民入股的本金，坚持"逐级负责、风险自担、确保还本"的原则，分期归还。至此，农村合作基金会终结。

农村税费改革 针对20世纪90年代中后期农民负担过重的问题，根据国家有关政策精神，2001年，市委、市政府印发《乐山市农村税费改革试点方案》。2002年，全市农业税入库7185万元，同比增长140.78%，农民负担共减少1.51亿元，减负率达61.23%。2004年，全市农业税为4616万元，农民人均减负16元，亩平减负21元。在全市范围内实行义务教育阶段"一费制"收费。2005年，全面免征农业税、农业特产税及其附加，对税费尾欠按照省委规定一律实行挂账处理，全市农民减轻税费负担3711.30万元，农民人均减负14.06元，兑现粮食直补资金2303万元，受益农民250万人，农民人均补贴9.21元。

林权制度改革 2004年7月至2006年，沐川县19个乡（镇）248个村在全省率先开展集体林权制度改革试点。此后，全市林权制度改革逐步推开。到2011年5月，全市集体林权主体改革工作全面完成，完成实地勘界47.46万公顷，签订承包合同45.8万份，核发林权证52.4万户、44.85万公顷。

水务管理体制改革 2004年，调整中型水利工程灌区农业供水水价，将水利工程灌区岁修代金列入水价统一征收。2007年，完成46处水利工程管理单位体制改革。2009年，完成市县两级水务管理体制改革。9月15日，《中国水利报》报道乐山水务体制改革经验。

二、城市经济体制改革

扩大企业自主权 1979年1月，在乐山造纸厂、川康毛纺织厂等8家国营工业企业开展扩大经营自主权试点，放权让利。第二年扩大到峨眉铁合金厂、嘉华水泥厂等近20户。同时在国营工业中推行承包制，初步落实企业产、供（购）、销经营自主权。1982年，全区实行经济承包的国营工业企业达90%左右。1984年，推行厂长（经理）负责制。1988年，全区实行各种形式承包经营责任制的工业企业648户；实行厂长负责制的工业企业占总数的95.55%。工业总产值比1985年增长1.61倍，年均增长17.4%。

股份制改造 1985年，仁寿县织绸厂改组为华仁丝绸股份合作公司，1986年11月，发行股票175万元，是全省第一家股份合作企业。1987年，市委、市政府决定在竹根机械厂等五家集体企业进行股份制试点，年底，二轻集体企业实行股份经营责任制47户。1988年3月，建立乐山第一家较为规范的股份制企业——乐山地方电力股份有限公司，相继组建四川盐化工业集团、四川

1993年，乐山股民自发形成的股票交易市场

峨眉铁合金集团、四川金顶（集团）股份有限公司，年底，全市共组建成立12户公开向社会招股的股份有限公司和内部集资合股的股份合作制企业，成为当时全省股份制企业最多的地级市之一。1991年5月，四川盐化工业集团成为西南地区第一家被国家确认审批的向社会公开发行股票的股份制企业，1993年3月，在深圳交易所正式上市，为西南首家、全国第三家异地上市公司。同年，乐山电力、四川峨铁、四川金顶三家公司相继上市。乐山成为全国仅次于深圳、上海上市公司最多的城市。1994年6月，四川省民族地区首家股份制公司——四川省大渡河电力股份有限公司成立。到1996年底，全市613户县属国有企业完成改制489户，改制面79.77%，扣除政策性因素，占应改制企业的99.3%；655户城镇集体企业完成改制619户，占94.5%；1553户重点乡镇企业完成改制1354户，占87.18%。乐山城区一度出现四川、甚至全国最早最大的街头民间股票交易市场，俗称乐山股票"黑市"。1994年初，股票开始在证券交易营业部进行托管，街头交易逐渐发展为柜台交易。1994年底，根据国家有关政策，柜台交易连同街头交易关闭。

产权制度改革 1997年3月，国务院确定乐山市为优化资本结构试点城市。12月，市政府发布进一步加快企业资产重组机制转换的39条具体政策措施。2003年8月，犍为县桅杆坝井田（煤矿）采矿权以3330万元竞拍成功，是乐山市首次公开拍卖矿产资源开采权、全省首宗采矿权出让。2004年8月，峨边彝族自治县和沐川县的四宗探矿权、采矿权拍卖会在市土地矿权交易中心举行，是乐山市首次以拍卖方式出让探矿权。到2006年底，全市1966户企业100%转制。五户上市公司的法人治理结构逐步完善，乐山无线电厂、大电公司、峨眉铝业公司、永丰公司等 23 户重点优势企业初步建立起现代企业制度。

财税体制改革 1994 年，开始实施分税制改革，市税务局分设为市国家税务局和市地方税务局。2001 年 2 月，全面启动财政改革，推行预算改革，实行"收支两条线"。4 月，在市级 15 个部门和峨眉山、五通桥、夹江等县（市、区），开展部门预算试点。成立市级机关会计核算管理中心。2002 年，全面实施部门预算，成立市级国库集中支付中心；全面推进政府采购。2005 年，完善市对部分县（市、区）财政管理体制。2008 年，启用乐山市财政供养人员管理信息系统。2010 年，推进财政绩效评价，撤销乐山市机关事业单位会计核算中心，开展公务卡改革试点，实现财政信息化管理覆盖全部财政资金。2011 年，完成其他事业单位绩效工资改革，试点国库预算动态监控。

三、民主政治建设

撤社建乡镇 1980 年，撤销革命委员会，建立政社合一的公社管理委员会。1983 年 11 月起，撤销公社管理委员会，建立乡镇党委和乡镇人民政府，实行党政分开和政企分开。至 1984 年 6 月，全区 538 个公社普遍撤销公社党委、公社管理委员会，共建立乡镇党委和政府 580 个（其中镇 40 个、乡 538 个、民族乡 2 个）。同时，以原生产大队为单位，改设村民委员会 4767 个；以原生产队为单位，改设村民小组 36570 个。

机构改革 1983 年机构改革。地委不设常委，设委员 11 人，地委正副书记由 6 人减为 4 人，行署正副专员由 7 人减为 5 人。机构总数由 73 个精简到 38 个，减少 47.9%，行政编制按三分之一压缩。到 12 月中旬，全区基本完成县级机构改革和干部新老交替工作任务，县（市、区）

党政班子的领导干部由299个减少到176人，精简41.14%，平均年龄由48.9岁下降到42.9岁，大专文化程度由11.4%上升到45.5%。

1992年，区、乡建制调整。全市撤销区公所29个、街道办事处2个、乡158个，新建镇70个，乡镇建制减少到385个。

1996年机构改革。设市级党政机构58个，减少18个，精简24%；市级党政群机关核定编制18310名（不含公检法司安全系统），减少471名，精简20%。政企、政事进一步分开。原轻工、化工等6个政府部门改建为相应的行业总会。

2001年市县乡机构改革。市级党委机构由9个减为8个，政府工作部门由36个减为31个。市级机关下放职能136项、调整职能120项。县级政府部门机构，平均精简26%；乡镇机关部门机构，平均精简48%。全市党政群机关行政编制平均精简17%，分流2700人。

2007年基层综合改革。以乡镇机构、农村义务教育和县乡财政管理体制改革为主要内容，机构编制五年只减不增，适当调整乡镇行政区划和村组布局，建立农村义务教育经费保障机制和县级财政最低财力保障机制。

坚持和完善人民代表大会制度 1984年10月，建立省人大常委会乐山地区联络处。1985年，选举产生乐山市第一届人大代表，5月，召开乐山市第一届人民代表大会第一次会议，依法通过相关决议决定，选举产生市人大常委会组成人员，市政府市长、副市长，市法院院长，市检察院检察长。到2010年，历经五届，共召开人民代表大会会议32次。市人民代表大会及其常务委员会按照宪法和地方组织法的规定，行使监督、选举、任免、重大事项决定等职权。

坚持和完善中国共产党领导的多党合作和政治协商制度 1985年5月，召开中国人民政治协商会议乐山市第一届委员会第一次会议，选举产生政协乐山市第一届委员会，设立政协工作机构。至2010年，共召开六届政协委员会会议。坚持党的长期共存、互相监督、肝胆相照、荣辱与共的方针，广泛开展多党合作和政治协商，履行好政治协商、民主监督职能，积极参政议政。

社会治安综合治理 1980年6月，建立地委政委小组，1982年3月，撤销地委政委小组，建立地委政法委员会，加强对政法各部门的领导。建市后，全市公、检、法、司各部门遵循"一手抓建设，一手抓法制"的方针，从打击、防范、建设、教育、改造和管理等方面，全面加强社会治安综合治理。1983—1987年，开展严厉打击刑事犯罪活动，共依法逮捕各类刑事犯罪嫌疑人8856人，依照法规劳动教养一批违法人员，摧毁各类犯罪团伙1037个、成员5107人，缴获各种枪支147支，各种子弹20607发，手榴弹68枚，雷管12240支，炸药16185.7公斤，匕首等凶器8391件，赃物折款和赃款117万元。相继开展扫黑除恶、扫黄打非、除"六害"，打击车匪路霸、"涉枪、涉管制刀具"犯罪等专项斗争，加强群防群治，专项整治社会治安，净化社会环境，维护社会秩序稳定，创建了一批省、市、县社会治安综合治理模范单位。

基层民主 1989年10月至1990年1月，举行全市农村第一届村民委员会选举，对全市340个居民委员会进行换届选举。1991年4月，在五通桥区竹根镇茶花村等地开展创建村民自治示范活动试点工作，到1994年全市共创建村民自治示范县1个、示范乡镇23个、示范村1082个、示范居委会48个。1997年，彭山、眉山两县达到村民自治示范县标准，全市1579个村、103个居委会达到村民自治示范村和居民自治示范居委会标准。1997年，推行村务公开民主管理制度。2000年，在市中区、峨眉山市开展城市社区建设试点。至11月，全市共选举产生社区居民委员会56个。到2003年12月，新组建社区居民委员会110个，五通桥区创建成全国村民自治模范区。2009年，制定《村级组织规范化管理暂行办法》。2010年，以"一村一社区"模式推进50个农村社区建设。2011年，完成第8届村（居）民委员会换届选举工作。创建民主法治村1978个、民主法治社区211个，3个村被司法部、民政部命名为全国民主法治示范村。

四、对外开放

对外交流 1979年，国务院批准乐山、峨眉山正式对外开放。1981年10月，县级乐山市与日本千叶县市川市结为友好城市，这是乐山最早、也是全省最早对外建立友好城市。1987年12月，乐山市与上海市静安区结为友好城市，随后相继与广东中山市、海南海口市、广西北海市、云南玉溪市、云南德宏傣族景颇族自治州、江苏温州市等国内沿边、沿海、沿江的25个城市，以及北京市结成友好城市。参加成都、重庆、西南、川滇黔四个区域经济组织，在华北、华南、东北、西北、西南等地区设立20个办事处（联络处），逐步形成全方位对外开放格局。1999年4月，与澳大利亚联邦昆士兰州赫维湾市结成友好城市。2002年6月，与美国亚利桑那州吉尔博特市结为友好城市。2003年9月，与法国依斯·木里罗市建立友好合作城市。2009年3月，峨眉山与瑞士"山峦皇后"瑞吉山缔结为姐妹山。2010年10月，乐山市和贵州省毕节地区缔结为友好城市。

对外贸易 1991年2月，成立市对外贸易领导小组。1992年，开展外贸体制改革，全市外贸企业全面改为自主经营、自负盈亏、自我发展、自我约束的经营实体。先后建立省出口贸易生产基地36个，包括红茶9个、绿茶4个、家兔12个、长毛兔3个、盐（白）笋4个等。1992—1993年，全市共出口创汇0.2亿美元；1994—1996年，为1.14亿美元。1996年10月，乐山海关挂牌开关。1997年眉山地区分设后，当年全市实际出口创汇1.06亿美元，首次突破1亿美元大关。2010年，实现进出口总额9.76亿美元，其中出口6.76亿美元。

1999—2010年进出口贸易发展情况表

单位：万美元

年份	进出口总额	出口额	进口额
1999	15899	13413	2488
2000	25256	13496	11760
2001	22010	12885	9125
2002	27499	19817	7682
2003	35884	24646	11238
2004	42245	27933	14312
2005	41788	24346	17442
2006	46591	26276	20312
2007	57110	34605	22505
2008	79780	51266	28514
2009	85609	55777	29832
2010	97630	67581	30049

招商引资 1985年7月，成立全市首家外资合作经营企业——四川省仁寿县搭扣厂。1990—1997年，累计兴办"三资"企业295家，总投资达8.86亿美元，注册资本6.16亿美元，实际利用到位外资4.82亿美元。

有投资超过 1000 万美元的项目 16 个，超过 5000 万美元的项目 3 个，超过 1 亿美元的项目 1 个。1993 年，卫生部批准的首家国资与外资合营的口腔专科医院——乐山协禾口腔医院落户乐山。1996 年，总投资 2.78 亿美元，由美国摩托罗拉公司和乐山无线电厂合资兴建的乐山—菲尼克斯半导体有限公司建成投产，是当时乐山市最大的投资项目、四川省最大的出口厂商之一、中国西南最大的半导体生产基地。2005—2010 年，累计引进到位外资 3.7 亿美元、内资 1000 亿元。

第三节　经济现代化建设

一、农业经济

稳粮增收　20 世纪 80 年代末 90 年代初，全市开始发展"高产、高效、优质"（简称"两高一优"）农业，以稳粮增收为目标，推广新品种、新技术，提高复种指数。1983 年，西溶、石麟（今五通桥区西坝、石麟镇）等地试种杂交水稻旱植成功。1986—1988 年，犍为、井研、市中区先后被列为省商品粮基地。1995—1999 年，粮食作物面积比重基本稳定在 74% ~ 76% 之间，粮食生产连续 5 年增产。2000 年开始进行农业结构战略性调整，实施"退耕还林"和发展经济作物，茶叶、蔬菜、花卉、中药材等快速发展。2002 年，实施"无公害农产品行动计划"；2003 年，建设无公害农产品生产基地。2011 年，全市粮食作物播种面积 363 万亩，粮食总产量 117.04 万吨。

农田水利基本建设 1978—1994年，改造中低产田土177.26万亩。1991年4月，中共中央总书记江泽民到市中区安谷镇视察下湿田改造。1996年，开展农田水利基本建设"大佛杯"竞赛评比。1997年4月，都江堰扩灌井研工程建成并开闸输水，可灌溉耕地13.95万亩。2003年，大佛水库扩容，库容5510万立方米，为乐山市最大水库。1995—2006年，全市累计投资4.63亿元，改造中低产田土面积131.14万亩；兴建农田排灌渠系30591条，总长5117.45公里；兴建蓄水池50681口，容积329.28万立方米；乐山市共获省政府农田水利基本建设竞赛(改田改土)"李冰杯"奖10个。2011年底，全市共建成高标准农田6.16万亩。

井研大佛水库

农业产业化 1997年8月，组织编制《乐山市农业产业化规划》。1998年，推行以企业为龙头带动农户生产的农业产业化，四川永丰纸业股份有限公司被列入全国农业产业化综合改革示范企业。1999年，成立市农村专业技术协会协调小组，确立林竹、畜牧、茶叶、蔬菜、中药材五大主导产业。2002年底，农业产业化对农户的带动面达到30%，初步形成国家、省、市、县梯级发展的龙头企业群体，逐步集合成若干标准化农业科技园区。2010年，批准乐山农业科技园区为国家农业科技园区。2011年，沙湾"万亩绿色水稻种植标准化示范区"被批准为全国农业标准化示范区建设项目，全市农业产业化重点龙头企业有仙芝竹尖、凤生纸业等国家级6家、省级27家、市级134家，市级以上龙头企业实现销售收入158亿元。农业产业化经营带动农户面达55%。有5个中国驰名商标、2个中国名牌、15个四川省著名商标。

1993年2月，四川永丰纸业股份有限公司成立

农业机械化 20世纪80、90年代，提灌、农副产品加工、植物保护、农业运输、田间作业等方面的农机具都在向半机械化、机械化方向发展。1997年，全市农机总动力64.77万千瓦，机耕作业面积104.7万亩，机械植保面积420万亩，农机运输量2.64亿吨公里。1998年，在市中区、夹江县、峨眉山市使用全喂入轮式联合收割机，半喂入式履带联合收割机分别进行小麦、水稻收割试验示范。1999年，市中区、五通桥区、沙湾区、夹江县、峨眉山市开展全省水稻跨区机收试点。2000年，推广机械化抛秧技术。2005年，推广秸秆气化炉。2011年，全市为农田灌溉提水2.14亿立方米，机耕面积34.07万公顷，主要农作物耕种收综合机械化水平达40%。五通桥区现代农业机械高新技术产业化基地被列为四川省首批特色高新技术产业化基地。

特色产业 林竹。1998年1月,成立四川省大渡河造林局,为四川首家造林局。2001年9月,沐川县被列为"全省首批商品林采伐试点县"。2005年4月,国内规模最大的红豆杉种植基地落户马边彝族自治县袁家溪乡,占地1005亩。2006年,沐川县慈竹、杂交竹国家级农业标准化示范项目通过国家级考核验收,被国家林业部评选为"中国竹子之乡"。2010年,全市完成420万亩工业原料林竹基地建设,沐川县被省政府认定为林业产业强县。2011年,完成退耕还林95万亩,天然林保护面积19万亩。实现林木业社会总产值121.50亿元,森林覆盖率达49.48%。

畜牧。2001年9月,井研县食品有限责任公司成为全国第二家、西南第一家对新加坡出口冻猪肉食品的生产基地。2002年8月,井研县被认定为全省第一个无公害猪肉生产基地。2006年,井研县外向型生猪、肉兔2个国家级农业标准化示范项目通过国家级验收。2007年4月,四川哈哥集团有限公司600吨冰鲜兔出口俄罗斯,实现全省兔肉出口零突破。2010年12月,市中区、犍为县被省政府认定为现代畜牧业重点县。2011年,峨眉山市被评为"全国农业标准化示范县(农业)(畜牧)"。2011年底,全市建立生态畜牧示范点(带)15个,绿色、有机畜禽产品示范基地3个,绿色、有机畜禽产品认证7个。其中:沐川乌骨鸡获得国家地理商标和农业部有机食品认证,峨眉山全林公司鸡蛋获农业部绿色产品认证。哈哥兔肉、罗城牛肉、马边生态土鸡蛋获农业部有机食品认证。

茶叶。20世纪80年代,开发有峨眉竹叶青、市中区沫若香茗、马边白岩迎春、沐川五峰翠、夹江千佛岩茶、沙湾绥山翠绿、五通桥榕潮翠、犍为佛都春香等乐山名优茶品牌。2001年,大西南茶业市场建成投用。

2004年，峨眉山市"竹叶青""仙芝竹尖"荣膺省"十大名茶"。2009年，提升全域茶叶品牌为"峨眉山茶"。2010年，实施"峨眉山茶"地理标志产品保护。2011年，乐山市、犍为县分别荣膺"中国绿茶之都""中国茉莉之乡"称号，省政府授予夹江县现代农业基地强县（茶叶）。全市茶叶种植面积发展到6.15万公顷，茶叶产量6万吨，综合产值45亿元。

蔬菜。1999年始，蔬菜生产加速发展。2002年后，引进推广新品种、新技术，蔬菜种植百余种，逐步实现产业化经营。到2011年，全市蔬菜种植面积4.65万公顷，蔬菜产量达108.06万吨，其中优质无公害蔬菜基地35万亩。

中药材。20世纪80年代，中药材生产以种药户散种为主。20世纪90年代，以基地种植为主，种植有黄连、白姜、石斛、黄柏、杜仲、厚朴、川牛膝、泽泻八大名优药材。2011年，依托中药现代科技产业（四川）基地，种植1.77万公顷，产量13.57万吨，综合产值15.2亿元，初步形成中药材种植加工产业链。

农村劳动力转移和输出　1986年，全市农村劳动力转移和劳务输出工作起步。1986—1990年，农村劳动力转向林、牧、副、渔205.93万人，转向第二产业67.09万人，转向第三产业89.29万人。劳动系统输出劳务3.5万人。1991年，成立市社会劳动力统筹协调领导小组。1993年，建立6个区域性劳务市场和若干个专业性劳务市场，组建乐山市嘉力劳务开发公司，进行"以劳务养劳务"试点。2000年，犍为县被确定为全市首批外派劳务基地县。2004年，沐川县被确定为全省外派劳务基地县。全市初步形成"犍为、沐川渔工""犍为缝纫工""夹江焊工"等劳务品牌。2011年，全市劳动力转移和输出96.06万人次。

二、工业经济

能源 能源工业以煤业和电业为主。1994年，全市煤矿756个，总产能约565.1万吨/年（国营148万吨/年）。2010年，初步探明犍为—五通桥辉山段煤炭资源量超过亿吨，达到大型矿床规模，价值约600亿元。嘉阳煤矿被国土资源部批准为国家级矿山公园。2011年，全市生产原煤680万吨。乐山水资源丰富，水电占绝对优势。1989年12月，峨边被水利部评为"初级农村电气化县"。1994年，大渡河铜街子水电站投产，装机容量60万千瓦。此后，犍为火电厂、五通桥发电厂、乐山造纸厂热电厂和夹江千佛岩电站、沙湾水电站等并网发电。2011年，全市总发电量为160.75亿千瓦时。能源产业实现销售收入160.66亿元，实现利税30.76亿元。

冶金建材 1985年，冶金建材企业39户，产值4.79亿元，占全市工业总产值的18.88%。1994年，全市乡和乡以上独立核算冶金建材企业708户，年总产值23.20亿元，占全市工业总产值的10.52%。20世纪90年代，夹江西部瓷都初具雏形，2001年，举办首届

2001年，西部瓷都（夹江）首届国际陶瓷节

中国西部瓷都（国际）陶瓷节。2000年，峨胜水泥1000T/D生产线投产。2002年，犍为宝马水泥有限责任公司成立。2004年，西南不锈钢有限公司落户沙湾区嘉农镇。2007年，乐山富侨新型建材有限公司成立。2010年9月，四川德胜集团钢铁有限公司100万吨高强度含钒抗震钢材综合技改项目建成投产，当年夹江陶瓷产业集群营业收入首次突破100亿元。2011年，冶金建材工业实现主营业务收入535.22亿元，利润总额36.38亿元。

农副产品加工 1982年1月，行署成立食品工业领导小组。1984年4月，成立地区食品工业协会。1985年10月，成立市政府食品工业办公室。食品加工门类有罐头加工、乳品加工、饮料加工、果蔬加工、食品添加剂制造、大豆蛋白加工、肉类加工、生化制药等，粮油、制糖、酿造、制茶、制盐、糖果糕点加工等。1994年，食品工业企业2.19万户，产值43.92亿元，占全市工业总产值的19.92%，实现利税1.58亿元。1997年后，农副产品加工业逐渐替代食品加工业。2001年，四川哈哥兔业有限公司、华润雪花啤酒（乐山）有限责任公司成立。2006年，罗城牛肉食品有限公司成立。2010年，五通桥区德昌源获"中华老字号"授牌。2011年，农副产品加工产业实现主营业务收入194.61亿元，利税11.78亿元。

机械电子 1978年，全区有机械电子工业企业668个，产值2.4亿元，占全区工业总产值的16.89%。1985年，全市机械电子工业产值达4.70亿元，占全市工业总产值的18.53%。20世纪90年代初，组建中外合资企业和股份制企业，其中川南减震器股份有限公司、乐山无线电有限责任公司、乐山—菲尼克斯半导体有限公司产值达亿元。1994年，全市机电企业396户，产值30.59亿元，占全市工业总产值的13.87%。2003年，四川明星电缆股份有限公司（今尚纬股份）落户乐山高新技术开发区。2011年，机械电子业实现产值65.12亿元。

轻纺化医药 20世纪80年代，电子工业用纸和国画纸，丝、毛、棉、麻纺织，基础化工、化肥和橡塑制品，原料药和制成品，皮革等快速发展。1994年，实现产值39.49亿元，占全市工业总产值17.91%。1996年8月，四川长征制药股份有限公司706车间扩建工程竣工，庆大霉素生产能力跃居全国第一。2003年7月，四川大冢制药有限公司投产。2005年，乐山造纸厂搬迁至犍为重组为玖龙纸业（乐山）有限公司。2008年，峨眉山金威利运动用品有限公司一期工程投产。2010年11月，福华农科投资集团有限公司12万吨草甘膦项目正式竣工，为全球最大的草甘膦原药生产企业。2011年，轻纺化医药工业实现产值102.18亿元。

2007年9月，广州金威利鞋业整体搬迁至峨眉山市

晶硅材料 1978年，峨嵋半导体材料厂在国内首次研制出4096位MOS存储用的P型（100）单晶硅，受到全国科技大会表彰。1998年，峨嵋半导体材料厂打破国外多晶硅技术垄断。2000年1月，建成中国第一条具有自主知识产权的年产100吨多晶硅国家重点工业试验示范线，多晶硅生产技术达到国际先进水平。2001年11月，其国内最大的"18对棒"

多晶硅还原炉产出第一炉合格的多晶硅产品。2008年2月,国家批准建设的首个千吨级多晶硅项目、乐山市国家高新技术产业化示范工程——新光硅业公司年产1000吨多晶硅项目生产能力通过验收,成为全国唯一打通西门子工艺全流程与国际先进水平接轨的千吨级多晶硅生产线。9月,永祥多晶硅3000吨项目奠基。2009年,国家科技部同意乐山组建国家硅材料开发与副产物利用产业化基地。2011年2月,银邦硅业化学法处理四氯化硅科技成果通过省级鉴定,达到世界同类技术先进水平。

2001年1月6日,四川新光硅业科技有限公司正式挂牌成立

经济开发区 1992年,在市中区通江镇建立乐山经济开发区。1997年,挂牌成立乐山高新技术产业开发区,2001年迁到大渡河南岸车子乡(今安谷镇)。2011年,全市产业园区开发面积达58.52平方公里,建成面积57.24平方公里。建成12个产业园区,其中乐山高新区、五通桥盐磷化工循环经济产业园区、沙湾冶金建材产业园、峨眉工业集中区产值超百亿。市工业集中区成为省知识产权试点园区,工业集中度达68%,高于全省平均水平。入园企业1088户,其中规模以上企业489户。建立国家高新技术企业33户、省级创新型企业43户、省级企业技术中心16个。高新技术产业占规模以上工业总产值的20.3%。

2011年,全市工业初步形成新能源、农副产品加工、电子信息、盐磷化工、冶金建材五大特色产业，实现工业销售产值1520亿元，主营业务收入1359.85亿元，实现利税131.13亿元。工业增加值居全省第五位。

三、旅游业

旅游兴起 1978年5月，中国国际旅行社乐山支社挂牌营业。6月，公安部、外交部、国家旅游局和解放军总参谋部联合下发关于乐山对外正式开放的通知。1979年，国务院批准乐山、峨眉山正式对外开放，同时，峨眉山被列为全国首批进行资源调查和总体规划的风景区之一。1980年7月，时任中共中央副主席、国务院副总理邓小平视察峨眉山，作出重要指示："峨眉山是个文化型的风景区，要做好保护，要做好规划，要做好综合开发"。1982年，国务院正式批准峨眉山风景区总体规划，颁布峨眉山（乐山大佛）为第一批国家级重点风景名胜区。省建委批准《乐山城市总体规划（1981—2000）》，将乐山城市性质确定为风景旅游城市。1985年撤地建市后，成立乐山市旅游局。1987年，乐山天马旅行社、嘉运旅行社等相继成立。1988—1991年，建成、评定星级旅游饭店8家。1992年，省政府批准成立乐山旅游度假区。2002年8月，峨眉

1980年7月，时任中共中央副主席、国务院副总理邓小平视察峨眉山

山风景国际旅行社首家取得出境游经营资格。2006年,全市共有国家级旅游景区(景点)7处,旅游饭店324家(其中星级35家),旅行社38家(其中国际旅行社2家),旅游直接从业人员3万多人。1979—1986年,国际游客以年平均42%的速度增长,国内游客以年平均20%的速度增长。1995—2001年,国际游客保持在3万~4万人次,国内游客保持在300万~500万人次。2004年,国际游客升至9.47万人次,国内游客破1000万人次。2011年,乐山市接待国内外游客2119.23万人次。旅游业的快速发展,使旅游业经济不断壮大。1982年,旅游总收入占全年GDP的比重为1.79%,1987年上升到3.61%,2007年,旅游收入突破百亿元。2011年,实现旅游综合收入198.98亿元,占全市GDP的21.67%;旅游业增加值109.1亿元,占第三产业增加值的46.2%。全市旅游经济总量连续10年位居全省第二位,仅次于成都市。

文化旅游活动 1986年6月,举行乐山市龙舟会。1987—1991年,连续举办五届国际龙舟经济交易会,推出新的景区、景点和旅游项目,进一步改善旅游环境。1994年,举办"'94中国文物古迹游乐山国际旅游大佛节"。2002年9月,举办"第四届乐山国际旅游大佛节暨首届世界遗产保护节",发布《保护世界遗产乐山宣言》。11月,举办"首届峨眉之冬旅游文化节"。2003年8月,四川省首届旅游发展大会在峨眉山市召开,启动"中国第一山"建设。2004年4月,"中国峨眉山·世界遗产论坛"永久会址在峨眉山温泉度假区奠基。2005年3月,举行首届中国佛教四大名山朝圣之旅暨峨眉山普贤文化节,这是峨眉山、五台山、普陀山、九华山四大佛教名山首次联合举行文化盛会。2006年,举行首届中国峨眉武术文化国际论坛大会。2009年,"车行天下——全国

2002年9月，第四届乐山国际旅游大佛节暨首届世界遗产保护节庆典

广播自驾游联盟金顶论坛暨峨眉山自驾游中心"挂牌，峨眉山成为全国第一个自驾游中心。同时，推出"乘船游江观大佛""五通桥民俗旅游""凌云山游山会""峨眉山朝山会""犍为小火车工业旅游"等文化旅游项目。

旅游名片 1991年，乐山大佛、峨眉山风景区入选中国旅游胜地四十佳。1994年1月，国务院公布乐山为第三批国家级历史文化名城。5月，东方佛都景区落成。1996年12月6日，联合国教科文组织世界遗产委员会第二十届全委会，以全票通过批准峨眉山—乐山大佛风景名胜区列入世界文化和自然遗产名录，成为世界第18个、中国第3个、四川省第1个文化和自然双遗产。

1997年，峨眉山风景名胜区被国家建设部授予文明风景名胜区称号。1998年，省政府将峨眉山—乐山大佛列为四川省最重要、最有开发潜力的四大旅游名牌之一。2001年，沙湾美女峰石林景区申报为国家级森林公园。2002年，金口大峡谷被国土资源部批准为第二批国家级地质公园。2005年，峨眉山被评为欧洲游客最喜爱的中国旅游景区之一、全球优秀生态旅游景区、中国最美的十大名山。2006年，峨眉山风景名胜区荣登全国文明风景旅游区、2005年度中国最具影响力十大旅游品牌榜首。金口河大峡谷入选中国最美的十大峡谷。夹江天福观光茶园、五通桥国家花木科技园和龚嘴水力发电总厂上榜全国首批工农业旅游示范点。2007年，峨眉山风景区获全国首批5A级旅游风景区、最受群众喜爱的中国十大风景名胜区。2009年，峨眉山—乐山大佛风景区获最具国际影响力旅游景区。2011年，犍为县桫椤湖列入国家湿地公园试点名单（2017年通过验收）。

1999年，峨眉山市被评为首批中国优秀旅游城市。2001年，乐山市被国家旅游局命名为第二批中国优秀旅游城市。2010年，沐川县被授予中国最佳绿色生态旅游名县称号。

峨眉山和大佛景区管理体制改革　1979年11月，撤销峨眉山管理处，成立乐山地区峨眉山管理局；1988年，改组为峨眉山管理委员会，属乐山市政府派出机构。1979年，成立乐山大佛乌尤管理处，隶属乐山市（县级）。1984年，成立乐山市大佛乌尤管理局。1985年，更名为乐山大佛乌尤文物保护管理局，隶属乐山市文化局。1998年，成立乐山市大佛景区管理委员会，属乐山市政府派出机构。同时，乐山大佛乌尤文物保护管理局升格为一级局，与大佛景区管理委员会合署，实行"两块牌子、一套班子"。2008年，乐山大佛景区管委会与峨眉山景区管委会合并，重组为峨眉山—乐山大佛景区管委会。

四、交通商贸业

交通运输　公路建设。1984年，采取以工代赈加快山区公路修建。1988—1992年，第一轮公路建设大包干，投资2.72亿元，建设高等级公路154.6公里，新建山区公路301.5公里，完成大型桥梁2座，新铺油路

406.9公里，完成GBM工程（公路标准化美化工程）165.8公里等。20世纪80年代，成乐高等级公路建成。1988年，乐山市内第一条城际高等级公路——乐（山）峨（眉）路扩建工程通车。1999年成乐高速公路建成通车，这是市域内第一条高速公路。2010年，乐宜高速公路建成通车。

桥梁码头建设。1983年，国内承载力最大的箱形拱桥——铜街子大渡河大桥竣工。1989年，乐山城区第2座岷江大桥建成。1990年，犍为岷江大桥竣工。1994年，各县（区）建成跨越岷江、青衣江、大渡河桥梁各3座，城市大江河段两岸交通汽车轮渡历史结束。2000年，乐山大渡河大桥竣工。斑竹湾乐山大件码头竣工，装卸最大单件重量达550吨，四川大件运输出川难历史结束。2005年，乐山岷江三桥建成通车。

2000年6月，乐山大件码头竣工

城市公交。1973年，峨眉率先成立城市公交公司，开办城区至火车站客运业务。1976年，中心城区开通嘉州宾馆至乐山第一中学的1路公交线路。1984年增至6条线路。2006年底，有9条公交线路，总长125.50公里，运营车辆190辆，年客运量达3566万人次，出租小汽车693辆。

到2011年，全市公路通车总里程8810公里，其中高速公路112公里。通公路的乡镇211个，通达率100%；通公路的村2244个，通达率99.9%。中心城区有公交运营车辆157辆，出租车693辆。全市通航总里程976公里，营运船舶356艘；完成水路旅客吞吐量11.69万人次，货物吞吐量289万吨。

商业贸易　1978年，调整改革流通体制和经营管理体制。1980年2月，成立地区综合贸易货栈。个体、私营商业迅速发展，商品经营逐步形成"三多一少"（多种经济成分、多条流通渠道、多种经营形式，少环节）的流通体制。物资计划分配、供应产品逐步缩小，流通中出现计划分配同市场调节两条渠道，价格上也形成"双轨制"。到20世纪90年代，物资市场形成，物资计划分配完全由市场调节代替，价格上的"双轨制"逐渐取消。1980年，举行第一届地区物资交流会，成交总额1.05亿元。1986年，举行首届农村经济发展产品展销会，展出产品26类、3775种。1991年，举办"91乐山全国友好城市秋季商品交易会"，成交总额5.39亿元。1994年，市商业局有直属企业11个，市县供销社所属共有经营单位108个，全市商业购进总额62.73亿元，销售总额66.30亿元，社会商品零售额53.93亿元。2004年4月，全国规模最大的零售商业集团北京华联商厦集团入驻乐山。"十一五"期间，沃尔玛、重庆百货、摩尔春天百货、红旗商场等国内外零售商业品牌先后入驻乐山。2009年，"苏稽牌"香油米花糖系列产品、"食久香牌"系列川味香肠、"福禄牌"干巴牛肉系列产品、"森林雪"系列绿茶产品被评为"中华特色食品"。2011年，全市社会消费品零售总额完成293.30亿元，居全省第七位；全市服务业实现增加值236.11亿元，居全省第八位。

五、城镇和新村建设

中心城区建设　1982年，县级乐山市城市总体规划方案（1981—2000）实施。1994年，修编《乐山城市建设总体规划》，确定乐山城市性质为国家级历史文化名城和风景旅游城市。1982年，中心城区建成面积为5.5平方公里，2011年达到41平方公里。20世纪80年代，建成铁牛门至乐山大桥（今岷江二桥）的"十里长街"，打通城西县街至白塔街通道，新辟叮咚街经新村广场至张公桥的城市道路。20世纪90年代，建成嘉州大道。2006年底，城区道路增至214条，道路面积292.10万平方米，人均拥有道路面积15.59平方米。2007年，乐山大桥连接嘉州大道立交桥建成通车，为首座城市立交桥。2010年，绿心路建成通车，成为连接肖坝片区和柏杨片区的重要通道。

2020世纪80年代，推进旧城改造，开发新城区，陆续完成30余个重点改造项目，综合治理10多条主街和6个闹市街口。1979—2006年，中心城区共修复、新建防洪城堤24公里，含岷江城区段（东西两岸）、铜河北岸虾蟆口段、肖坝段、竹公溪两岸。人口稠密、洪水威胁较大的萧公嘴至王浩儿段，是历次整治重点段。1980—2010年，在岷江、大渡河两岸，陆续开发建成柏杨、斑竹湾、肖坝、通江、桃园新村、任家坝、高新区等城市新区。1994—2006年，新建和改扩建海棠公园、碧山湖森林公园等公园，乐山广场、阳光广场（原新村广场）、沫若广场等广场，

1998年12月，乐山广场一期工程竣工

以及嘉州游园、8·19纪念园等。其中乐山广场，占地面积175.05亩，为当时省内最大的城市广场。2011年，绿心环线和竹公溪路改扩建工程完工，嘉州绿心公园、岷江东岸景观整治提升，城市路网不断完善。

县城建设 1988年，编制完成各县城区1986—2010年城市建设总体规划，1999年通过《乐山市域城镇体系规划》，提出组团城市概念。各县（市、区）城采取国家、单位共同集资办法，翻修、扩建城市街道。1985年，全市城市新增街道107公里，新增道路面积90万平方米。"八五"期间，开发城市新区、配套改造旧城，一批规范化、高标准道路在各县级城市建成。1991—1994年，新增城市道路总长119.3公里，新增道路总面积143.3万平方米。1995—2010年，各县（市、区）城区道路进行大规模的新建和改扩建，各城市道路不断拓宽升级。20世纪80年代，堤防设施纳入城市改造规划，五通桥、沙湾、犍为等区县完成一批综合性堤防设施，堤防能力达到50年或20年一遇洪水设计。1994年，各区县有城市堤防61公里。1995—2006年，新建和改（扩）建一批公园园林和广场游园，2006年底，各县（市、区）共有各类公园园林16座，面积达2385亩；广场游园27个，占地面积765.15亩。2010年，启动乐山北部城镇群及2个中等城市、6个小城市和25个重点镇的总体规划修编。

乡镇建设 1992年，撤区并乡建镇后，全市有建制镇132个。苏稽、牛华、嘉农、桂花桥、甘江列为省级试点建设集镇，九里镇列为市级试点集镇，通江、冠英、太平、符溪、清溪、周坡、马踏、大堡、下溪等列为县级试点集镇。1997年，市行政区划调整后，有建制镇85个。通过实施小城镇发展战略，基本形成以乐山市中心城区为中心，峨眉山、犍为等10个县级城市为重点，38个国家、省级试点镇为骨干，其他59

个一般建制镇为基础的市域城镇体系。2006年，全市85个建制镇总面积5182平方公里，建成区总面积32.47平方公里。通过历年建设，全市城镇化水平不断提高，城镇化率1995年为15%，2006年为35.67%，2011年达到41.2%。

新村建设 2001年，市上成立村镇建设发展中心。2002年，制定乐山市村民建房管理意见，组织开展村镇建房标准图设计，引导各地相对集中修建住房，建设农民新村。2005年，全市首个小康商住区——井研县王村镇祥和小区建成，占地1.50万平方米，总建筑面积2.60万平方米，建成小康型住房150套，新增居住人口500余人。2006年，全市建成扶贫新村44个。2010年，马边彝族自治县、峨边彝族自治县和金口河区相继纳入《四川省大小凉山综合扶贫开发规划》。2011年，成立乐山市新农村和彝家新寨规划建设管理办公室，启动70个彝家新寨建设，新（改）建住房5356户。

马边彝族自治县烟峰乡烟峰村彝家新寨

第四节　社会事业发展

一、教育事业

普通教育　1982年，推行"县为主体，乡为基础，分级办学，分级管理"的新体制，即高完中由地县双重领导，以县为主；初中由县乡双重领导，乡为基础。1986年，在全省首批普及初等教育（简称"普六"）。当年全市共有小学4631所，在校学生811937人，7~11岁儿童入学率96.4%。《中华人民共和国义务教育法》实行后，开始普及九年义务教育（简称"普九"）。1993年，全市第一家私立寄宿制学校——乐山市更生学校创办。1994年，全市小学发展到3487所，在校生人数达52.1万人，普及率97%，毕业率97.5%，其中138个乡（镇）实现"普六"。初中506所，初中生20.7万人，29个乡镇达"普九"标准，占全市乡镇总数的12.2%，人口覆盖率10.73%。高中79所，在校高中生2.77万人。民族寄宿制小学发展到18所，寄宿制中学达4所，民族地区学校开设"双语"（彝语、汉语）教学的小学25所、初中4所、高中1所。

1998—2001年，通过"联合、合作、合并"等，全市高中减少到29所，招生由7188人增加到12247人。2002年，乐山外国语学校创办。2003年，乐山一中、五通

2002年9月，乐山第一中学新校区投用

桥中学成为国家级示范普通中学。2006年,17周岁人口"普九"教育完成率94.79%。到2010年,城乡免费义务教育全面实现。

职业技术教育 1978年,乐山财贸学校创办。1980年,乐山地区卫生学校更名为乐山卫生学校。1984年,乐山三中改为四川省乐山市第一职业中学校,开设电子、旅游等专业。五通桥竹根中学改为竹根职中,开设工艺美术等专业。1989年,乐山工业学校创办。1993年,民办乐山市旅游学校创办。1994年,民办乐山市计算机学校创办。到1994年底,职业中学发展到55所,中专13所,技工校28所,各类中等职教在校生3.7万人,占整个高中阶段在校生总数的54.3%。成人教育以岗位培训和农村实用技术为重点,形成年培训100多万人次的培训能力。到2010年,职教工作走在全省前列,建成国家级重点中职学校3所,实现县县有职教中心。

高等教育 1978年4月,地区师范学校、乐山高级中学和地区行政干部学校合并成立乐山教育学院;1980年,学院分设为乐山教师进修学校和乐山高师班;1982年,乐山教师进修学校更名为乐山教育学院;4月,乐山高师班升格为省属乐山师范专科学校;1993年,更名乐山师范高等专科学校;2000年,与乐山教育学院合并,更名为乐山师范学院,并升格为省属普通本科院校。1979年,乐山广播电视大学创办(2021年更名为乐山开放大学)。1989年,西南交通大学主体迁成都,设峨眉校区。2000年,核工业西南物理研究院与成都理工大学联合创办成都理工学院乐山分院;2001年,改为成都理工大学乐山分校;2003年,更名为成都理工大学工程技术学院。2002年4月,经四川省人民政府批准,乐山财贸学校、乐山工业学校、乐山卫生学校合并组建为乐山职业技术学院,为全日制普通高等学校。2005年,四川省食品药品学校(专科)成立;学校前身是成立于1958年的四川省中药学校,曾更名为四川省医药学校;学校隶属于四川省药品监督管理局,是西部地区医药和食品行业的人才供应库和重要科技支撑单位,有"西南药学人才摇篮"之美称。

二、科技事业

科技人员与机构 1978年,全民所有制单位在岗专业技术人员共16252人,其中中央所属3685人,占22.67%;省属3245人,占19.97%;地属1993人,占12.26%;县级以下7329人,占45.1%。1983年底,全区有各类专业技术人员39090人。1994年,境内有部省级科研院所6个,市级科研院所5个,各类科技群团1228个,民营科技企业224家。全民事业、企业单位有在岗各类专业技术人员82988人(其中高级专业职称2190人)。全市科技界共获得国家级奖64项,省(部)级奖469项,专利403项。1995—2006年,全面实施科技兴市、人才强市战略,实施星火计划项目229项,申请注册专利1529项,完善乐山高新技术开发区,建设乐山国家农业园区,依靠科技创新和科技进步,走新型工业化道路。到2010年,全市国家高新技术企业达30家,高新技术产业占规模以上工业总产值的20.3%。拥有各类科技人才34.3万人,其中国家和省级有突出贡献中青年专家14名、享受国务院特殊津贴专家61名。累计获得专利授权1214件、中国驰名商标8件。连续三届评为全国科技进步先进市,科技进步对经济增长的贡献率由37.7%提高到45.2%。2011年,全市8个县(市、区)创建为国家、省农业科技专项行动试点县,其中,国家级试点县3个(犍为、井研、五通桥),省级试点县5个(峨眉山、市中区、夹江、沐川、峨边）。

重大科技成果 1981年2月，二机部西南反应堆工程研究设计院（909）研究设计的中国第一座高通量原子反应堆建成。1982年6月，长征制药厂生产的硫酸庆大霉素、土霉素盐酸、土霉素碱、利福干、硫酸链霉素5种产品获准进入美国市场。9月，嘉华水泥厂试制G级油井水泥成功，填补国内空白。1983年，亚西机器厂试制成功玻璃纸成型机，填补国内空白。6月，长征制药厂与省抗菌素研究所协作试制的塞肟头孢菌素成功，结束了中国完全依赖进口该菌素的历史。1992年11月，中国第一台步进式液压启闭机在夹江水工机械厂问世。1995年5月，核工业西南物理研究院研制成功"中国环流器

1984年9月，中国环流器一号装置在乐山建成

新一号"装置，成为国内第一个等离子体电流超过300千安的托卡马克聚变装置，并处于国际同类装置的先进水平。1997年乐山市农业学校选育的杂交水稻新品种"辐优130"、1999年乐山市良种场选育的杂交水稻新品种"乐优2号"，分别通过四川省农作物品种审定委员会审定。10月，夹江水工机械厂制造成功中国第一台自行设计的超大型平衡重式垂直升船机——广西岩滩水电站1×250吨垂直升船机，标志着中国已成为世界上少数拥有大型垂直升船机制造能力的国家之一。2007年7月，四川明星电缆有限公司研制开发的核电站用1E级K3类电缆成果，填补

西南地区空白。9月,市农技专家攻克玉米雌穗弯曲技术难关,填补国内外技术空白。2010年5月,金口河大峡谷农业开发有限公司研发的天然植物保鲜科技成果通过成都中医药大学专家鉴定,其配方在国内外尚属首例,居同行业领先水平。

三、文化体育事业

公共文化　1980年3月,嘉州画院在凌云山大佛寺成立,这是新中国成立以后四川省内建立的第一个书画院,首任院长为李琼久。同月,县级乐山市委机关报《乐山报》创办,1985年,地级乐山市委接办,1988年,申报全国统一刊号,全国发行。1981年,由北京电影制片厂制作,张华勋执导,刘晓庆、葛存壮等主演的新中国第一部动作片《神秘的大佛》上映,轰动全国。1988年6月,举办乐山首届文化节。1999年,作家周纲报告文学《东非,半个月亮半个太阳》获四川第三届文学奖。2001年10月,"第五届全国舞蹈比赛"举行,乐山市歌舞剧团赴京参赛集体舞《创造者》获创作、表演两个三等奖,并

1988年6月,乐山首届文化节会场

入选"获奖节目精品晚会"赴全国巡演。2005年大型川剧《大佛·海通》、2007年大型民族音乐剧《甘嫫阿妞》在成都首演。2011年,市歌舞剧团创编舞蹈《手·重生》参加全国舞蹈大赛获二等奖。舞蹈《口弦》参加

第八届中国舞蹈"荷花奖"民族民间舞蹈大赛，获"作品银奖"和唯一的"最佳灯光设计"两项大奖。

1995年以来，广场文化、社区文化活动日趋活跃，文化"三下乡""三网惠三农""农民书社""文化大院"，成为村镇级文化服务平台。2003年，以"广场文艺"为主要内容的群众文化活动日趋活跃，建成48个文化社区、18个文化广场、15所老年大学。大型川剧《天下第一佛》入围四川省精品剧目。2006年，承办第五届四川省少数民族艺术节。2007年10月，井研县农民书画首次迈出国门，在韩国首尔举办"金色田园·四川井研农民书画展"。2008年12月，夹江县、沐川县被文化部评为"中国民间文化艺术之乡"。2009年，夹江县被授予书画纸之乡。

1996年9月，乐山电视台十八频道正式开播，有效覆盖半径达150公里～180公里，覆盖上千万人口。1997年，启动百乡电影工程。1998年，全市恢复农村放映队97个。沐川县建和乡电影放映队被文化部评为"优秀农村电影放映队"。2006年12月，四川广电703台搬迁沙湾区太平镇五高山新建台竣工投用。2011年，全市有艺术表演团体5个，群众文化馆12个，公共图书馆11个，藏书53.75万册，博物馆5个，市、县"两馆"实现全免费开放，212个乡镇综合文化站列入免费开放范围，新建乡镇综合文化站77个，完成802个农家书屋建设。广播电台1座，电视台1座，广播电视台7座，有线广播电视用户60.19万户。广播综合人口覆盖率为98.22%，电视人口综合覆盖率为98.57%。

文物保护 1979年，恢复峨眉山文物管理所。20世纪80年代，文物保护维修工作全面展开。1981—1986年，夹江、峨眉、井研、沙湾、犍为等县先后成立文管所。1984年，成立乐山大佛乌尤文物保护管理局，

1990年，成立乐山文物保护研究所、乐山市文物鉴定委员会。

1980年4月，沙湾郭沫若旧居博物馆正式对外开放。1983年8月，麻浩崖墓博物馆对外开放。1987年，成立峨眉山博物馆。同年5月，中国第一座手工造纸产业博物馆——夹江县手工造纸博物馆开馆。2006年10月，乐山大佛博物馆建成，集文物陈列展示、研究、会展和文艺表演于一体。同年，乐山乌木珍品文化博物苑成立。

1980—2011年，国务院公布的全国重点文物保护单位中乐山有9处，即：乐山大佛（1982年），麻浩崖墓、峨眉大庙飞来殿（1988年），犍为文庙、峨眉山古建筑群（含报国寺、伏虎寺、万年寺、清音阁、洪椿坪）、凌云寺灵宝塔、夹江杨公阙、夹江千佛崖石窟、乐山郭沫若故居（2006年）。省级重点文物保护单位有6处，即：柿子湾崖墓、肖坝崖墓、白岩山崖墓、乌尤离堆（1980年），乐山文庙及老霄顶（1991年），嘉州古城墙（2002年）。2010年，犍为县清溪镇被列入第五批中国历史文化名镇名单。2011年11月，市中区苏稽古镇获评"十大四川最具保护价值村落"。五通桥区竹根镇兴隆里村、犍为县罗城镇菜佳村、井研县千佛镇民建村被国家建设部评为中国传统村落。

2006年10月，乐山大佛博物馆建成

乐山大佛景区。1984年，开始乐山大佛整治工程。1985—1989年，国家拨款11.9万元，乌尤寺自筹28.1万元，重修罗汉堂。1995—1996年，对乐山大佛本体进行保护维修和周边环境整治。1998—2006年，实施

·第三篇 当代乐山·

2006年6月，对乐山大佛佛体进行第一次检测工作

大规模的乐山大佛景区保护与完善工程，加固大佛佛脚基础，拓宽佛脚平台。对灵宝塔塔身基础进行塔体测绘、地质物探和地球物理探测，完成灵宝塔塔基加固和载酒亭危岩加固及凌云寺藏经楼的修缮等。2006年12月，经国务院同意，建设部正式通过《乐山大佛风景名胜区总体规划》，大佛景区保护面积扩大至17.57平方公里。2009年，完成凌云寺一期维修工程。

峨眉山景区。1984年，峨眉山大庙飞来殿维修。1986—1989年，实施金顶寺庙建筑群修复改造工程。1999—2000年，对大庙飞来殿进行局部维修和安防设施改造。2002年，完成万年寺彩绘。2003—2006年，再次进行金顶寺庙建筑群修复改造工程。2003年，复原维修洪椿坪"林森园"、洗象池"象池夜月"池及月儿台等。2005年，整体落架维修卧云庵。2006年，抢救性加固维修纯阳殿、洪椿坪。

其他文物维护。1987年，实施乐山文庙大成殿维修工程。2003—2006年，实施嘉州古城墙丽正门、育贤门恢复箭楼，嘉州古城墙外城墙及人和门、平江门、承宣桥门、兴发街门的保护修复和过街楼建设工程，保护修缮乐山老霄顶"万景楼"。犍为县搬迁犍为一中，全面保护修缮犍为文庙。沙湾郭沫若故居进行白蚁专项治理。井研保护维修三江宋塔、熊克武故居。

非物质文化遗产。2003年，沐川草龙载入"世界吉尼斯纪录"，成为世界上最长的草龙。2001—2011年，入选国家级非物质文化遗产名录

243

4项，省级非物质文化遗产36项。其中：2006年5月，夹江手工造纸技艺公布为首批国家级非物质文化遗产，2008年，峨眉武术、夹江年画、沐川草龙公布为第二批国家级非物质文化遗产。

2003年，沐川草龙荣获世界吉尼斯证书

体育事业 体育设施。1993年，全市有体育场馆房1308个。1994年，为承办四川省第三届青少年运动会，建成乐山体育中心，包括体育馆、田径场、游泳场、网球场、射箭射击场等，区县分赛场建有犍为举重房、夹江武术馆、峨眉山市体育馆、市中区乒乓馆等。2003年，全市体育设施总数为1825个，其中标准场地969个，非标准场地856个。全市每万人有体育场地5.30个，人均体育场地

1994年，四川省第三届青少年运动会在乐山举行

面积0.40平方米。2011年，全市体育设施达到标准场地978个，体育场馆12个。

群众体育。1995年，夹江县在中小学开办秧歌培训班，辅导城乡民众开展秧歌活动，在全县发展秧歌队200余支。2001年、2003年，夹江县秧歌队先后在苏州、上海获全国健身秧歌大赛一等奖。2007年，夹江

县被命名为"全国健身秧歌之乡"。2002年,在全国首创"假日体育"品牌,成为全国体育系统全民健身的标杆之一。2006年,实施建设"全面奔小康、身体要健康"示范工程,建立省级农民体育示范乡镇14个,市级农民体育健身示范乡镇12个、村13个,城市体育健身示范社区11个。2011年,出台《乐山市全民健身实施计划(2011—2015年)》,假日体育、广场体育、职工体育、老年人体育、农村体育、学校体育、少数民族体育和残联人体育等活动广泛开展。1981—1984年,王大康骑自行车环游中国,成为单车环游全国第一人。业余滑翔运动员衣瑞龙,1990年9月从峨眉山金顶成功飞下。其后近20年里,他27次从金顶飞下。他是中国用三角翼飞翔的第一人,被称作"乐山飞人""四川飞人""中国鸟人"。2013年,在飞跃雅安太皇山时,不幸坠落汉源湖遇难。

竞技体育。1979—1994年,乐山籍运动员参加国际、国内竞技体育比赛中,获全国赛金牌132枚、银牌84枚、铜牌91枚,国际洲际赛金牌15枚、银牌5枚、铜牌8枚,破世界纪录、亚洲纪录各3项,获"国际运动健将"称号5人。1995—2006年,获国际比赛金牌6枚、银牌1枚、铜牌1枚,全国比赛金牌30枚、银牌21枚、铜牌30枚。2010年第十六届亚运会上,乐山籍运动员获金牌3枚、铜牌1枚。到2011年,建立市级后备人才训练基地21

2007年8月,中国·四川国际峨眉武术节在峨眉山市举行

个，省级体育后备人才训练基地3个。市级体育传统项目示范学校60所，省级体育传统项目示范学校14所；国家级青少年体育俱乐部12个。五通桥区被评为"游泳之乡""龙舟之乡""水上运动之乡"。市中区获"全国田径之乡"称号。峨眉山市被命名为"全国武术之乡"。

体育产业 1995年，承办、主办和协办国际比赛4项次、国家级比赛2项次、省级比赛12项次，乐山市被评为四川省最佳赛区。2000年，实施《乐山市体育经营活动管理实施细则》，规范管理体育市场。承办全国比赛2项次、省级比赛4项次，举办市级比赛28项次。2005年，承办8项全国比赛、5项全省比赛，获评全国优秀赛区；电脑型体育彩票销售总量突破5600万元，全省排位第二。2010年，"中国四川峨眉武术节"荣登"2010中国体育旅游精品推荐项目"榜。2011年8月，峨眉武术体育产业基地成为全省首个体育产业基地。

四、人口卫生与社保事业

人口与计划生育 党的十一届三中全会以后，贯彻党中央提出的一对夫妇"最好一个，最多两个"的生育政策，进入人口控制阶段。1982年，开始实施计划生育基本国策，1987年，实行"一对夫妇只生育一个孩子，照顾有实际困难的夫妇生育两个孩子"的政策，人口数量惯性增长。1995年，乡镇（街道）、村（居委会）全部建立计划生育协会，在农村全面推广计划生育、生产、生活"三结合"工作。1997年区划调整后，乐山市总人口为343.35万人，人口自然增长率稳定控制在3‰以内。2006年，全市总人口350.12万人，60岁以上的老年人占比15.36%，开始进入老年型社会。2010年，全市人口计划生育工作连续十二年获省一等奖,五通桥区创全国计划生育优质服务先进县。2011年末,全市总人口354.42万人,非农业人口占比31.40%,自然增长率下降到2.52‰,计划生育率90.18%。

医疗卫生体系 20世纪80年代,县、乡、村三级医疗卫生网逐步形成,9个县完成卫生重点县建设任务。各医疗机构加强肝胆、呼吸、心胸、烧伤、肿瘤、康复、职业病、老年病、急救医疗等专科建设,兴办肿瘤、精神病、老年康复、口腔防治等专科医疗研究机构。20世纪90年代,人均寿命上升到69岁。"八五"期间,有11个县(市、区)实现初级保健普及阶段规划目标。有乐山卫生学校和县(市、区)卫生职业进修学校16所。80%的农村自然村开办有医疗站(点),绝大多数的厂矿企业和中等以上学校建立职工医院、医务所(室),基本上形成城乡卫生医疗网。2006年10月,武警四川总队医院成为乐山首家"三级甲等医院"。2010年,市人民医院晋升三甲综合医院,市中医院晋升三乙中医医院,乐山荣获全国无偿献血先进市称号。农村孕产妇住院分娩率由70.9%提高到94%,婴儿死亡率由14.4‰下降到7.3‰。到2011年,全市各级各类卫生机构(不含村卫生室)971个,卫生技术人员14825人。

卫生防疫 1995年,乐山市、峨眉山市被国家爱卫会授予"全国卫生城市"称号;市中区、峨眉山市、井研县达到消灭血吸虫病的国家标准,夹江、犍为、峨边、沐川县和峨眉山市达到基本控制克山病的国家标准。2000年,消灭脊髓灰质炎。2003年,成功处置3例输入性非典型肺炎疫情。2005年,乐山艾滋病防治得到中央、省卫生行政部门及非洲19国、越南等外国考察团专家好评;成功处置人感染猪链球菌病疫情等突发公共卫生事件10起,儿童计划免疫"四苗"全程接种率92.87%。到2010年,连续9年无甲类传染病疫情发生。马边麻风病防治达到"消灭"标准，五通桥区碘缺乏病防治工作代表四川省接受卫生部考核，获考评第一名。

医疗保障 2000年，成立医疗保险管理中心，全市43家医疗机构和14家零售药店获得城镇职工基本医疗保险的定点医疗机构资格、定点零售药点资格授牌，标志着全市医疗保险改革拉开序幕。2004年，开展新型农村合作医疗试点。2005年，医疗保险新增扩面2.65万人，基金征缴2.16亿元。2010年，全市城镇职工医疗、居民医疗参保人数分别为53万人、38.5万人，城镇职工医疗保险基金征缴6亿元；新农合参保235.7万人，参合率95%。

社会保障 1995年，全面实行劳动合同制，在15个县（市、区）建立工伤保险制度，两个县开展女职工生育保险试点，12个县开展委托银行代发和社会保险机构直发退休费工作。2000年，养老保险、失业保险覆盖面分别达到90%、87.8%。2005年，养老保险新增扩面1.62万人，失业保险新增扩面1.31万人，工伤保险参保人数14.03万人，生育保险参保人数4.78万人。2010年，全市企业养老、机关养老、失业、工伤、生育保险参保人数分别为42万人、7.3万人、16.8万人、26.7万人、15.9万人。

五、宗教

佛教 1979年3月，省委批准凌云寺对外开放。1984年8月，乌尤寺原有寺产交还僧人管理使用。1985年10月，乐山市佛教协会成立，会长遍能和尚。2005年12月，凌云寺交还由僧人管理。20世纪80年代，峨眉山30余座寺院先后交还僧人管理，峨眉山佛教协会恢复活动。1991年，峨眉山佛学院成立。1995年后，主要开展申报世界遗产、恢复大佛禅院、启办"水陆法会"、依律开堂传戒、开办佛学院校、编纂佛教专志、修建十方普贤、推举方丈升座等活动。2003年，与四川省佛学院合并，更名为四川峨眉山佛学院。2012年，恢复峨眉山佛学院名称。

2003年，峨眉山佛教协会规划启动以修建十方普贤为中心的"恢复华藏寺改造工程"。十方普贤为渗金铜铸，面喷金属氟碳漆再贴金，基座长、宽各27米，通高48米，其中须弥座高6米，圆满柱高6米，佛像高36米，重约660吨。佛像所在位置海拔高度3060米，加上十方普贤像高度为3108米，成为世界上最高最大的普贤铜像。2006年6月18日，在金顶举行华藏寺恢复落成典礼和十方普贤像开光仪式。

金顶十方普贤佛像开光典礼

1995年，峨眉山佛教协会筹资建设大佛禅院。大佛禅院，原名大佛寺，始建于明万历三十三年（1605）。抗战时期曾存放故宫文物，1952年改建为国家粮仓，1958年，主尊观世音菩萨铜像被毁炼钢，寺院消失。2008年12月，大佛禅院建成并正式对外开放，总占地400余亩，建筑面积5.6万平方米，有藏经楼、大雄宝殿、天王殿、文殊殿、观音殿、药师殿、普贤殿、地藏殿，殿堂建筑庄严雄伟，寺院场所气势恢宏，是国内屈指可数的等级较高、功能体系完整的汉传佛教十方丛林。

道教 1997年行政区划调整后，乐山市域内无道教活动场所。2000年后，先后恢复重建乐山紫霞宫、峨眉山市飞来殿大庙、沐川万寿宫为道教场所。

伊斯兰教 1983年7月，地委批准恢复开放犍为罗城清真寺；1984年11月，犍为罗城清真寺全部修复。1985年5月，维修峨眉绥山清真寺，10月恢复开放。1986年3月，乐山城板厂街清真寺恢复开放。各寺开放后，分别建立清真寺民主管理委员会。

天主教和基督教 1984年3月，四川天主教教区调整，乐山教区管辖乐山、雅安教堂。乐山教区接受政府宗教事务部门领导，各教堂原有神职人员、宗教用品及财产物资等，原则上不动。1999年，乐山教区管辖乐山、眉山、雅安、甘孜4地教务、圣事。1980年12月至1986年，天主教乐山城护国寺耶稣圣心堂、峨眉拆楼天主教堂、龙池圣体圣血堂、夹江青果街若瑟堂、兰草村天主教堂、犍为新民镇玫瑰堂、沐川圣母圣心堂、五通桥竹根镇若瑟堂等宗教场所相继恢复开放。1985年10月，乐山市天主教爱国会成立，五通桥、井研、沐川、峨眉、夹江、沙湾、犍为、金口河设有分会。

1985年10月，乐山市基督教"三自"爱国运动委员会成立。信众主要分布在市中区、五通桥区、沙湾区、峨眉山市、井研县、峨边彝族自治县。1999—2010年，分别设立沙湾、峨眉山市桂花桥镇、峨边彝族自治县、犍为县金石井镇聚会点。

2011年，全市宗教教职人员共403人，其中佛教382人，天主教14人，基督教5人，道教、伊斯兰教各1人。

第十二章 中国特色社会主义进入新时代

进入中国特色社会主义新时代,乐山全面贯彻落实党中央大政方针和省委决策部署,统筹推进"五位一体"总体布局、协调推进"四个全面"战略布局,各项事业取得新的重大成就,历史性地解决了绝对贫困问题,与全国全省同步全面建成小康社会。

第一节 经济建设

一、农业发展

粮食生产 2013年,全市耕地面积224.55万亩,播种面积529.65万亩,粮食总产量114.8万吨。2016年,新增粮食规模化经营面积2.48万亩。2020年,耕地面积241.22万亩,粮食总产量123.5万吨。全市粮食总产量总体上保持逐年增长。2013—2020年乐山历年粮食总产量统计如下表。

单位:万吨

年份	2013	2014	2015	2016	2017	2018	2019	2020
粮食总产量	114.8	114.3	117.0	120.4	121.6	122.1	122.2	123.5

市中区水口镇田园风光

农业园区 2013年，建成现代农业万亩示范区24个，沐川县富和乡跻身全国"一村一品"示范村镇。2015年，建成现代农业万亩示范区65个，4个县成为全省现代农业（林业、畜牧业）重点县。2020年，峨眉山市现代农业产业园建成国家级产业园，犍为县清溪茉莉花茶现代农业园被认定省四星级园区，井研县集益晚熟柑橘、市中区白马水产现代农业园区被认定为省三星级园区。全市培育国家级、省级、市级农业产业化重点龙头企业6家、44家和181家。

农产品品牌 2013年"犍为茉莉花茶"成功注册国家地理标志集体商标。2015年，"峨眉山茶""犍为茉莉茶""马边绿茶"成为国家地理标志保护产品，"嘉州荔枝"被农业部核准登记为地理标志农产品。2019年，夹江县获评"中国茶业百强县"，成为全省首个"中国绿茶出口强县"；沙湾区"范店黄连"获国家知识产权

马边彝族自治县劳动乡福来村高山茶园

局首件国家地理标志集体商标。2020年，"峨眉山茶"入选中欧地理标志协定保护名录，"井研柑橘""金石井柑橘""乐山荔枝"成功注册国家地理标志商标，"井研柑橘""沐川猕猴桃""嘉州荔枝"获农业部颁发的"农产品地理标志登记证书"。

农村产权制度改革 2012年，加快农村产权制度改革。2013年，开展农村集体土地登记确权。2014年，农村集体土地所有权、宅基地使用权和集体建设用地使用权确权颁证登记基本完成。2015年，制发《深化农村改革放活土地经营权的实施方案》，加快推进农村产权流转交易服务平台建设。2016年，全市林权改革全面完成，所有林地均确权颁证。2020年，累计流转土地105万亩。

2013年以来，以农业产业化为方向，推进传统农业向现代农业发展，培育粮油、畜牧、茶叶、竹业、水果、蔬菜、水产、中药材八大优势特色产业，做强现代农业种业、现代农业装备、现代农业烘干冷链物流先导性产业。2020年，农业总产值436.64亿元，农业增加值290.33亿元；农村居民人均可支配收入18175元。

二、工业发展

园区建设 2012年8月，乐山高新技术产业开发区升级为国家高新技术产业开发区。2016年，集中打造乐山高新区总部经济区和五通桥、犍为、夹江三个新型工业基地。2020年，加快建设以高新总部经济功能区为核心，五通桥绿色循环产业基地、夹江民用核技术产业基地、犍为装备制造产业基地、沙湾冶金建材产业基地、峨眉山食品饮料产业基地为支撑的"一总部五基地"。全市共建成工业园区12个，其中国家级高新区1个,省级经济开发区5个,国家级新型工业化产业示范基地1个,省级新型工业化产业示范基地2个,省级特色产业基地1个。2020年,全市园区建成面积76.8平方公里,入驻规上企业346户。

光电信息产业 主要围绕晶硅光伏、电子元器件等产业,依托永祥、协鑫、晶科、乐山无线电、乐山—菲尼克斯等龙头企业推动重大项目建设。2019年2月,永祥新能源"5+2+2"项目一期2.5万吨多晶硅首炉高纯晶硅正品成功出炉,产品质量、技术、成本等关键指标居全球领先水平。同年,晶科能源乐山25GW单晶拉棒、切方一期二期项目投产,生产线自动化水平行业领先。乐山光伏产业园被列入全省"5+1"产业重点特色园区培育名单。2020年,乐山通威永祥高纯晶硅产能进入全球第一方阵,直拉单晶制造技术行业领先。2020年11月,举办中国国际硅业大会,乐山被授予"绿色硅谷"

2020年乐山市获"绿色硅谷"称号

称号。组建四川省硅材料产业知识产权联盟,全市光电信息产业实现营业收入158.6亿元。

建材产业 2013年8月,四川省新万兴碳纤维复合材料有限公司年产400万平方米碳纤维高性能织物纤维预浸料取得重大技术突破,填补国内空白。2016年,峨胜新型干法水泥环保搬迁等项目竣工投产。2019年,嘉华特种水泥股份有限公司列入国家技术创新示范企业名单,是全国水泥行业唯一一家上榜企业,成为全市第一家国家级示范企业。2020年,建立起以水泥、钢铁、陶瓷为主导的建材产业。德胜钒钛钢铁产业园区成为四川重要的钒钛资源循环经济园区和精品建材基地,是全球第三、全国第二的钒金属生产基地。夹江县陶瓷年产能约4.5亿平方米,占省内的77%、西部的38%、全国的5%,是全国四大重要建陶产区之一,先后获得"中国西部瓷都"和"中国(西部)岩板生产基地"两项国家级荣誉称号。全市有规上先进材料企业132户,建成国家级企业技术中心1个,省级企业技术中心9个。实现营业收入563.5亿元、利润58.3亿元。

化工产业 2014年,福华通达农药有限公司年产12万吨草甘膦项目建成投产。2015年,草甘膦产能全球第二、全国第一,双甘磷产能全国第一,真空制盐和联碱产能西部第一。2020年,基本建成国内具有影响力的精细盐磷化工循环产业基地,拥有320万吨原盐、110万吨纯碱、45万吨烧碱、110万吨氯化铵、5万吨黄磷、20万吨草甘膦、15万吨双甘膦、10万吨PVC生产能力。

2012年,全市工业增加值601.63亿元,占地区生产总值的58%。2015年,全市工业增加值720.59亿元,占地区生产总值的55.40%。2020年,全市工业增加值687.4亿元,占地区生产总值的34.3%。全市规模以上工业企业实现主营业务收入1522.2亿元,利润105.5亿元。

三、服务业发展

餐饮住宿 2012年,全市限额以上住宿餐饮业总数180家,住宿业零售额5.59亿元;餐饮业零售额59.49亿元。2015年,总数达到601家,全市共有星级饭店31家,其中五星级2家,四星级6家。住宿业零售额21.46亿元;餐饮业零售额74.24亿元。2020年末,纳入月报统计的限额以上(企业)单位629户,餐饮收入额74.55亿元。

商贸物流 2012年，全市限额以上企业新增174家，总数达到474家，实现社会消费品零售总额340.08亿元。2015年，实现社会消费品零售总额552.01亿元。全市服务业增加值实现391.68亿元，第三产业占GDP比重为30.10%。2016年王府井商业综合体、万达广场，2019年世豪广场、红星美凯龙建成开业。2020年，乐山市获评中国"特色美食地标城市"，累计建成省级现代服务业集聚区、全省服务业强县各3个。社会消费品零售总额748.31亿元。三次产业结构由13.3:51.2:35.5调整为14.5:41.1:44.4。

2012年，沿森物流等11家物流企业首次进入"四川省重点物流联系企业库"；三八物流信息中心、佳祥物联港物流项目首次被列入"四川省重点推进物流项目库"；乐山市物流行业协会挂牌成立。2014年9月，成立乐山市物流建设管理办公室。2019年，城东蔬菜批发市场3000平方米冷库、峨眉山市果蔬批发市场3000平方米冷库、四川森态源生物科技有限公司2500平方米冷库等项目建成投用。沿森物流园区一期项目落成投运，填补乐山电商快递产业园的空白。2020年，全市货物运输量和周转量分别达到1.28亿吨和115.6亿吨千米。

金融保险 2012年以来，交通银行、浙商银行、成都银行等金融机构先后入驻乐山。2015年，峨边县创建省级"金融扶贫惠农示范县"，井研县被评为全国农村承包土地经营权抵押贷款试点县，夹江县开展农村产权抵押融资试点。到2020年，全市有各类金融机构120家，其中银行业金融机构31家、证券期货机构16家、保险公司46家，小贷、融资担保、典当行等各类地方金融组织27家。年末，全市金融机构各项存款余额2739亿元；各项贷款余额1919亿元，贷款余额居全省第八位。

数字经济　实施"全企入网、全民触网、电商示范"工程。2013年，智能手机、宽带接入、数字电视等终端用户新增11.2万户。2014年1月，乐山市入选国家工信部首批国家信息消费试点示范市。6月，乐山首家电子商务平台"淘乐山"上线运营。2015年7月，乐山"全光网城市"建成，正式迈入光网通信新时代。2019年，成立市数字经济局。4月，全市首个5G基站开通，乐山正式迈入5G时代。2016—2020年，互联网、大数据、云计算等数字技术广泛应用，累计建成5G基站4300余个，总量居全省第5位，"上云"企业超700家。微信支付、网购快递、直播带货等融入日常生活，全市网商总数达5.3万家，网络交易额近500亿元。

四、旅游业发展

全域旅游　2013年9月，出台《关于建设国际旅游目的地 实现旅游业发展新跨越的意见》，提出加快建设国际旅游目的地。2016年，沐川原生态大型山水实景剧演艺《乌蒙沐歌》首演。2017年，"夜游三江""夜游凌云山"亮相，开启夜游大佛模式。2018年6月，省委十一届三次全会召开，赋予乐山建设"世界重要旅游目的地"的重要使命。同年9月，市委七届五次全会提出，坚持"旅游兴市、产业强市"发展主线，加快建设世界重要旅游目

2020年12月31日，乐山大佛景区文化广场正式开放

的地。2015—2019年，沐川桃源山居、罗城古镇、农夫山泉峨眉山工业旅游区、金口大峡谷先后创建为4A级旅游景区。2019年，犍为县罗城镇入选第一批四川省文化旅游特色小镇；峨边彝族自治县黑竹沟镇底底古村入选文化和旅游部第一批全国乡村旅游重点村；乐山大型文旅融合舞台情景剧《海棠花开》亮相大佛剧院。2020年，乐山大佛景区文化广场正式开放；主城区"上中顺"（上河街、中河街、顺城街）特色街区开街，获评"成渝潮流新地标"；峨秀湖创建为国家级旅游度假区；罗城古镇·犍为文庙、苏稽古镇成为巴蜀文旅走廊新地标；《只有峨眉山》跻身成渝十大文旅新地标；音乐剧《少年郭沫若》首演。2019年、2020年，峨眉山市、市中区分别被评为天府旅游名县，乐山入选国家全域旅游示范区。2020年，全市A级景区增至38家，其中5A级两家，4A级12家，3A级10家，2A级12家。

节庆展会活动　2013年10月，以乐山大佛开凿1300年为契机，举办第五届乐山大佛旅游文化节。2014年，承办首届四川国际旅游交易博览会，乐山成为四川国际旅游交易博览会永久会址。2015年，成功组织

2014年，首届四川国际旅游博览会开幕式在峨眉山市举行

亚太旅游协会2015年会、环中国国际公路自行车赛、四川国际峨眉武术节、黑竹沟户外障碍挑战赛等重大活动和赛事，PATA—乐山山地旅游示范基地落户。2020年，先后承办或举办四川省文化和旅游发展大会、第六届中国（四川）国际旅游投资大会、第七届四川国际旅游交易博览会、2020世界研学旅游大会、2020四川国际文化旅游节。成立"大峨眉"文旅发展联盟。世界研学旅游组织总部落户乐山。与此同时，先后举办4届中国茶香峨眉山国际茶博会、3届四川（乐山）中医药博览会、4届佛光花海音乐节、3届国际半程马拉松赛等重点品牌展会和乐山美食文化节等活动。

旅游体制改革 2014年，乐山大佛景区管委会与峨眉山景区管委会分设。2015年，乐山市被国家旅游局批准为首批国家级旅游业改革创新先行区。2016年，两大景区管委会党工委书记、主任分别由所在地党政一把手兼任，推动"山城一体""景城一体"融合发展，完善峨眉山、乐山大佛景区管理体制。2017年，创新建立"旅游综合执法支队＋旅游警察、旅游法庭、旅游工商＋人民调解和仲裁合作机制"的"1+3+N"联合执法监管模式，高效处置旅游市场纠纷。2018年，推进旅游行业协会改革，实行旅游行业"红黑榜"管理制度。2020年，大佛景区旅游执法体制调整，景区旅游执法大队人员下放至市中区文体旅游局。

2019年，全市旅游产业突破千亿元大关。2020年，全市接待国内外游客7071.69万人次，实现旅游总收入1040.34亿元；全市旅游直接从业人员6万人，间接从事人员23万人；旅游企业2066家，其中规模以上84家；旅游经济总量持续保持全省地级市第一位。

五、交通运输业发展

公路 2012年，乐山高新进港大道建成试通车。乐山境内9个政府还贷二级公路收费站统一停止收费，率先在全省实现所有政府还贷二级公路免费通行。2013年，乐（山）雅（安）高速公路和乐（山）自（贡）高速公路先后建成通车，标志着成渝环线形成，其中乐山段99.88公里。2016年，乐（山）沙（湾）

2020年12月31日，仁沐新高速公路沐川枢纽互通

城际生态大道、仁（寿）沐（川）新（市镇）高速仁井段建成通车。2017年，绕城高速、井（研）沙（湾）联网畅通工程等项目竣工。2018年，建成乐（山）峨（眉）大道、五（通）犍（为）沐（川）快速公路沐川段。2019年，仁沐新高速井研至犍为孝姑段、乐（山）夹（江）大道建成通车。2020年，仁沐新高速孝姑至沐川南段及马边支线建成通车，为小凉山腹地第一条高速公路。2020年，全市高速公路总里程突破428公里，公路总里程16057.60公里。所有乡镇和建制村100%通客车。

铁路 2014年12月，成（都）绵（阳）乐（山）高铁建成通车，结束乐山市44年未新增1公里

2014年12月，成绵乐城际铁路通车

铁路的历史，标志着乐山进入高铁时代，融入成都一小时经济圈。2017年12月，成昆铁路复线成（都）峨（眉）段竣工。2019年6月，成贵高铁乐山至宜宾段开通运营，12月，成贵高铁全线通车，乐山融入全国高铁网。2020年4月，国内首条跨省环线动车——川渝贵跨省环线动车正式开行，乐山融入川渝贵环形圈。

机场 2020年，乐山军民两用机场通过国家发展改革委、军委后勤保障部批复。建设标准为：4C级标准机场，跑道长2800米、宽50米；10个站坪机位、3.8万平方米航站楼，配套建设14.3千米进场道路等设施；建设期限为2021—2024年。2021年11月，机场工程正式开工。

航运 2012年，岷江港航电枢纽项目获得批复，包括老木孔、东风岩、犍为、龙溪口4级航电枢纽和乐山港一期工程建设及岷江龙溪口至宜宾段航道整治。2015年，犍为枢纽开工建设，2021年建成投运，总装机容量为500MW。2019年，龙溪口枢纽工程开工建设。

2021年，岷江航电犍为枢纽建成

城市交通 2012年，中心城区陆续开行9条小公交。2016年，建成乐山交通指挥中心，完成城市公交智能系统第一期建设，"乐山交通"APP正式上线，乐山公共自行车投用。2017年，开通高铁乐山站—乐山大佛景区线、乐山大佛景区—峨眉山景区旅游直达、乐山大佛景区—高铁乐山站—峨眉景区3条旅游专线，乐山共享汽车投用。2018年，乐山首批网约车和共享电动单车投用。2020年，乐山旅游美食公交专线开行，累计开行城市公交45条、城际公交8条，覆盖五通桥、峨眉山、沙湾、井研、夹江5个县（市、区）。

农村客运 2012年，农村客运服务纳入政府公共服务范围。全面实施通乡、通村公路工程，新改建农村公路超过600公里。2015年，累计开通农村客运班线292条，投放农村客运车辆959辆。2016年，建成通村硬化路415公里。2018年，全省"四好农村路"建设现场会在犍为县召开。2020年，11个县（市、区）全部列入全省乡村客运"金通工程"，创建省级"四好农村路"示范县4个；农村公路总里程达到1.4万公里，全市211个乡镇、1987个建制村公路硬化率、通客车率达到100%。

六、城市和乡村建设

城市建设 2012年起，推进岷江东岸、冠英片区、苏稽片区和青江新区建设。岷江东岸景观大道竣工通车，嘉州长卷滨江湿地景观建成开放，海棠路改建、白岩竹溪文化公园一期项目竣工投用，岷江二桥拓宽维修工程完工。2020年，完善凤凰路北段、瑞祥路片区等城市路网。苏稽古镇、乐山职业技术学院、奥林匹克中心主体工程相继建成。嘉州绿心公园、老霄顶公园创建为省级重点公园。老城区实施"腾空建绿"，建成

2012年6月，嘉州绿心公园建成开放

陕西街游园、全华巷游园、普贤街游园，完成乐山主城区亮化提升工程。2012—2020年，累计实施棚户区改造52305套、公租房分配入住22060户。人均公园绿地面积从7.35平方米提升到14.85平方米，建成区绿化覆盖率达43.48%。新建投用公厕67个、停车场26个、新（改）建农贸市场12个。建成城乡生活污水处理设施201个，实现城乡污水处理设施全覆盖。2020年，乐山城市建成区面积为79.88平方公里，城市化率达到53.11%。全市城镇人口占53.11%，比2010年上升13.64个百分点。

城市管理 2012年，乐山市创建为环境优美示范城市，申报为全省首批数字化城管系统试点城市。2015年，垃圾填埋场填埋气发电项目并网发电。2019年，乐山市城市生活垃圾环保发电项目建成投用。2020年，全市首座餐厨垃圾处置项目建成投产。同年，《乐山市城市市容和环境卫生管理办法》正式施行。

乡村建设 2012年起，启动并加快建设沐川桃源新居、峨眉黄湾小镇、井研雨台村等12个新农村综合体示范点。2014年，犍为县、井研县、夹江县开展省级新农村示范建设。2015年，制发《乐山市幸福美丽新村建设行动方案》，建成幸福美丽新村517个，建成新村（聚居点）845个。2020年，培育省级"百镇建设行动"试点镇30个，其中峨眉山市符溪镇、犍为县罗城镇和夹江县新场镇被评为省级特色小城镇。

七、全方位开放

交流合作 2015年,组织参加波兰——四川商务论坛、一带一路走出去企业融资对接会等经贸活动。2020年,全市国际友好关系增至22对,建立友好交往和贸易往来关系的国家和地区达110个。"十三五"期间,抢抓成渝地区双城经济圈建设机遇,与重庆武隆、南川等地签署多项战略合作协议,组建巴蜀石窟文旅走廊联盟等平台,实施部分国家外国人144小时过境免签政策。

对外贸易 "十三五"期间,培育外贸经营权企业540余家,"乐山造"产品出口覆盖110个国家和地区。2020年,出口产品以化工产品、电子元器件、鞋类等为主,进出口额49.56亿元,位列全省第六位,其中出口37亿元;与"一带一路"沿线41个国家有贸易往来。

招商引资 "十二五"期间,港中旅、中科实业、中国建材、中信国安、万达集团等一批知名企业到乐山投资兴业,累计引进到位市外内资2561.6亿元,是"十一五"总量的2.8倍。"十三五"期间,引进通威、晶科、协鑫、京运通等一批龙头企业落户乐山,累计到位市外资金超过3000亿元。

2012年,全市地区生产总值突破1000亿元,达到1037.75亿元。2020年,地区生产总值突破2000亿元,达到2003.4亿元。

第二节　政治建设

一、人民民主

民主监督　坚持和完善我国根本政治制度、基本政治制度、重要政治制度。市人大及其常委会依法行使立法权、监督权、决定权、任免权。发展协商民主。坚持和完善中国共产党领导的多党合作和政治协商制度，市政协遵章履职，2020年在全省率先规范设置市县两级专门委员会、全覆盖建成乡镇（街道）联络站。加强社会监督。2014年，"乐山廉线"开通上线。2016年，创新开播"嘉廉话"阳光问廉全媒体直播节目。2018年，开通"心连心服务热线"。2020年，"心连心"服务中心成为市政府组成部门。

基层民主　2012年，村（居）务监督委员会实现全覆盖。2013年，完成第九届村（居）委会换届选举工作，井研成为全国一事一议规范管理县。2015年，健全村（居）民议事、评议、立约、监督制度，基本建成城乡网格化服务管理体系，创建全国和谐社区示范单位4个。2017年，实施社区公共服务综合信息平台建设试点，创建全国民主法治示范村（社区）3个。完成全市1982个村、263个社区的换届选举工作。2019年，启动乡镇行政区划和村级建制调整改革，夹江县成为全省首批乡镇区划调整改革试点县。2020年，全面完成乡镇行政区划和村级建制调整改革，全市乡镇（街道）由218个减为132个，减少39.6%；建制村由1949个减为1107个、建制社区由269个优化到263个；村民小组由16696个减为9274个。2020年，完成村（社区）综治中心规范化建设，村务公开及规范率100%，90%的村（社区）成立红白理事会，创建全国首批乡村治理示范村3个。

二、依法治市

地方立法 2015年，修改《峨边彝族自治县彝族语言文字条例》。2018年，修改《峨边彝族自治县实施〈四川省人口与计划生育条例〉的补充规定》和《马边彝族自治县实施〈四川省人口与计划生育条例〉的补充规定》。2019年，修改《马边彝族自治县彝族语言文字条例》。2020年，制定《峨边彝族自治县人居环境综合治理条例》。

2016年，乐山市获得地方立法权，制定《乐山市人民代表大会及其常务委员会立法条例》，构建"党委领导、人大主导、政府依托、各方参与"的立法工作格局，建立健全立项、调研、起草、论证、审议、实施等立法工作机制。2017年，制定《乐山市第七届人大常委会立法规划（2017—2021年）》，出台全市第一部实体性法规《乐山市中心城区绿心保护条例》。2018年，制定《乐山市集中式饮用水水源保护管理条例》。2019年，制定《峨眉山世界文化和自然遗产保护条例》《乐山大佛世界文化和自然遗产保护条例》。2020年，制定《乐山市扬尘污染防治条例》。

法治建设 2014年，成立市依法治市领导小组及办公室，建立向宪法宣誓制度。2015年，在全省率先设立旅游审判法庭等特色法庭。2016年，全部取消非行政许可事项，建成行政权力依法规范公开运行平台和网上办事电子政务大厅。2017年，启动相对集中行政许可权改革试点，实行

"一窗受理"。2018年,乐山政务服务国家级标准化试点项目通过验收。2019年,原市依法治市领导小组及办公室调整为市委全面依法治市委员会及办公室。2020年,清理市本级行政权力事项5407项,推行"乐易办"政务服务模式,市公共法律服务中心建成运行。

普法教育 2013年,市县两级成立普法宣讲团。2014年,推进"法律七进"。"六五"普法期间,创建全国民主法治县(市、区)2个、民主法治示范村(社区)3个,省级法治示范县1个。2018年,落实国家机关"谁执法谁普法"普法责任制。"七五"普法期间,创建全国法治示范校1所、法治示范县(市、区)2个、民主法治示范村(社区)3个,省级法治示范乡镇(街道)、学法用法示范机关(单位)、诚信守法示范企业等法治示范点40余个,市级法治示范点200余个。

机构改革 2019年,市县同步进行党政机构改革,市级设置49个机构,市级党政机构县级领导职数由360名减为318名,11个县(市、区)科级领导职数由2611名减为2098名。

三、统一战线和民族宗教

统一战线 先后建立市委统一战线、对台、宗教工作领导小组。2019年,市委统战部统一领导民族宗教工作,归口领导市民族宗教事务委员会,统一管理侨务、台湾事务工作,全覆盖设立基层统战机构。积极开展民主党派和无党派人士工作、党外知识分子工作、民族工作、宗教工作、非公有制经济领域统战工作、新的社会阶层人士统战工作、港澳台统战工作、海外统战和侨务工作。

民族团结 2012年,实施民族地区综合扶贫开发。2014年,马边彝族自治县荣获全国民族团结进步模范集体称号。2019年，峨边彝族自治县成功创建全国民族团结进步创建示范县。2012—2016年，乐山市对口援助甘孜理塘县。2016—2020年，乐山市对口帮扶凉山美姑县。2014—2020年，实施小凉山彝区"十项扶贫工程"，金口河区、峨边彝族自治县、马边彝族自治县与全市同步建成小康社会。

宗教管理　2012年，马边明王寺列入第八批省级文物保护单位。2012年11月，恢复峨眉山市大庙飞来殿为道教固定处所，移交道教教职人员管理，次年恢复开放。2013年，乐山凌云寺被评为第二届全国创建和谐寺观教堂先进集体；成立全省首个宗教界慈善基金会——峨眉山行愿慈善事业基金会。2014年，市民族事务委员会、市政府宗教局合并成立市民族宗教事务局。12月，天主教乐山教区辖乐山、眉山、雅安、甘孜、阿坝5地的43处教堂（含活动点）。2015年，成立道教协会。宗教管理进一步加强。

四、党的自身建设

宣传思想教育　先后开展党的群众路线教育实践活动、"三严三实"专题教育、"两学一做"学习教育、"不忘初心、牢记使命"主题教育。2016年以来，实施"一地一品"基层理论宣讲品牌建设，先后打造"鸽鸽讲堂""德古彝汉双语讲堂"等一批基层宣讲品牌。2019年，乐山市"心连心·鸽鸽讲堂"宣讲团团长的莫鸽鸽被中宣部表彰为2019年度全国基层理论宣讲先进个人。

组织建设　2013年，实施"年轻干部成长计划"等四大计划。2014年，制定《党政领导干部选拔任用工作规程（试行）》，出台《关于加强和改进优秀年轻干部培养选拔工作的实施意见》。2015年，出台《激励干部"奋发有为"十条举措》。2016年，率先在全省完成超职数配备干部整改消化任务，老干部工作被中组部表彰为"全国老干部工作先进集体"。2018年，推进干部培养"十个一批"行动，认定15名全市首批优秀高层次人才暨"嘉州英才卡"。2019年，在全省率先开展"常青树"行动，落实公务员职务职级并行制度。2020年，在全省率先完成市县两级城乡基层治理委员会及下设机构的组建，"支部建在组上"做法在全省推广。

作风整治与反腐败 2013年，出台《关于改进工作作风、密切联系群众的规定》。2014年，乐山市纪律检查体制改革全面启动，是全省2个全面试点城市之一。2016年，首期"嘉廉话"乐山市纪检监察论坛在市纪委教育培训中心正式开讲。六届市委届内，共处置问题线索4386件、立案2343件、处分2371人。2017年，先于全国开展脱贫攻坚专项巡察，受到中央巡视办肯定；开展党风廉洁风险迹象精细化记分管理，"护根"行动

2018年12月24日，"嘉廉话"《阳光问廉》第八期全媒体直播现场

惩治"微腐败"做法在全国交流。2019年，在全省率先构建市县乡三级政治生态动态监测预警和年度综合评价"两个体系"，全市党风廉政建设社会评价指数位列全省第一方阵。2020年，全面开展对村（社区）巡察。七届市委届内，共处置问题线索13016件、立案审查调查6016件、处分5523人、移送检察机关165人。

第三节　文化建设

一、精神文明建设

道德模范　组织开展"乐山好人""乐山好干部""美德少年"等系列评选表扬活动，开展首届"乐山慈善奖"评选表彰活动。2012年、2015年、2018年、2020年，分别开展四届"乐山好人"——乐山市道德模范评选表彰活动，共评选出65名道德模范、"乐山好人"。市中区关庙乡苏坪村村民罗万森获得全国道德模范提名，犍为县玉屏乡楠木村村民朱祥云等9人入选"中国好人"，金顶"蜘蛛人"彭文才、沙湾区李建军等11人获得四川道德模范称号，乐山特殊教育学校教师王玲等93人入选"四川好人"。

文明城市　2014年，启动乐山市第四届省级文明城市（地级及以上）申报创建工作，2017年创建成功。2018年，启动全国文明城市提名城市创建工作。2020年，峨眉山市、犍为县、马边彝族自治县成功创建四川文明城市（县级）。全市创建有全国文明村镇11个、省级文明村镇22个、市级文明村镇327个；全国文明单位12个、省级最佳文明单位19个、省级文明单位90个；全国文明家庭2户，全省文明家庭7户；全国文明校园2所，省级文明校园42所，市级文明校园75所。

爱国主义教育基地　至2020年，全市有爱国主义教育基地34个。其中，省级爱国主义教育基地9个（大佛乌尤景区、丁佑君烈士铜像暨纪念馆、郭沫若旧居博物馆、井研竹园烈士陵园、金口河铁道兵博物馆、夹江手工造纸博物馆、峨眉山景区等）；市级爱国主义教育基地16个（乐山市档案馆、核工业西南物理研究院、"八一九"空袭死难同胞纪念碑、乐山崖墓博物馆、乐山安谷战时故宫文物南迁纪念馆、沙湾区烈士陵园、沙湾区德胜钒钛钢铁循环经济园区、峨眉山市烈士陵园、嘉阳小火车·芭蕉沟矿业遗迹、犍为县文庙博物馆、井研县熊克武故居、夹江县烈士陵园、夹江县千佛崖文物风景区、峨边彝族自治县烈士陵园、马边彝族自治县烈士陵园、沐川县烈士陵园）。

嘉阳小火车

二、教育事业

2013年，四川博睿特外国语学校建成投用，四川省乐山市第一职业高级中学创建为国家首批中职教育改革发展示范学校，民族地区义务教育阶段学生营养改善计划实现全覆盖。2017年，乐山职业技术学院新校区建成投用。2018年，海棠实验中学、改扩建后的乐师附小建成投用。2019年，高新区嘉祥外国语学校、五通桥区东辰外国语学校建成投用。2020年，推进招生考试改革，首次实行公办民办学校同步招生，中考成绩首次采用等级呈现。创新成立乐山一中教育集团和"强基计划"实验班，挂牌成立乐山新能源产业学院。至2020年，全市共有学校1297所，其中高校5所、普通高中25所、中职学校23所、初中188所、小学325

所、幼儿园732所，教职员工3.5万人，在校学生近50万人。

三、科技事业

2012年，建成省级工程实验室3个、检验检测中心6个，乐山高新区创业服务中心成为国家级科技企业孵化器，国家高新技术企业达69家，省级创新型企业达到66家。到2015年，连续五届被评为全国科技进步先进市。"十二五"期间，乐山科技成果获省政府科技进步奖一等奖2项、二等奖6项、三等奖14项。盛和稀土股份公司研发的"氟碳铈稀土精矿"环保、节能、降耗的绿色冶金新工艺，获得国家发明专利，获得四川省科技进步一等奖和中国专利优秀奖。"十三五"期间，新培育国家高新技术企业76家、总数达109家。省级以上科技创新平台从22个增至34个。专利申请总量1.24万件、专利授权总量0.75万件，分别是前五年的2.5倍、2.4倍。乐山市列为国家知识产权试点城市。乐山科技成果获省政府科技进步奖一等奖3项、二等奖6项、三等奖15项。

四、文化事业

公共文化 2012年5月，全国首个铁道兵博物馆正式开放。2013年1月，"文翰嘉州·百姓直通车"列为国家公共文化服务体系示范项目。3月，犍为嘉阳矿山博物馆开馆，被授牌中国煤炭博物馆四川嘉阳馆。2016年，举办峨眉山花海音乐节和"嘉乐汇"戏剧周，开展纪念故宫文物南迁乐山80周年、"健康中国行动"乐山站等活动。2017年，沫若书院成立。2018年以来，先后在市中区、沙湾、夹江等地开展"书香之城·文化乐山"全民阅读主题活动。2018年，成功创建第三批公共文化服务体系示范区。2020年4月，市内首家农民美术馆在峨眉山市九里镇开馆。2020年，全市有群众文化馆12个、公共图书馆12个、博物馆12个。免费开放图书馆12个、文化馆12个、乡镇文化站189个、街道文化中心11个、博物馆3个。

广播电视与新闻出版　2014年12月，乐山广播电视台高清数字电视正式开播，结束了本地广播电视台无高清信号的历史。2017年，乐山广播电视台《新闻天天报》栏目被省政府授予"慈善工作奖"荣誉，为全省唯一受到该表彰的新闻媒体单位，四川根石家文化传播有限公司成功创建为国家级版权示范单位。2020年，整合建立市、县（区）融媒体中心，实现广播电视节目PC端、手机端可视可听。

文物保护　2013年，井研县三江宋塔、市中区离堆入选全国重点文物保护单位。2016年，犍为文庙完成大型维修。2014—2019年，沐川县箭板镇顺河古街，五通桥区竹根镇兴隆里村，犍为县罗城镇菜佳村、芭沟镇芭蕉沟社区、铁炉乡铁炉社区，井研县千佛镇民建村，夹江县华头镇正街村，峨眉山市罗目镇青龙社区先后被列入中国传统村落名录。2019年，井研雷氏民居（清）、核工业受控核聚变实验旧址入选第八批全国重点文物保护单位。2020年，乐山文庙维修、龙神祠修复工程竣工，完成文庙文化展陈和武汉大学西迁乐山陈列展；乐山故宫文物南迁研究院、乐山大佛石窟研究院成立；峨眉山万年寺保护修缮工程竣工。2019—2020年，核工业受控核聚变实验旧址（2019）、嘉阳煤矿老矿区（2019）、永利川厂旧址（2020）入选国家工业遗产名录。2020年11月，在乐山市沙湾区沙湾镇（原范店乡）发现四川首个埋葬古生物群——寒武纪早期化石库。截至2020年，全市公布各级文物保护单位312处，其中，全国重点文物保护单位 12 处（18 个点）、四川省文物保护单位 32 处、乐山市文物保护单位 82 处、县（市、区）文物保护单位 186 处。

第四节　社会建设

一、人口发展

2014 年 3 月，实施单独二孩政策。2016 年，实施全面二孩政策。根据第七次全国人口普查结果，2020 年，全市常住人口 3160168 人，比 2010 年减少 75591 人。人均预期寿命达到 78.17 岁。与 2010 年相比，每 10 万人中拥有大学文化程度的由 6668 人增加到 10584 人，15 岁及以上人口的平均受教育年限由 8.42 年提高至 8.93 年。全市人才资源总量达 37.99 万人。人口老龄化程度持续加深，2020 年全市常住人口中，60 岁及以上人口占 24.50%，与 2010 年相比，上升 6.73 个百分点，65 岁及以上老龄人口比重高于全国、全省水平。人口性别结构得到改善，人口性别比由 2010 年的 101.66 下降为 100.71。

二、卫生健康

医药卫生体制　2012 年，推进医改和公立医院改革，金口河区人民医院和峨边彝族治县人民医院被列入省上试点。2016 年，启动城市公立医院综合改革试点，全面推行药品集中采购，县级公立医疗机构全面取消药品加成。2017 年，公立医疗机构全部执行药品采购"两票制"，

8家三级医院接入国家异地就医联网结算平台。2019年，撤销市卫生和计划生育局，组建市卫生健康委员会，成立市、县医疗保障局。2020年，推进沐川县国家级"紧密型县域医共体"建设试点、夹江县市级"紧密型县域医共体"建设试点。在全省先行开通特殊药品省内异地直接结算，惠及群众4128万人次。城乡居民医保政策范围内住院费用报销比例达到79%。

医疗机构 2015年12月，市人民医院与成都中医药大学附属医院(四川省中医医院)签订战略合作联盟协议，为全省首次"三甲"中医医院与"三甲"综合医院联盟。2017年，实现民族地区标准化乡镇卫生院和标准化村卫生室全覆盖，建成医养结合机构13家、养老机构13家。2020年3月，市妇幼保健院新院区投用；川大华西医院"嵌合型医联体"落地马边彝族自治县医院。2020年，全市拥有卫生机构3224个（含村卫生室），卫生技术人员23027人，年末医疗机构实有床位25834张。全市有社会福利院13个，床位3066张。全市城乡居民免费基本公共卫生服务完成率达到100%。

疾病防控 地方病、慢性病防治能力稳步提升。全市中小学校无结核病聚集性疫情发生。2018年，医疗救助惠及11.7万人次，免疫规划疫苗接种率为99.51%。2020年，全市11个县级疾控机构10个达到二级以上，其中市中区达到二级甲等疾控中心。2020年，突发新冠肺炎疫情。在全省率先关闭景区景点、宗教场所，暂停群众聚集性活动，是全省新冠肺炎发病数和发病率最低市州之一。常态化疫情防控后，坚持外防输入、内防反弹，核酸检测机构实现县级全覆盖。获评全国抗击疫情先进个人1名，全省先进集体12个，先进个人35名。

卫生城镇创建 2016年,马边彝族自治县、峨边彝族自治县创建成省级卫生县城,犍为县南阳乡、五通桥区蔡金镇创建成国家卫生乡镇。2020年,乐山市、峨眉山市成功创建国家卫生城市,夹江县成功创建国家卫生县城。省级卫生县城、乡镇、村覆盖率分别为100%、83.47%、71.36%。

三、体育事业

群众体育 2012年以来,全市广泛开展假日体育、全民健身日、体育三下乡、万众健身跑等全民健身系列活动。2014年,打造乐山市"健康乐山·快乐家园"广场健身操(舞)品牌,举办四川省广场健身舞决赛。举办国际半程马拉松比赛,并入选2020年中国体育旅游精品项目。2020年,峨眉武术、沐川草龙入选中华体育文化优秀项目。

2018年11月11日,中国移动·2018乐山国际半程马拉松赛开赛

竞技体育 2012年以来,乐山积极承办各类国际级、国家级、省级体育竞赛,举办市级体育竞赛。2012年11月,乐山籍运动员曾令飞获2012游泳亚锦赛男子4×100米自由泳接力赛冠军,为全市首枚亚洲游泳金牌获得者。2014年,乐山籍运动员彭杨、吴梦荣在第十七届亚运会中

夺得女子曲棍球银牌。2017年，举办市第七届运动会、第二届残运会和第二届老年人运动会。2019年，举办第八届世界传统武术锦标赛，全国竞走锦标赛。2020年，全市共承办省级以上体育竞赛5项次。四川省青少年体育锦标赛，乐山运动员获金牌23枚、银牌25枚、铜牌33枚。

四、社会保障

民生事业 2012年以来，坚持每年新办一批民生实事。2018年，实施"人民美好生活需要"对标补短三年行动（2018—2020年）。2020年，获评全国居家和社区养老服务改革试点优秀城市。全面建立退役军人服务保障体系，蝉联五届全国双拥模范城。坚持就业优先战略，2020年，全市城镇新增就业4.65万人，农村劳动力转移输出102.45万人，转移输出率73.66%。加强社会保障，到2020年，全市参加企业职工基本养老保险人数63.95万人，城乡居民养老保险人数123.05万人，城镇职工基本医疗保险人数64.87万人，城乡居民医疗保险人数259.82万人，失业保险人数26.83万人，工伤保险人数42.63万人，生育保险人数36.22万人。全市城镇居民最低生活保障人数3.5万人，农村居民最低生活保障人数12.23万人。

社会治理 健全市县乡平安建设协调机制，完善信访制度、人民调解、行政调解、司法调解联动工作体系。成功应对2020年"8·18"特大洪灾。金融、债务等领域风险总体可控。国家安全、国防动员及人民防空全面加强。平安乐山建设成效明显，扫黑除恶专项斗争、禁毒人民战争取得重大成果。2020年，获批全国首批市域社会治理现代化试点城市。市级部门和村（社区）法律顾问全覆盖，创建全国民主法治示范村3个、全国乡村治理示范村镇 4 个、全省基层治理示范街道及社区 14 个。

五、脱贫攻坚与乡村振兴

脱贫攻坚 2013 年 11 月,习近平总书记在湖南湘西花垣县十八洞村考察时提出精准扶贫理念。乐山紧扣"两不愁三保障",坚持"六个精准",推进精准扶贫、精准脱贫。2016 年,创新开展"百企帮百村"活动。2017 年,沐川县退出贫困县序列。2018 年,金口河区退出贫困县序列。2019 年,马边彝族自治县、峨边彝族自治县退出贫困县序列,乐山先于全省一年实现全市整体脱贫,与全国全省同步全面建成小康社会。全市累计完成扶贫专项投资 550 亿元,实施彝家新寨村 135 个,建成易地扶贫搬迁集中安置点 170 个,新建和改造贫困户住房 3.5 万户。"三县一区"县级综合医院全部达到二甲以上。统筹推进农村安全饮水、电网改造等工程,村村通宽带光纤,户通电率 100%。2019 年,21.2 万名贫困人口、259 个贫困村、4 个贫困县全部脱贫摘帽。2020 年,全市贫困群

2019 年建成的峨边茗新村彝家新寨和易地扶贫搬迁移民安置点

众人均纯收入达到10083元。2017—2020年，乐山连续四年获评全省脱贫攻坚先进市。2021年2月，中共峨边彝族自治县委、浙江省赴四川省东西部扶贫协作乐山片区帮扶工作组、乐山市对口帮扶美姑县援彝工作队被党中央、国务院表彰为全国脱贫攻坚先进集体，的莫鸽鸽、师玉容、乔进双梅、马庚被党中央、国务院表彰为全国脱贫攻坚先进个人。

中纪委帮扶马边　2004年起，中央纪委国家监委机关定点帮扶贫马边彝族自治县。中纪委多名领导深入马边考察调研指导。至2020年，先后派出22名局级以下干部到马边挂职、到村蹲点扶贫。在党建结对、督促指导、监督检查、宣传培训、资源投入等方面发挥重要作用。2020年，马边彝族自治县实现95个贫困村退出，10307户、43996名贫困人口脱贫，全县脱贫摘帽。

浙乐东西部扶贫协作　2017年，按照中央东西部扶贫协作战略部署，浙江省绍兴市越城区、台州市椒江区、衢州市江山市、金华市浦江县分别与马边彝族自治县、峨边彝族自治县、沐川县、金口河区建立结对帮扶关系。2017—2020年，浙江省、市、区三级财政累计向乐山市"三县一区"提供帮扶资金5.2亿元，实施帮扶项目182个，互派干部人才781人次，在教育、健康、产业、劳务和社会等领域实现全面协作联动。2020年12月，《人民日报》以《不是简单援助 携手一起迈步》为题，对浙乐东西部扶贫协作的相关做法和成效进行了报道。

对口援藏　2012—2016年，根据四川省"7+20"对口援藏工作安排，乐山对口支援甘孜州理塘县。五年间，乐山派出150多名干部人才，从资金、项目、人才等方面支援理塘建设。实施对口援建规划内项目18个，投入援助资金2.28亿元。

对口帮扶美姑县 2016年,乐山启动对口帮扶国家深度贫困县美姑五年攻坚行动。2016—2020年,累计选派两批援彝工作队干部585名,建成4个扶贫新村和1个"乐美社区";通村入户路37公里,马美路建成通车;建成核桃、花椒等特色基地1900亩,打造高山黑猪、美姑山羊改良示范基地,建成2个扶贫工厂;建成一批教育卫生设施,2017年起创办乐山一中"美姑班",每年招生50人。2020年11月,凉山彝族自治州美姑县退出贫困县序列。

乡村振兴 2017年,党的十九大提出乡村振兴战略。2018年,犍为县和井研县集益乡被列为全省首批乡村振兴编制规划试点单位。2019年,沙湾区葫芦镇祝村、峨眉山市新平镇净安村、井研县研经镇王家沟村创建为全国首批乡村治理示范村。2020年,创建省级实施乡村振兴战略工作先进乡镇3个、示范村23个;市级乡村振兴战略先进县1个、乡镇10个、村50个;夹江县甘江镇新生村、市中区大佛街道棕桥村、井研县纯复镇田家沟村分别获四川产业兴旺名村、生态宜居名村、改革创新名村称号。

第五节　生态文明建设

一、污染治理

坚持做好大气、水、土壤污染治理,推进减排、抑尘、压煤、治车、控秸,全面改善空气质量,加强重点流域和饮用水水源地保护,治理小流域污染和城市黑臭水体。2017年，全面推行河（湖）长制。沐川县关停千余家土法造纸作坊。夹江县推进陶瓷产业退城入园、煤改气工作。2018年，加快茫溪河重点流域治理省市示范工程建设。2019年5月，光大环保能源（乐山）有限公司乐山市城市生活垃圾环保发电项目（一期）建成并投入营运，设计日处理量为1000吨。2020年，主城区空气质量综合指数3.72；空气质量优良天数319天，PM2.5年均浓度35.1微克/立方米，空气质量达到国家二级标准。岷江、青衣江、大渡河干流考核断面水质全部为优。生态环境状况指数居全省第二位，"窗含峨眉、鸥逐三江"的景象频现嘉州城。

2018年，实施"美丽乐山·宜居乡村"人居环境整治行动计划，突出垃圾、污水、厕所治理，推进农村面源污染治理。2019年，推广城乡环卫一体化模式，推动行政村、自然村保洁员全覆盖，农村生活垃圾治理通过国家验收。到2020年，完成农村"厕所革命"整村推进示范村288个，农村生活垃圾、农村生活污水得到有效治理村占比分别为97%、55%。创建"美丽四川·宜居乡村"达标村668个。

二、生态保护

耕地保护　2012年以来，坚持最严格的耕地保护制度。2019年，执行先补后占、占优补优、占水田补水田，落实耕地占补平衡。2020年，全市实有耕地保有量为29.05万公顷；划定永久基本农田19.92万公顷。

自然保护区　2014年，东风堰成为全省首个世界灌溉工程遗产；金口河大瓦山五池、大渡河金口大峡谷、峨边大小杜鹃池、犍为桫椤湖列入国家水利风景区名录。2016年，金口河大瓦山列入国家湿地公园名录，

世界灌溉工程遗产东风堰

沙湾大渡河列入国家湿地公园试点名单；沐川县、峨边彝族自治县、马边彝族自治县纳入国家重点生态功能区名录。2019年，建成当时乐山最大的人工湿地——井研县研溪湿地。2020年，全市共有自然保护区4个。自然保护区面积为106663.5公顷，湿地保护面积为29895.42公顷，森林面积为774800公顷。

天然林保护 2013年，通过国家林业局专家组对全市天然林保护工程二期的中期评估，全面完成天然林保护工程二期管护32.33万公顷，完成集体公益林补偿11.72万公顷。完成人工造林9333.33公顷，封山育林7440公顷、中幼林抚育2800公顷、低产低效林改造6833.33公顷。2020年，全市森林面积达到1162.2万亩，森林蓄积达到6643.2万立方米，森林覆盖率达到60.8%；林业总产值达到280亿元，林农年均林业收入2300元，为建设长江上游生态屏障贡献乐山力量。

绿化造林 2013年，犍为县荣获全国绿化模范单位。2014年，乐山通过国家园林城市复查验收，沐川国家级森林公园获批设立。2016年，实施"绿秀嘉州"九大行动，重点在高速公路、国省道干线、沿江沿河、城市街道园林实施造林绿化。2020年，完成省、市、县古树挂牌保护工作，认定公布一、二、三级古树1420株。主城区建成区绿地率40.43%，绿化覆盖率43.47%。普通公路绿化率达到92%，建成绿色通道面积603.47公顷。

三、生态文明创建

2012年，乐山创建为全省环境优美示范城市，通过省级卫生城市、省级环保模范城市复查验收。沐川成为全国生态文明示范工程试点县。2013年，市中区建成省级生态区。2016年，市委作出《关于推进绿色发展建设美丽乐山的决定》，沐川县获得"中国天然氧吧"称号，成为四川唯一一个获此殊荣的区县。2017年，在全国率先开设"环保曝光台"，探索全民参与环保监督机制，被生态环境部在全国推广。2019年，乐山市通过"第二批全国水生态文明试点市"验收，峨眉山市创建为全省环境优美示范县城，沙湾区嘉农镇等6个乡镇、马边彝族自治县烟峰村等50个村分别创建为全省环境优美示范乡镇和示范村庄。2020年，全市60%的行政村创建为"美丽四川·宜居乡村"达标村。峨眉山市获"全国村庄清洁行动先进县"称号。

第六节　当代杰出人物

万希成（1875—1950），字树芳，峨眉县峨山乡人。1900年，考入北京铁道学堂。1901年，被选派日本留学，考入东京早稻田大学，攻读土木工程专业。1905年，由吴玉章介绍参加同盟会。1906年，受聘修建杭（杭州）江（江山）铁路，负责技术、设计、施工等工作，并借此掩护吴玉章从事同盟会活动。1908年，被清政府铁道总局聘任为修筑京（北京)张(张家口)铁路工程师,与总工程师詹天佑通力合作解决了火车爬山难题。1935年,到汉口江汉工程局工作,任总工程师,亲手设计汉口跨汉水至汉阳公路的大桥。其后,改造黄河大铁桥时,又被聘任为总指挥。1939年,主持修郑泽渠(丰谷到三台县)工程,由于施工极为困难,被迫离开,回到峨眉,担任峨眉县临时参议长。1940年,在他和有识之士推动下,峨眉县中学恢复办学。

丁佑君(1931—1950),女,五通桥人。出生盐商家庭。先后就读于五通桥私立小学、通材中学、成都私立女子中学。1950年1月,报名加入西康人民革命干部学校。2月,赴雅安学习,后加入中国新民主主义青年团。学习结束后到西昌县工作,任西昌女子中学军代表,7月,调盐中区任青年干事,参加征粮工作。9月,土匪暴乱,丁佑君不幸被捕。在匪徒们百般恐吓、凌辱和残酷毒打下,丁佑君宁死不屈。匪徒围攻盐中区区公所,久攻不下,威逼丁佑君去劝降。丁佑君严词拒绝,并高声鼓励同志们坚守阵地,最后惨遭匪徒杀害,年仅19岁。1950年9月,中共西昌县委追认她为中共党员;1958年3月,朱德委员长亲笔题词,号召全国青年向丁佑君学习;1985年,西昌盐中区和五通桥区各建一座丁佑君纪念馆,中共中央总书记胡耀邦题写馆名。

胡坤升(1901—1959),乐山县人。毕业于南京高等师范学校,并留校任助教。1929年,留学美国芝加哥大学。1933年,获博士学位,在中华文化教育基金会资助下转入哈佛大学研究。留学期间对变分学的研究已达到世界先进水平。回国后任清华大学数学系教授,后又执教于中央大学、重庆大学、四川大学,任数学系主任、教授,著名数学家华罗庚、柯召等都曾是他的学生,是中国第一位变分学学者。主要成果有《胡坤升遗著数学论文集》。是九三学社成员，曾任四川省数学学会副理事长、成都市人民代表等。

李劼人（1891—1962），原名李家祥，常用笔名劼人、老懒、懒心、吐鲁、云云、抄公、菱乐等，四川成都人。1912年，发表处女作《游园会》。1919年，赴法国勤工俭学。23岁时任《四川群报》主笔、编辑，后任《川报》总编辑。为解决报刊纸张质量问题，1925年，集资5万元在乐山城区徐家瑞开办嘉乐纸厂，任董事长，并在成都设有办事处，是四川第一家机制造纸厂，并通过纸厂经营支持办刊、赞助办学、资助孤儿院等慈善事业。新中国成立后，曾任成都市副市长、四川文联副主席等职。代表作有《死水微澜》《暴风雨前》和《大波》。他是中国现代具有世界影响的文学大师之一，也是中国现代重要的法国文学翻译家、知名社会活动家、实业家。

熊克武（1885—1970），字锦帆，井研县盐井湾（今研经镇）人。1903年，东渡日本学习军事。1905年，在东京第一批加入孙中山领导的同盟会。回国后，奉孙中山之命，在四川各地联络革命党人，设立机关，发展同盟会员，积极组织起义，先后发动泸州、成都、江安、广安、嘉定等地起义。1911年，参加广州黄花岗之役，带领喻培伦、但懋辛等17人负责袭击督署后门。武昌起义爆发后，被南京临时政府任命为蜀军北伐总司令，后被任命为蜀军第一师师长，驻重庆。1918—1924年，成为四川省实际统治者。1949年，与刘文辉等策动川西起义。新中国成立后，先后任西南军政委员会副主席，全国政协委员，全国人大第一、二、三届常委，民革中央副主席等职。

贺昌群（1903—1973），马边县人。1913年，赴成都求学。1921年，考入上海沪江大学,次年辍学进商务印书馆编译所工作。1926年起,在《文学周报》《语丝》《东方杂志》《小说月报》《中国青年》等刊物发表文章。后担任北京图书馆编撰委员,研究中国文化交流史。1939年4月,应马一浮邀请共办复性书院,任教务长。1940年,创办马边县初级中学,任校长。后在三台东北大学和重庆中央大学任教,并先后在重庆、南京参加反内战示威游行,掩护中共党员活动。新中国成立后,任南京图书馆馆长,组织编印《国立南京图书馆善本书目》。1954年,调任中国科学院历史研究所研究员兼科学院图书馆副馆长。

郭沫若(1892—1978),原名郭开贞,沙湾人。著名文学家、历史学家、思想家、政治家和社会活动家。毕业于嘉定府中学堂、成都四川官立高等学堂、日本九州帝国大学等学校。1927年8月,参加南昌起义,加入中国共产党。1928年,流亡日本。1937年,回国创办《救亡日报》,担任国民政府军事委员会政治部第三厅厅长。新中国成立后担任政务院副总理、中国科学院院长、全国人大常委会副委员长、中国人民保卫世界和平委员会主席等。著有《郭沫若全集》38卷。代表作《女神》是中国新诗奠基之作,《中国古代社会研究》开创中国唯物史观派,《甲申三百年祭》被作为延安整风运动学习教材。与王国维、罗振玉、董作宾并称"甲骨四堂"。

曹葆华(1906—1978),乐山市中区人。1926年,从省立乐山中学堂考入清华大学外国文学系。1935年,毕业于清华大学研究院。诗集《落日颂》和《无题草》等在诗坛影响较大。1937年,曹葆华回川,积极宣传抗日。1938年赴延安,执教鲁迅艺术文学院文学系。1944年后,在中共中央宣传部翻译马列著作,曾任俄文翻译室主任。1962年,到中国科学院哲学社会科学研究部外国文学研究所继续从事政治、哲学、文艺翻译、研究工作，被誉为"红色翻译家"。

吴鹿平（1892—1982），五通桥人。乐山盐场吴子春长子，盐化工实业家。早年在日本东京帝国大学主修应用化学。1919年归国后，在重庆开办"乐山大华胰皂厂"、济胶厂、诚信火柴厂等化工企业。抗战期间，迁回乐山城区泌水院、马鞍山和牛华溪等处办分厂，在牛华溪开办路边盐井太和灶，改进和推广多项制盐工艺。新中国成立后，到川南盐务局主持自贡盐场技术工作，1957年后任副总工程师、自贡化工局副局长等职。其间，填补中国多项化工新产品空白。

何克希（1905—1982），原名和成孝，峨眉人。革命家、军事家。1929年，加入中国共产党，从事情报工作。1933年，任川康新闻社社长。1935年1月，组织峨眉士兵武装起义。抗日战争爆发后参加新四军，1942年，任新四军浙东抗日自卫军司令员，参与领导开辟发展浙东抗日根据地。1945年1月，任苏浙军区第2纵队司令员，参加江南敌后抗日游击战争。1947年1月，任华东野战军第1纵队副司令员，参加孟良崮战役。1948年10月，任第3野战军第35军政治委员。1949年4月23日，率部奉命攻入南京，占领国民党"总统府"。新中国成立后，先后任华东军区特种兵司令部政委、华东装甲兵司令员兼政委、南京军事学院装甲兵系主任。1955年，授少将军衔。后转地方工作，先后任第二机械工业部部长助理、浙江省政协副主席、五届全国政协委员。

尧茂书（1950—1985），乐山市中区人。1965年，为乐山地区印刷厂工人。1974年，调西南交通大学电教室搞摄影。1980年，决定自费乘橡皮艇漂流长江，结束"长江自古无人漂"的历史。1985年初，得知美国著名探险家坎·沃伦将于秋天来华漂流长江的消息,他说:"漂流长江的先锋应该是中国人!征服中国第一大河的第一人应该是炎黄子孙!"毅然决定提前实施漂流长江计划,并得到国家体委同意、西南交大赞助和亲人支持。1985年6月11日,尧茂书从源头出发,漂行1270公里后,7月24日在金沙江段触礁遇难。1985年,尧茂书被评为"中国青年十杰"之一,共青团四川省委授予"首漂长江,献身祖国的优秀青年"称号。

毛文书(1910—1988),女,乐山市中区人。1929年,考入华西大学医科,1937年,获医学博士学位留校任教。1947年,赴加拿大多伦多大学和美国芝加哥大学学习。1950年、1953年先后任广东岭南大学医学院、中山医学院眼科教授。她在国内首次发现血半乳糖缺乏症患者的母乳与形成先天性白内障的关系。1965年,创办中山医学院附属医院,任副院长。1983年,创办中山医科大学眼科中心,任中心主任、一级教授。1982年、1987年,受卫生部和教育部委托,主持编写全国高等医学院校《眼科学》教材第二版和第三版。她是中国在国际学术界获得崇高荣誉的第一位眼科女专家。先后被选为第三、四、五、六届全国人大代表,中华眼科学会副主任委员,卫生部医学委员会委员。

李琼久(1908—1990),原名琼玖,字九躬、九公,堂号永好堂,五通桥人。12岁开始学画。1932年,毕业于四川美术专科学校西画科。新中国成立后,曾在乐山师范学校教学美术。1976年,接受中国美术协会邀请到北京作画,名气大增。国画大师石鲁称赞李琼久:"惜墨如金,动笔为魂",刘海粟评价其画"朝气蓬勃,新得出奇"。1980年,李琼久在凌云寺创办嘉州画院,任院长。李琼久擅长山水、花鸟,兼攻书法。1985年出版《李琼久国画选》。先后为中国美术家协会会员、中国美术家协会四川分会理事,担任中国老年书画研究会顾问、文化部归国华桥联谊会顾问、人民日报神州书画院顾问、成都画院顾问,乐山市政协常委,乐山市文联顾问。代表作有《达摩图》《古德林》《山鬼》《白鹅》等。

遍能(1906—1997),俗名许旨光,五通桥人。1918年在铜河堋太平寺出家,1919年还俗。1920年在乌尤寺出家,师从传度和尚,法名宏善,法号遍能。1924年入四川佛学院研习。新中国成立初期住持乌尤寺。1956年任乐山政协委员。1981年后,任四川省佛教协会常务理事、副会长兼秘书长,中国佛教协会常务理事、咨议委员会副主席、新都宝光寺方丈、峨眉山佛教协会名誉会长、四川省人大代表。1990年,创办峨眉山佛学院,任院长。1992年,创办四川省佛学院,任教务长。曾募建濠上大桥,兴办幼儿园,创立四川佛教慈善功德会。精通诗文、擅长诗赋辞章,尤善书法,著有《凌云乌尤史略》《乌尤寺楹联集释》等。

江尔逊(1917—1999),夹江人。1932—1947年,师从蜀中名医陈鼎三、陈逊斋及著名针灸专家承淡安,学习中医内科和针灸。新中国成立后,任夹江县人民医院副院长。1959年,调乐山专区医院(今乐山市人民医院),后任主任医师及中医科主任。擅用经方医治风痹、痹症、眩晕、咳喘、肾病、肝病等疑难杂症,享誉中医界。编撰《运用仲景学说治疗疑难重证的几点体会》《经方大师传教录》等医学著作。主持"江尔逊高徒班",培养中医后继人才。1991年被人事部、卫生部、国家中医药管理局确定为全国首批500名老中医药专家之一。

张瑞夫(1928—2004),乐山市中区人。世界著名半导体科学家。1947年,考入重庆空军通信学校,1949年,随校迁往台湾,毕业于台南成功大学。1961年,获美国普度大学哲学博士学位,被美国贝尔研究所聘为研究员，参加晶体管集成电路、平面式晶体管制透程序和种发射极的研究。1964年8月，被联合国教科文组织聘为物理和电子专家。创建台湾平面式晶体管研究室。1966年，受聘于美国国际商业机械公司（IBM），后发明以砷代磷制造平面式晶体管发射极，震撼世界半导体科学界。在尖端科技方面获得多项专利。1970年，组织成立世界半导体研究会。2001年撰写专著《醒来的巨人：中国》，介绍中国对世界文明的贡献和发展中的中国成就。

任宗德（1910—2006），乐山市中区人。无党派民主人士，知名实业家，著名电影制片人。1930年，在北平华北学院学习化学工业。1933—1938年，先后任重庆长江肥皂厂、重庆天成机械工厂、犍为沫溪炼焦厂工务主任。在重庆期间开始为党工作，创办四川国防酒精厂，为新华日报社经济困难时提供大量周转资金。他在重庆的住所韦家院坝16号，成为共产党人和民主人士秘密活动的场所，被称为"进步文化界的活动据点""文化之家"。1946年，参与发起成立上海联华影艺社。1947年，创办上海昆仑影业公司，任公司经理。先后拍摄《八千里路云和月》《一江春水向东流》《三毛流浪记》等作品。新中国成立后，任上海昆仑影业公司经理。1980年，任全国政协文史馆员，后移居香港。担任第六、七届全国政协委员。

伍柳村（1912—2006），峨眉人。著名刑法学家、教育家。1932年，考入华西大学中文系，一年后退学，重新考入四川大学法律系。1937年，毕业后留校任教讲授刑法。1953年，调西南政法学院任教。1985年，调四川大学，参与组建法律系，建立四川大学刑法硕士学位点，任硕士生导师。被公认为中国刑法界的泰斗级人物，享有"西南刑法学第一人"

称誉。先后出版专著《刑法讲义》(1981)、主编《青年法律常识丛书》(1987)等。1997年，率先提出"单位犯罪"要领，主张废除刑法类推原则，建议将"反革命罪"改为"危害国家安全罪"，"过失杀人罪"改为"过失致人死亡罪"，后被采纳，写入修改后的刑法。被称为"法人犯罪学"创立者。获中国法学会颁发的从事法学教育50年老法学家荣誉奖。

谢平安（1940—2014），乐山市中区人。受父母影响，通过努力成为文生、武生、花脸都能演的"全能演员"，也是"嘉阳河"川剧的代表性人物。后走上导演之路，执导过川剧《死水微澜》、昆剧《张协状元》、现代京剧《华子良》等30多个剧种、100余部剧目。执导剧目七次获文化部文华大奖，个人连续八次获文华导演奖。是中国剧协理事，享受国务院政府特殊津贴专家，为繁荣中国戏曲艺术作出突出贡献。乐山建有谢平安戏曲艺术馆。

结束语

谱写全面建设社会主义现代化乐山新篇章

2021年11月，中国共产党乐山市第八次代表大会胜利召开。大会高举中国特色社会主义伟大旗帜，坚持以习近平新时代中国特色社会主义思想为指导，深入学习贯彻习近平总书记在庆祝中国共产党成立100周年大会上的重要讲话和习近平总书记对四川工作系列重要指示精神，总结了过去五年的工作和深刻变化，分析了乐山所处的历史方位和阶段性特征，确定了未来五年乃至更长一个时期全市发展的总体思路、奋斗目标和主要任务，对全面建设社会主义现代化乐山各项事业和推进党的建设新的伟大工程作出了全面部署。大会通过的七届市委报告，描绘了奋力谱写全面建设社会主义现代化乐山新篇章的发展蓝图，是指导未来五年全市工作的纲领性文件。

大会指出，未来五年，是全面建设社会主义现代化乐山新征程的关键起步期，是全面融入国家区域发展战略的历史机遇期，也是全面推动高质量发展的蓄能起势期。全市要高举中国特色社会主义伟大旗帜，坚持以习近平新时代中国特色社会主义思想为指导，深入学习贯彻习近平总书记在庆祝中国共产党成立100周年大会上的重要讲话和习近平总书记对四川工作系列重要指示精神，统筹推进"五位一体"总体布局，协调推进"四个全面"战略布局，立足新发展阶段、贯彻新发展理念、构建新发展格局、推动高质量发展，坚定贯彻落实省委"一干多支、五区协同""四向拓展、全域开放"战略部署，坚持旅游兴市、产业强市战略，聚焦三大任务、优化四区布局、实现五个提升，奋力谱写全面建设社会主义现代化乐山新篇章，为推动新时代治蜀兴川再上新台阶、全面建成社会主义现代化强国贡献乐山力量。

大会同意报告提出的乐山未来五年发展的"345"工作思路。大会指出，要聚焦三大任务，加快建设全省区域中心城市、"中国绿色硅谷"和世界重要旅游目的地，这既是省委、省政府赋予乐山的重大使命，也是乐山在新发展阶段的关键性战略取向，体现的是一任接着一任干，持续用力干到底。要优化四区布局，建设文旅经济核心区、先进制造集聚区、现代农业示范区、生态经济先行区，形成各具特色的经济增长极，这是乐山在新发展格局下产业架构的重点摆布和路径选择。要加快实现发展质效、产业能级、城乡面貌、交通优势和幸福指数"五个提升"，让一个经济繁荣、自然生态、多彩人文、乐山乐水、灵秀博雅的幸福美丽嘉州在成渝地区双城经济圈中卓然崛起，这是乐山未来五年发展的实现形态和实践追求。要坚持宜工则工、宜农则农、宜商则商，着力发展县域经济，形成强有力的经济支撑点。大会锚定第二个百年奋斗目标，展望了到二〇三五年和本世纪中叶乐山经济社会发展的美好愿景。

大会同意报告关于未来五年重大工作的部署。大会强调，要坚持旅游兴市、产业强市战略，聚焦重点产业发展主攻方向，加快构建具有乐山特色的现代农业、先进制造业、现代旅游业、现代服务业产业体系。

要全面融入成渝地区双城经济圈建设，建设区域综合交通枢纽，打造成渝"后花园"，深化区域协作，推动协同改革创新，提升对外开放水平，做好"联动双城、配套成渝、开放合作、顺势提级"这篇大文章。要深入践行习近平生态文明思想，推动节能降碳，巩固污染防治攻坚成果，推进生态保护修复，坚持把生态文明建设作为"世代工程"抓下去，让天更蓝、山更绿、水更清的乐山家园更加美丽宜人。要始终践行以人民为中心的发展思想，持续保障和改善民生，推进巩固拓展脱贫攻坚成果同乡村振兴有效衔接，优先发展教育，建设健康乐山，促进就业创业，完善社会保障体系，奋力在高质量发展中促进共同富裕。要全面加强思想文化建设，巩固团结奋斗的共同思想基础，践行社会主义核心价值观，繁荣发展文化事业和文化产业，唱响主旋律、弘扬正能量、提振精气神。要坚持党的领导、人民当家做主、依法治国有机统一，加强民主政治建设，广泛凝聚智慧力量，全面推进依法治市，推进市域社会治理现代化，巩固发展安定团结的政治局面。

大会强调，统揽伟大斗争、伟大工程、伟大事业、伟大梦想，其中起决定性作用的是党的建设新的伟大工程。要全面贯彻新时代党的建设总要求，弘扬伟大建党精神，旗帜鲜明抓好党的政治建设，培育高素质干部人才队伍，加强党的基层组织建设，健全完善监督体系，坚定不移正风肃纪反腐，推动全面从严治党向纵深发展，为全面建设社会主义现代化乐山提供坚强政治保证。

大会号召，全市各级党组织和全体共产党员要更加紧密地团结在以习近平同志为核心的党中央周围，坚持以习近平新时代中国特色社会主义思想为指导，不忘初心、牢记使命，担当时代重任、迈步伟大征程，以一往无前的奋斗姿态和永不懈怠的精神状态，奋力谱写全面建设社会主义现代化乐山新篇章，为推动新时代治蜀兴川再上新台阶、全面建成社会主义现代化强国、实现中华民族伟大复兴的中国梦作出新的更大贡献！

大事纪略

春秋前期

荆楚一带的开明氏族溯江而上,定居南安(今乐山市市中区一带),首领鳖灵因治水有功,取代望帝,号丛帝,传12世,公元前316年被秦所灭。故乐山又称"开明故治"。

周赧王六年(前309)

秦武王派兵南下灭丹犁。在蜀王开明故治地置南安县(治今乐山市市中区),属蜀郡。秦移民于今市境一带。

周赧王五十九年(前256)

传说蜀郡守李冰在南安整治沫水(大渡河)与岷江汇流处的水道,凿离堆,避水害,以利航运。

西汉高祖六年(前201)

封功臣宣虎为南安侯,南安县又为南安侯食邑。

西汉建元六年(前135)

开发"西南夷",分巴、蜀郡地置犍为郡(治今贵州省遵义市),武阳县(治今彭山区江口镇)、南安县由蜀郡改属犍为郡。

武阳县境内有盐井名"研井",于该处设井研镇。

西汉元光五年（前130）

汉武帝下令征发巴蜀民众数万，历时十八年开通西南夷五尺道，其僰道（今宜宾）达夜郎。

西汉元封元年（前110）

南安县、武阳县设铁官，南安县设盐官。

西汉河平三年（前26）

南安发生大地震，21天内大小震124次，山崩地裂，江水倒流。

西汉成帝年间（前32—7）

文学家扬雄先后寓居今乐山、犍为（今乐山城西扬雄山有太玄洞、犍为县有子云亭等遗迹）。

西汉末（8年前后）

犍为郡治由僰道迁至武阳县（治今彭山区城北蔡家山麓）。

东汉初年

犍为郡"士多仁孝、女性贞专"，地方名士多有"忠壮""正直""义士""士气""忠正"称号，被光武帝刘秀誉为"士大夫之郡"。

东汉永和六年（141）

张陵自洛阳游蜀，著有《峨眉山神异记》（又称《峨眉山灵异记》）3卷。

东汉建安十九年（214）

赵云沿岷江而上攻取犍为郡城，刘备领益州牧，任李严为犍为郡太守。

东汉晚期至蜀汉初年

佛教传入乐山。麻浩1号崖墓坐佛像为四川早期佛教遗物发现最早的一例。

蜀汉建兴三年（225）

诸葛亮率大军取岷江水道南征，南安（今乐山）境内千军万马乘船南下，盛况空前，留下犍为罗城铁山、峨边射箭坪、马边石丈空等遗迹。

东晋咸康四年至建元元年（338—343）

牂牁郡（今贵州省境内）僚人十万众入蜀，遍布犍为、资中、梓潼等郡县山谷。江阳郡治由今泸州移今井研县境，称西江阳郡（侨郡），后迁武阳县城。汉南安原籍人多外迁，土地多荒芜，南安县逐渐名存实亡。

南北朝南齐建武二年(495)

犍为郡治由武阳迁回僰道。

南北朝北周保定元年（561）

于原南安县地置平羌郡及平羌县，郡、县同治今乐山市市中区。

南北朝北周大成元年（579）

废青州，置嘉州（取"郡土嘉美"之意，治今乐山市市中区），领平羌、齐通、青城、隆山四郡，并开始修筑嘉州城垣。

隋开皇三年（583）

废平羌、齐通、青城三郡入嘉州，废隆山、怀仁、和仁三郡入陵州；平羌县改名峨眉县，于县东别立平羌县。次年，改峨眉县为青衣县。

隋开皇十三年（593）

青衣县改名龙游县，设立夹江县。

唐开元元年（713）

海通和尚募资修建凌云山弥勒坐佛，海通圆寂后章仇兼琼、韦皋续修，于贞元十九年（803）建成，前后历时90年。

唐开元十年（722）

诗人李白游蜀，寓居象耳山、峨眉山，有《登峨眉山》《峨眉山月歌》等诗。

唐大历元年至三年（766—768）

诗人岑参任嘉州刺史，吟咏甚多，后人集刻有《岑嘉州诗集》行世。

唐会昌五年（845）

嘉州奉诏毁佛寺，凌云九峰各寺除凌云寺外尽毁。

北宋太平兴国五年（980）

宋太宗召见峨眉山白水寺僧茂真，并敕内侍张仁赞到成都铸铜铁普贤大士像，奉安于峨眉山白水寺。

茂真首创"人痘接种法"（俗称"种牛痘"）治疗天花，开世界人工免疫法之先河。茂真为丞相王旦之子接种预防天花，也是乐山记载最早的医事活动。

北宋景德二年（1005）

嘉州设丰远监（今乐山市市中区城北）铸铁钱。

北宋庆历年间（1041—1048）

井研县马踏井始用"卓筒井"，开世界深井技术先河。

南宋乾道九年（1173）

诗人陆游摄理嘉州事，主持兴建乐山城区岷江浮桥。为域内有文字可考的最早浮桥。

南宋淳熙四年（1177）

四川制置使范成大游峨眉山，撰《峨眉山行纪》，为现存最早的峨眉山游记。

南宋庆元元年（1195）

宁宗以嘉州为"宁宗潜邸"升嘉州为嘉定府。

南宋咸淳年间（1265—1274）

四川安抚制置使余玠命各地据险筑城堡抵御元军,嘉定建三龟、九顶、紫云诸城。

元至元十三年（1276）

嘉定府改为嘉定府路。明洪武四年（1371），复改嘉定府路为嘉定府。

明洪武九年（1376）

改嘉定府为嘉定州，省龙游县入州。眉州降为眉县，属嘉定州。

明洪武年间（1368—1398）

嘉定建九峰书院。井研县王村永通盐场设盐课司。整治峨眉县至建昌的谷驿道，置峨眉新驿。

明正统年间（1436—1449）

五通桥西坝生姜以姜芽长、肉质厚、姜味辣长、脆爽无筋被列为贡品。

明正德十六年（1521）

嘉定红岩子以钻井采卤凿成一口石油竖井，深达几百米，钻井取油工艺在当时居世界第一位，比北美和欧洲早300多年。

明万历二十八年（1600）

峨眉山白水寺毁于火。次年春，寺僧白泉入京求募于朝廷，慈圣太后遣人携金到四川重建大像阁为无梁砖殿，神宗题"圣寿万年寺"，白水寺改名万年寺。

明崇祯十三年（1640）

翰林院侍读学士胡世安（井研县人）游峨眉山，撰《译峨籁》行世。

清康熙二十五年（1686）

峨眉山红莲寺芳馨和尚首制"峨眉糕"（原名米酥糕），后成为名食品。2014年入选中国地理标志保护产品。

清康熙三十年（1691）

部分回族迁入犍为罗城，后累世聚居于此。雍正十一年（1733年），伊斯兰教在罗城建清真寺。

清康熙四十一年（1702）

康熙御题"报国寺"三字以易会宗堂之名。

清雍正十二年（1734）

嘉定州升为嘉定府，于府治置乐山县，取城东五里有"至乐山"之意。

清乾隆四十四年（1779）

户部掌印雷轮（井研县人）奉旨巡视台湾，带回3株台柚苗栽植于今井研千佛，成活1株，后繁殖为名优产品。

清乾隆五十一年（1786）

犍为县地震，墙垣房屋多处倾倒。康定、泸定发生7.5级地震，形成堰塞湖，波及峨边，造成山崩，大渡河水淹沿岸居民一千余户，大水冲垮嘉定城墙，丽正门"铁牛"失踪。民间称之为"水打嘉定府"。

清道光二十六年（1846）

嘉定府乐山县伤寒肆虐，流行城乡，死亡人数逾千。

清咸丰十年（1860）

李永和、蓝朝鼎义军攻占犍为盐场，进入铁山地区，开始建立政权（次年三月起义失败）。

清光绪二十一年（1895）

文焕章夫妇到乐山布道，在城内白塔街设教会医院，西药传入乐山。

清光绪二十七年（1901）

英国维琪园艺公司聘请美国植物学家威尔逊到峨眉山采集珙桐树种。从此珙桐树引种至欧洲各国，称为中国鸽子树（花）。

清宣统元年（1909）

十二月十三日，同盟会发动嘉定起义，后失败，起义军阵亡及被捕200余人。

民国 14 年（1925）

秋，四川第一家机制纸厂嘉乐造纸厂在乐山城区创办。

民国 16 年（1927）

8月，共产党员钟善辅到五通桥开展革命活动，这是中国共产党在市境内最早的活动。次年5月，建立市境内第一个党组织——中共五通桥特别支部。

民国 17 年（1928）

乐山嘉裕实业股份有限公司附设电灯公司30千瓦发电机组1台发电，乐山始用电灯。

民国 21 年（1932）

12月6—19日，川军24军与21军在荣县、犍为县、井研县、仁寿县二三百里战线上决战，双方投入兵力约二三十万，均死伤惨重，战区百姓饱受苦难。史称"二刘之战"。

民国 23 年（1934）

12月14日，中共嘉定中心县委和青神县委组织发动西山农民武装暴动，县委书记许本达、委员段兆麟等牺牲，委员邱骏、毛慈影等被捕后被杀害，暴动失败。

民国 24 年（1935）

6月，四川省实行督察区制。井研县属第二行政督察区，夹江县属第四行政督察区，乐山、峨眉、犍为、马边、峨边等县属第五行政督察区。

8月，蒋介石在峨眉山报国寺举办军官训练团。

12月18—19日，马边县连续4次发生地震（其中两次6.0级），造成城垣、房屋坍坏，死亡数百人。

民国 27 年（1938）

3月，武汉大学开始西迁乐山。

是年，天津塘沽永利厂内迁五通桥桥沟，改名"新塘沽"厂。侯德榜发明新式制碱法，1941年3月15日被命名为"侯氏联合制碱法"。

民国 28 年（1939）

8月19日，日本侵略者出动飞机35架空袭乐山城，全城三分之一街道、房屋被毁，伤380人，死亡838人。

是月，乐（山）西（昌）公路工程处在乐山县城成立。第四、第五行政督察区征调民工14万人筑路，于1941年7月14日全线通车。

秋，北平（今北京）故宫博物院的9700多箱文物运抵乐山，分别储藏于乐山县安谷乡和峨眉县大佛殿。抗战胜利后，于1947年2月安然无恙运离乐山。

是年，理学家马一浮在乌尤寺创办复性书院。

民国 30 年（1941）

冬，成都行辕经济检查队以"囤集居奇嫌疑"检查乐山新老德兴隆及所属商号，查封布匹等物资，引起地方官员激烈争夺，是为全国著名"乐山布案"。

民国 31 年（1942）

4 月 1 日，沐川设治局升为沐川县，治今沐川县沐溪镇。

民国 32 年（1943）

11 月 18 日至 12 月 14 日，国民政府军事委员会副委员长冯玉祥到乐山各地宣传抗日，发动节约献金活动，乐山人民共捐献 627 万元（法币）。

民国 34 年（1945）

4 月 6 日，四川省政府划定峨眉山为风景区，设管理局负责文物保护及导游事宜。

民国 36 年（1947）

12 月，中共雅（安）乐（山）工作委员会成立，书记陈俊卿。

1949 年

12 月 10 日，共产党员陈文治、胡立恕、王梦凡等同"民革"成员王传猷在马边河一带成立川西南军区游击队。

12 月 13 日，中国人民解放军 10 军 28 师在井研县竹园铺激战 17 个小时，毙 450 余人，俘虏 1000 余人。

12 月 16 日，乐山城解放。乐山军事管制委员会成立，解放军 30 师政委鲁大东任主任。

12 月 19 日，解放军 16 军 47 师 139 团和 18 军 52 师 155 团在峨边沙坪古今寺活捉国民党川湘鄂边绥靖公署中将主任宋希濂。

1950 年

1月6日，乐山军事管制委员会布告，宣布人民币为唯一合法货币。

1月12日，中共乐山地委和乐山专署成立，30师政委鲁大东任地委书记，30师师长马忠全任专员。

2月1日，井研县由内江专区划属乐山专区。

3月7日，解放军18军在乐山召开进军西藏誓师大会。29日，先遣队从乐山出发。

9月18日，五通桥人丁佑君在西昌征粮时被土匪杀害，年仅19岁。1958年3月27日，全国人大常委会委员长朱德亲笔题词，号召全国青年向丁佑君学习。后五通桥区建有丁佑君纪念馆和纪念碑，胡耀邦题写馆名。

10月，设立峨眉山文物管理委员会。

1951 年

7月1日，全区分配各县抗美援朝捐献任务，以大米计共703万千克，后均超额完成任务。

10月9日，经中央人民政府政务院批准，设立五通桥市。

1952 年

8月1日，乐山专区第一座电影院乐山电影院在中心城区土桥街建成开业。

8月15日，中共乐山地委总结土地改革运动。全区土改从1951年2月中旬开始，历时一年零三个月，除少数民族地区外分四期全部完成。

8月，乐山专区第一个广播站——乐山县有线广播站建立，正式向城区播送节目。

1953 年

3月2日，政务院批准撤销眉山专区，所辖夹江、青神、眉山、丹棱、洪雅、彭山六县划归乐山专区，其余属县划归温江专区。

3月下旬，区内首家磷肥厂省属高桥磷肥厂建成投产，年产磷矿粉3万吨。

7月下旬，乐山医药支公司加工部改建为乐山制药厂，为域内首家制药厂。

12月，全区全面实行粮食统购统销。1985年4月取消。

1954年

9月20日，私营乐华纸厂与嘉乐纸厂合并，并实行公私合营，为全区社会主义改造时期工商企业公私合营之始。

1955年

4月1日，沐（川）新（市镇）公路建成通车，全长155公里，时为新中国成立后全区修建的最长公路。

5月上旬，重庆轮船公司在乐山设点开辟乐山至宜宾客、货轮运输业务。

11月，国务院决定雷波县、马边县、峨边县划属凉山彝族自治州。马边、峨边因与凉山之间交通不便，仍由乐山专区代管。

1956年

8月16日，乐山县凌云摩崖造像（唐）、夹江县千佛岩摩崖造像（唐）等13处文物被四川省人民委员会公布为全省第一批文物保护单位。

11月18日至12月底，中央慰问团到峨边、马边慰问参加民主改革干部、平叛部队和彝汉群众。

1957年

2月，屏山县划属宜宾专区。

6月，国务院副总理贺龙登峨眉山，强调"雪魔芋很有发展前途，应大力扩大生产，满足人民群众生活的需要"。此后，峨眉山雪魔芋逐步发展成为名特产品。2011年入选中国地理标志保护产品。

是年，中国鸟类专家郑作新首次在峨眉山发现白鹇新种命名为"峨眉白鹇"。

1958年

3月，全区第一座高水头发电站龙池万坪电站建成投产。

9月，四川省峨眉中药材学校在峨眉山麓创办招生，为我国第一所中药材学校。

10月18日，仁寿县从内江专区划属乐山专区。

1959年

3月22日，国务院决定彭山、青神县并入眉山县，丹棱县并入洪雅县，五通桥市并入乐山县。

8月，为庆祝中华人民共和国成立10周年，峨眉山文管所特建一坊作入山门户。郭沫若题写"天下名山"四字。

12月，峨（边）美（姑）公路（全长159公里，峨边境内96公里）竣工通车。

1960年

3月下旬，区内第一座机制砖厂峨眉机砖厂26门轮窑建成投产，年产砖1200万块。

1961年

1月10日，地委决定暂停办全日制公办中学、师范校29所和初中班46个，共压缩学生10954人回乡参加农业生产。

3月4日，国务院公布峨眉山圣寿万年寺铜铁佛像（宋至明）为第一批全国重点文物保护单位。

7月，全区停办公共食堂。

1962年

2月26日，恢复五通桥市建制。

是年，农村以生产队为基本核算单位，调整后全区有生产队36533个，每队平均24户。

1963年

3月29日，地委、行署决定各县设立农业技术推广站、种子站、植保检查站、畜牧兽医站和苗圃，部分县设茶叶专业站、林业站、棉花专业站、国营林场、森林管理所。

11月，犍为县籍举重运动员邓国银，在印度尼西亚雅加达举行的第一届新兴力量运动会上获轻量级冠军。后受到周恩来总理接见。

12月下旬，乐山自来水厂正式投产供水。

1964年

2月27日，地委发出《关于加强计划生育工作领导的通知》，提倡"少生一点，生稀一点"。

3月6日，乐山县严龙公社党委总结的"讲形势、摆条件、找差距、添措施、比高产"的高产田经验，被中共四川省委批示在全省推广，后被《人民日报》宣传报道，随即发展为全国性的"学严龙、赶泗马"运动。

3月30日，地委召开城镇工作会，动员和组织城镇知识青年上山下乡。

9月，专区成立支援重点建设办公室，到年底接待国务院各部委来乐选点建厂的单位40多个。

9月，乐山专区首次组织土产商品参加1964年秋季广交会。

1965 年

11月6日，时任中共中央政治局常委、中央委员会总书记、国务院副总理邓小平，中央政治局委员、书记处书记、国务院副总理李富春，中央政治局候补委员、国务院副总理薄一波等，到乐山视察"三线"建设工程。

是年，三线建设内迁企业20余家，全国50多个城市的3万余人汇集乐山投入建设。

1966 年

7月1日，成昆铁路成都至峨眉段152公里正式通车运营。

10月1日，境内首座青衣江大桥——徐浩大桥竣工通车。

1967 年

5月14日至7月6日，乐山城区群众组织间发生大规模武斗。

是年，全区关闭集市贸易。

1968 年

3月17日，乐山地区革命委员会成立。

9月下旬，乐山制药厂合成咖啡因试制成功，为境内合成咖啡因生产之始。

1969 年

1月26日，中共乐山地区革命委员会核心领导小组成立，解放军149师师长林长修任组长。

9月29日，威（远）五（通桥）天然气输气管线动工。

1970 年

1月，地区第一座年产3000吨合成氨的乐山氮肥厂投产。

7月1日，峨眉水泥厂建成，设计年产能力100万吨，时为全国最大湿法生产水泥厂。

10月1日,峨眉山金顶703电视差转台试播成功,覆盖面积13万平方公里,包括省内六地市及云南、贵州部分县。

1971年

8月10日,地区选派13名人员出国援助赞比亚修建公路。

12月8—11日,中共乐山地区第一次代表大会召开,选举产生中共乐山地区第一届委员会。地委第一次全会选举乔学亭为第一书记。

12月,唐山铁道学院迁峨眉县,后更名为西南交通大学。

1972年

4月8日,峨眉山金顶703电视差转台发生重大火灾,金顶华藏寺及2400余件文物(包括极珍贵的北龙藏经)被毁。

7月30日,嘉华水泥厂试制热堵水泥成功,被国家建材局定为特种水泥生产定点厂和国家建材研究所品种试验厂。

1973年

1月31日,境内第一座岷江大桥乐山中心城区岷江大桥(岷江一桥)建成通车。

1974年

6月23日,乐山王浩儿大件码头竣工交付使用。

是年,亚西机器厂试制成功液氮生物容器,填补了国内空白。

1975年

1月,乐山地区第一个冷冻厂开始兴建,次年建成投产。

1976年

10月23日,地委在新村广场举行万人大会,庆祝粉碎江青反革命集团的伟大胜利,会后举行庆祝游行。

是年，东风电机厂研制成功高空水力测功仪，达到国际先进水平，填补国内空白。

1977 年

10月18日，长征制药厂与中国科学院微生物研究所协作，进行糖化酶新菌种生产试验，创造国内最高水平。

1978 年

4月3日，乐山地区革命委员会改为地区行政公署。

4月，地区师范学校、乐山高级中学和地区行政干部学校合并成立乐山教育学院。

12月15日，经国务院批准建立马边大风顶自然保护区，成为乐山市第一个国家级自然保护区。

是年，峨嵋半导体材料厂在国内首次研制出4096位MOS存储用的P型（100）单晶硅，受到全国科技大会表彰。

1979 年

5月25日，根据省委文件精神，地委决定对外开放乐山乌尤寺、峨眉山万年寺、报国寺，乐山县城区中华基督教礼拜堂。同年，国务院批准，乐山为对外开放城市。

10月5日，经国务院批准，设立金口河工农区（县级），归乐山地区领导。

11月16日，经国务院批准，撤销乐山县建制，设立乐山市（县级），将原乐山县、五通桥区划归乐山市，乐山市归乐山地区领导。

1980 年

4月26日，沙湾郭沫若旧居修复，对外开放。

7月5日，时任中共中央副主席邓小平视察峨眉山，强调"峨眉山是个文化型的风景区。要做好保护，要做好规划，要做好综合开发"。

10月，各县革命委员会复称县人民政府。

1981年

2月9日，二机部西南反应堆工程研究设计院（909）研究设计的我国第一座高通量原子反应堆建成，并成功进行高功率运行。

10月21日，乐山市（县级）与日本千叶县市川市缔结友好城市。市川市是乐山第一个外国友好城市。

1982年

2月23日，国务院公布乐山大佛为第二批全国重点文物保护单位。

11月8日，国务院公布峨眉山（包括乐山大佛）为第一批国家重点风景名胜区。

1983年

5月，铜街子大渡河大桥竣工通车，时为国内承载能力最大的箱形拱桥。

是年，峨眉县列为全国首批100个电气化试点县之一。

1984年

4月9日，国务院批准成立马边彝族自治县和峨边彝族自治县，划属乐山地区。

11月7日，"中国环流器一号"在核工业部西南物理研究所建成并顺利启动。

1985年

2月11日，国务院批准撤销乐山地区，建立省辖乐山市，实行市管县体制。

1986年

2月7日，乐山城区居民生活开始使用天然气。

8月31日，市一届人大常委会第八次会议，决定1985年5月23日为乐山市建市日。

10月，市政府颁发《乐山市环境保护办法》。

1987年

1月13日，长江第一漂勇士尧茂书被授予革命烈士称号。

5月23日，全国第一个造纸专业博物馆夹江县手工造纸博物馆成立。

5月25—31日，乐山首届国际龙舟经济交易会举行。

9月26日，乐山市第一条高等级公路——乐（山）峨（眉）路扩建工程竣工通车。

10月1日，乐山电视台、乐山人民广播电台同时开播。

1988年

1月13日，国务院公布麻浩崖墓、峨眉飞来殿为国家重点文物保护单位。

3月8日，全国水电系统首家较规范的股份制企业——乐山地方电力股份有限公司成立。

7月21日，川运24号轮由宜宾开往乐山，15时10分至犍为县新民乡蜂子湾水域，因驾驶操作不当翻沉，船上332人全部落水，死亡和失踪176人。

9月29日，国务院批准撤销峨眉县设峨眉山市（县级），由乐山市代管。

1989年

4月28日，市一届人大常委会第二十七次会议决定，海棠花为乐山市市花，小叶榕为乐山市市树。

5月11日，广东省顺德县冲鹤乡潘鸿忠发现乐山隐形睡佛。1991年

6月14日，潘鸿忠被乐山市人民政府授予乐山市荣誉市民。

5月，四川省人民政府批准乐山市为省级历史文化名城。

是年，峨边彝族自治县、峨眉山市被国务院批准为全国第一批农村初级电气化县（市）。

1990年

1月，乐山市市中区、峨眉山市及井研县开通全国直拨电话。2月，乐山市开通国际直拨电话。

3月13日，中国人民解放军乐山预备役步兵团成立。

8月22日，"亚运之光"接力火炬在峨眉山金顶点燃。

1991年

4月21日，时任中共中央总书记、中央军委主席江泽民到乐山视察市中区安谷镇大烂坝、萧落滩改田改土工程和长征制药厂、西南核物理研究院。2004年9月、2010年11月，江泽民两次视察乐山。

1992年

7月8日，省政府批准建立乐山经济开发区。

8月15日，省政府批准建立乐山旅游度假区。

1993年

3月12日，四川盐化工业（集团）股份有限公司在深圳交易所上市，为西南首家、全国第三家异地上市公司。当年，乐山电力股份有限公司、峨眉铁合金（集团）股份有限公司、峨眉山金顶（集团）股份有限公司相继在上海交易所上市。

4月24日，夹江县被列为全国食品卫生示范县。

1994年

1月4日，国务院公布乐山为第三批国家级历史文化名城。

5月18日,"'94中国文物古迹游乐山国际旅游大佛节"在乐山凤洲岛开幕。

6月18日,四川省民族地区首家股份制公司——四川省大渡河电力股份有限公司在峨边成立。

8月,占地160亩的市体育中心竣工。同月,四川省第三届青少年运动会在乐山举办。

1995年

2月24日,乐山无线电有限责任公司与美国摩托罗拉公司合资组建乐山—菲尼克斯半导体有限公司签约。1996年10月建成投产,为当时全省最大外商投资项目。

5月9日,"中国环流器新一号"通过验收。"新一号装置"是国内第一个等离子体电流超过300千安的托卡马克聚变装置,处于国际同类装置的先进水平。

10月14日,经邮电部批准,乐山本地电话网电话号码从零时起由6位升为7位。

10月21日,乐山城区至峨边、金口河光缆传输工程竣工。至此,全市实现传输数字化。

1996年

1月23日,乐山市被国家爱卫会命名为"全国卫生城市"。

10月18日,中华人民共和国乐山海关挂牌开关。

12月6日,峨眉山—乐山大佛列入世界文化与自然双重遗产名录。成为联合国教科文组织世界遗产委员会批准的第18个、中国的第3个、四川唯一的"双重"遗产。

1997年

6月23日,经国务院批准,调整乐山行政区划。划出原乐山市所辖仁寿、眉山、彭山、洪雅、青神、丹棱6县成立眉山地区,调整后的乐山市辖4区4县和2个自治县,代管峨眉山市。

10月17日,全国第一台自行设计的超大型平衡重式垂直升船机——广西岩滩水电站1×250吨垂直升船机在夹江水工厂制造成功。

10月,中国第二家、西南地区第一家旅游上市公司峨眉山旅游股份有限公司在深圳证券交易所上市。

1998年

6月,峨嵋半导体材料厂"年产100吨多晶硅国家重点工业性试验项目"投入试运行取得成功。标志着我国已打破国外技术垄断,掌握了国际上多晶硅生产先进技术。

12月,五通桥氯磷化工厂研制的新产品草甘膦在比利时召开的尤里卡'98第47届世界发明与新技术大会上获金奖。

1999年

6月17日,由德国克虏伯公司设计、夹江水工机械厂制造的两台摆塔式缆索起重机在长江三峡建设工地正式落户。每塔高152米,居世界第一,总跨度1416米,位居世界第二。

10月10—11日,省委、省政府越温达标认定组通过逐项审核,认定马边彝族自治县越温达标。

12月28日,成乐高速公路建成通车。

2000年

6月13日,乐山大件码头正式竣工,结束四川大件运输出川难的历史。

7月3日,联合国城市管理中心向乐山市授牌,乐山市成为该项目在中国的第一个协作城市。

10月18日,乐山师范学院成立。

2001年

1月10日,乐山市国有土地使用权首次拍卖会举行。

1月9—11日,乐山市被国家旅游局命名为第二批"中国优秀旅游城市",峨眉山、乐山大佛两大风景区被批准为首批国家AAAA级旅游区(点)(当时最高等级)。

3月24日,乐山大佛建造1200年以来最大规模的维修保护工程拉开帷幕。

9月,全省第一个国家级农业科技园区——乐山农业科技园区正式建立。

2002年

1月,大渡河金口大峡谷被国土资源部批准列为第二批国家级地质公园。

9月1—3日,第四届乐山国际旅游大佛节暨首届世界遗产保护节举办,通过《保护世界遗产乐山宣言》。

11月1日,峨嵋半导体材料厂(所)研制成功国内最大的"18对棒"多晶硅还原炉,产出第一炉合格的多晶硅产品。

2003年

1月,乐山市被命名为全国"双拥"模范城。

8月6日,犍为县桅杆坝井田(煤矿)采矿权以3330万元竞拍成功。是乐山市首次公开拍卖矿产资源开采权。

8月25—26日,全省首届旅游发展大会在峨眉山市召开,"中国第一山"建设正式启动。

2004年

3月中旬,市政府组团参加第29届巴黎世界旅游博览会,乐山旅游产品首次与欧洲公众面对面。

3月22日,乐山市被授予"全国绿化模范城市"称号,成为首批9个"全国绿化模范城市"之一。

9月23日,中国建筑材料工业协会和中国建筑卫生陶瓷协会联合授予夹江县"中国西部瓷都"称号。

2005年

1月,夹江天福观光茶园、五通桥国家花木科技园和龚嘴水力发电总厂上榜全国首批工农业旅游示范点。

6月,永丰纸业公司的"永丰"牌复印纸获全国驰名商标称号。这是乐山市第一个全国驰名商标。

12月,国家建设部授予乐山市"国家园林城市"称号。

2006年

4月,乐山城市标志、城市宣传主题口号和城市名片征集评选揭晓。以"大佛"为主题,以艺术形式将"大佛"原貌展示的图案入选城市标志;"乐山、乐水、乐在其中——中国乐山"成为宣传主题口号;乐山大佛、峨眉山、郭沫若、乐山睡佛、麻辣烫、峨眉灵猴、峨眉武术、竹叶青、海棠花、贰柒拾成为城市十大名片。

5月,犍为文庙、峨眉山古建筑群(含报国寺、伏虎寺、万年寺、清音阁、洪椿坪)、凌云寺灵宝塔、夹江杨公阙、夹江千佛崖石窟、乐山郭沫若故居6处文物保护单位被公布为第六批全国重点文物保护单位。

10月15日，武警四川总队医院跨入国家三级甲等医院行列，是乐山首家"三级甲等医院"。

2007年

5月，峨眉山风景区入围全国首批5A级旅游风景区。

8月，国家邮政局面向全球发行《峨眉武术》邮资明信片，全套共10张。该种表现地域特色的专用邮资图，在国内邮资明信片发行史上尚属首次。

11月，一拉得电网自动化有限公司上榜国家火炬计划重点高新技术企业，成为乐山首家国家级高新技术企业。

2008年

2月，国内首个千吨级多晶硅项目、乐山市国家高新技术产业化示范工程——新光硅业公司年产1000吨多晶硅项目生产能力通过验收，成为全国当时唯一打通西门子工艺全流程与国际先进水平接轨的千吨级多晶硅生产线。

8月4日，2008年北京奥运会圣火在峨眉山传递。

10月22日，乐山电视台、自贡电视台电视节目全省率先实现互通。

11月，沐川县成为全市首个国家级生态示范区。

12月14日，亚洲最大的"十方丛林"之一的峨眉山大佛禅院举行开光法会暨落成庆典，正式对外开放。

2009年

6月11日，国家质检总局发布对金口河乌天麻实施地理标志产品保护公告，乐山地理标志产品保护实现零的突破。

8月16日，"车行天下——全国广播自驾游联盟金顶论坛暨峨眉山自驾游中心"挂牌仪式举行，峨眉山成为全国第一个自驾游中心。

2010 年

1月,由四川省大渡河造林局实施的中国四川西北部退化土地造林再造林项目成功与低碳亚洲公司签约,标志着全球第一个基于气候、社区、生物多样性(CCB)标准的森林碳汇项目诞生,同时也是四川省第一个、全国第二个在联合国成功注册的森林碳汇项目。

2月7日,兴业银行乐山支行开业,为乐山市首家引进的全国性股份制商业银行。

11月,犍为县获"国家首批绿色能源示范县""中国桫椤之乡"称号,"犍为茉莉花茶"跻身国家地理标志保护产品行列,清溪镇被评为"第五批中国历史文化名镇"。

11月,福华12万吨草甘膦项目正式竣工。成为全球最大的草甘膦原药生产企业。

12月26日,被誉为四川高速BOT"第一标"的乐(山)宜(宾)高速公路竣工通车。

2011 年

3月18日,市国资公司10亿元企业债券成功发行,首日申购量26亿元,成为乐山政府平台通过资本市场直接融资的破冰之作。

6月23日,乐山市被授予"中国绿茶之都"荣誉称号。

2012 年

3月29日,五通桥豆腐乳获"国家地理标志保护产品"授牌,五通桥豆腐乳企业"德昌源"获"中华老字号"授牌。

5月21日,全国首个铁道兵博物馆在金口河区建成,正式向公众开放。

8月28日,国务院批复乐山高新技术产业开发区升级为国家高新技术产业开发区。

9月,四川德胜钢铁(集团)有限公司列入"2012中国企业500强"第347位。乐山企业首次进入"中国企业500强"行列。

2013年

3月,犍为嘉阳矿山博物馆开馆,并被正式授牌"中国煤炭博物馆四川嘉阳馆",为当时中国煤炭博物馆唯一的分馆。

6月15日,2013年中国·四川国际峨眉武术节"天下武林聚峨眉武艺大比拼"活动举行。中华武林最著名的七大门派峨眉、少林、武当、青城、崆峒、华山、昆仑派代表人物首次齐聚演绎绝技。

12月30日,乐(山)自(贡)高速公路通车。

12月,乐山盛和稀土股份有限公司的发明专利"少铈氯化稀土、氟化铈一步生产法"获"中国专利优秀奖",是乐山市首次获得该奖项的专利。

2014年

3月21日,中国佛教圣地(峨眉山)金银纪念币面向全球发行,为乐山市历史上第一套纪念币。

9月16日,乐山东风堰入选首批世界灌溉工程遗产名录,是四川省第一个世界灌溉工程遗产。

9月26—29日,首届四川国际旅游交易博览会在峨眉山市举办,"峨眉高峰论坛"会址永久落户峨眉山。

12月18日,乐山广播电视台高清数字电视正式开播。

12月20日,成(都)绵(阳)乐(山)城际高速铁路客运专线通车。

2015年

4月23日,"PATA——乐山山地旅游示范基地"揭牌活动在峨眉山市举行，为亚太旅游协会（PATA）在国内的首个研究基地。

7月24日，乐山"全光网城市"建成揭牌仪式举行，乐山正式迈入光网通信新时代。

12月16日，乐山首届"中国西部不锈钢产品交易博览会"在沙湾区开幕。国家工信部授予沙湾区"中国西部不锈钢城"称号并授牌。

2016年

8月，金口河区大瓦山湿地公园成为全市首个获批的国家湿地公园。

9月29日，嘉廉话"阳光问廉"全媒体直播节目首播。

11月，乐山文化发展研究中心歌舞艺术研究院作品《遇见·日子》亮相国家大剧院"2016培青演出季"，为乐山原创作品首次登上国家大剧院舞台。

12月12日，沙湾区嘉农镇燎原村10组的魏世铎家庭获第一届全国文明家庭殊荣，为乐山市唯一获此殊荣的家庭。

2017年

10月1日，"夜游三江"游船项目向公众开放。

12月1日，乐山市首部实体性法规《乐山市中心城区绿心保护条例》施行。

12月28日，全市"挂图作战"重大交通项目乐井快速通道、乐沙大道、乐自高速乐山城区连接线（绕城高速）、成昆铁路复线成都至峨眉段建成通车。

2018年

2月，全市最大城市湿地公园——井研县研溪湿地公园建成并对外开放。

3月30日,市委、市政府整合全市各领域热线资源开设的"心连心服务热线"正式开通运行。

7月31日,四川省人民政府批准沐川县退出贫困县序列。

2019年

1月11日,文化和旅游部公示,乐山市创建第三批国家公共文化服务体系示范区通过验收。

2月19日,夹江122.5吨茶叶首次直接出口中亚乌兹别克斯坦,是四川茶叶首次直接出口中亚。

4月2日,全市首个5G基站开通,乐山正式迈入5G时代。

4月28日,四川省人民政府批准金口河区退出贫困县序列。

4月,乐山首个城市生活垃圾环保发电项目正式投入运营,乐山城区城市生活垃圾彻底告别卫生填埋处理历史。

8月,峨眉山市入选首批国家全域旅游示范区。

10月9日,嘉华特种水泥股份有限公司入选2019年国家技术创新示范企业名单,是全国水泥行业唯一一家上榜企业,是乐山市第一家国家级技术创新示范企业。

10月,井研雷氏民居(清)、首座受控核聚变实验装置旧址(1971年)入选第八批全国重点文物保护单位。

12月1日起,乐山市正式实施53个国家的外国人144小时过境免签政策。

12月16日,成贵高铁全线通车运营,乐山融入全国高铁网。

2020年

1月1日,《峨眉山世界文化和自然遗产保护条例》《乐山大佛世界文化和自然遗产保护条例》施行，成为国内首次由设区的市为保护世界文化和自然遗产制定的地方性法规。

2月18日，四川省人民政府批准马边彝族自治县、峨边彝族自治县退出贫困县序列。至此，全市实现全域整体脱贫。

8月15—18日，乐山市及三江流域上游遭暴雨袭击，青衣江夹江水文站现百年一遇洪水，岷江乌尤寺水位站现50年一遇洪水，中心城区1/3区域被淹。8月18日6时，乐山首次启动全市防汛Ⅰ级应急响应。

11月，中国有色金属工业协会授予乐山市"绿色硅谷"称号。

12月31日，仁（寿）沐（川）新（市镇）高速公路的孝姑至沐川南段及马边支线通车仪式在马边彝族自治县举行，为小凉山腹地第一条高速公路。

后 记

2021年10月,经市委、市政府同意,市委党史和地方志研究室组织编纂《乐山简史》一书。市委、市政府高度重视《乐山简史》编纂工作,市委书记马波多次作出批示指示,陈光浩、赖俊等领导同志也非常关心编纂工作进度,提出指导意见,为编纂工作指明了方向。

《乐山简史》是一部通史类普及型读物,旨在简略记述乐山从古至今的历史,普及乐山历史文化和地情风貌,帮助读者了解乐山独特的历史文脉和厚重的文化积淀,进一步弘扬传承中华优秀传统文化,推进文旅融合,扩大乐山知名度和影响力。

全书采取史、志结合编纂体例,以今乐山市区划地域为基本视野,溯本求源、穷搜博采、去繁从简,史料翔实、实事求是,述而不论。本书下限原则上截至2020年底。全书史料主要来源于历代方志和《乐山市志》《乐山年鉴》《中国共产党乐山历史(第一、第二卷)》以及有关文献档案资料。鉴于"简史"

体例要求，本书未详细标注资料出处。

《乐山简史》编纂工作在编委会领导下开展，由编辑部成员参加编纂，是全市党史和地方志工作者集体智慧的结晶。薛彦地担任主编，统改定稿，干鸣丰、赵志强担任执行主编，主笔撰稿；唐长寿、陈德忠、吴云扬等地方文化学者、专家共同参与，对史实内容审读修改。全书编纂历时一年多时间，于 2022 年 6 月形成初稿，先后多次组织专家审读审改、编辑部成员集中审读修改，几易其稿，于同年 11 月形成送审稿，12 月付梓。

《乐山简史》收录了反映乐山历史的图片资料 125 幅，部分由唐长寿、干鸣丰、张致忠、邓洪秀、王家福、高路川、龚启文、宋道君、彭国平等提供，部分选取自《乐山市志》《嘉州巨变　辉煌历程——纪念乐山解放 60 周年》等史志资料。

《乐山简史》编纂工作得到各县（市、区）党史、地方志工作部门、市级有关部门、乐山文史专家和爱好者的大力支持和帮助。在此，谨向长期关心支持《乐山简史》编纂的各位领导、专家、同仁致以诚挚的谢意。

《乐山简史》编纂时间短，历史档案文献资料研究不足，部分资料难以查证，加之水平有限，全书错漏难免，敬请读者批评指正。

编　者
2022 年 11 月